O Grande Livro do Amor

do Amor e do Sexo

CB035283

Copyright© 2018 by Literare Books International.
Todos os direitos desta edição são reservados à Literare Books International.

Presidente:
Mauricio Sita

Capa:
Cândido Ferreira Jr.

Diagramação:
Lucas Chagas

Revisão:
Camila Oliveira

Diretora de Projetos:
Gleide Santos

Diretora de Operações:
Alessandra Ksenhuck

Diretora Executiva:
Julyana Rosa

Relacionamento com o cliente:
Claudia Pires

Impressão:
Epecê

Dados Internacionais de Catalogação na Publicação (CIP)
(eDOC BRASIL, Belo Horizonte/MG)

G751	O grande livro do amor e do sexo / Coordenador Mauricio Sita. – São Paulo (SP): Literare Books International, 2018. 16 x 23 cm
	ISBN 978-85-9455-121-4
	1. Relação home-mulher. 2. Qualidade de vida. 3. Sexo. I. Sita, Maurício.
	CDD 306.7

Elaborado por Maurício Amormino Júnior – CRB6/2422

Literare Books International Ltda
Rua Antônio Augusto Covello, 472 – Vila Mariana – São Paulo, SP
CEP 01550-060
Fone/fax: (0**11) 2659-0968
site: www.literarebooks.com.br
e-mail: contato@literarebooks.com.br

O grande livro do amor e do sexo
SUMÁRIO

O IMPACTO DAS EXPECTATIVAS NAS RELAÇÕES
Allessandra Canuto & Maria Cristina Barone Karsokas....................5

A FISIOTERAPIA A SERVIÇO DO AUTOCONHECIMENTO E PRAZER
Camila Patriota Ferreira...13

QUANDO AMAR MACHUCA
Célia Maria de Souza..21

SEXO ANAL
Celso Marzano...29

QUER SER MAIS FELIZ E VIVER BEM? DECOLE SUA VIDA AMOROSA COM O COACHING DE RELACIONAMENTO!
Claudia Cardillo...37

AMOR & SEXO: O QUE HÁ NAS ENTRELINHAS?
Dinalva da Cunha...45

O SAUDÁVEL É AMOR E SEXO, A SEXUALIDADE É UMA FUNÇÃO DO ADULTO, PERTENCE AO NÍVEL DE AMOR EROS
Dr. Roberto Debski...53

COMO ESCREVER SOBRE AMOR E SEXO
Edilson Menezes...65

AUTOESTIMA E SEXUALIDADE: UMA JORNADA AO PRAZER
Fabiana Navas dos Reis...73

RELACIONAMENTO É UM INVESTIMENTO EM CONTA CONJUNTA
Gislene Teixeira...81

O AMOR SOB A ÓTICA DA FILOSOFIA
Jadir Mauro Galvão...89

SEXUALIDADE FEMININA E A DISFUNÇÃO DE ORGASMO
Jordana Fantini Vignoli..97

A FISIOLOGIA DO DESEJO
Josi Mota...105

DESBRAVANDO O ASSOALHO PÉLVICO
Juliana Schulze Burti..113

DESEJO SEXUAL FEMININO
Jussania Oliveira..121

EDUCAÇÃO SEXUAL: DO BÁSICO AO SINGULAR
Lael Borba..131

AMOR, SEXO, SEXUALIDADE, EROTISMO... IGUAIS, MAS DIFERENTES!
Leila Cristina..139

TRÊS TÉCNICAS E ESTRATÉGIAS SEXUAIS PARA VOCÊ SABER O QUE FAZER ANTES, DURANTE E DEPOIS DO SEXO
Lucas Adriano...147

DESCULPE O TRANSTORNO, PRECISAMOS FALAR SOBRE PRÁTICAS SEXUAIS ANAIS
Mahmoud Baydoun..155

FAÇA O AMOR ACONTECER
Márcio Câmara..171

O EMPODERAMENTO FEMININO E A FORÇA DO SAGRADO
Marilza Rozalen...179

MINDFUL SEX
Maurício Sita..187

A EXPANSÃO DO PRAZER
Neise Galego..195

BISSEXUALIDADE PSÍQUICA: A MUDANÇA DO HOMEM NA ATUALIDADE E A NOVA IDENTIDADE MASCULINA
Renan Regueiro da Silva...203

DO AMOR E DO SEXO: VAMOS FALAR SOBRE ISSO?
Renilson Alves Durães..211

O AMOR DE TRÁS PARA FRENTE OU O AMOR EM QUATRO ATOS
Rogério Fortunato da Rocha..219

SEXO E AMOR: O QUE VOCÊ CONSEGUE SENTIR DA SUA PRÓPRIA SENSAÇÃO?
Rosane Rodrigues Marques..229

AS CONEXÕES DO AMOR E DO SEXO PELA MINHA LENTE
Sérgio Damião Lopes...237

DESEJO
Silvia Helena Marcondes Fernandes..245

PRECISAMOS FALAR SOBRE SEXO... COM AMOR
Stefani Martins...253

O grande livro do amor e do sexo

CAPÍTULO 1

O IMPACTO DAS EXPECTATIVAS NAS RELAÇÕES

Se fizermos uma rápida reflexão a respeito de nossas insatisfações nos relacionamentos, concluiremos com muita facilidade que vivemos conflitos e angústias por conta da relação entre expectativa e realidade. É muito comum que a gente imagine que a pessoa com quem mais convivemos já saiba nossas necessidades e as atenda mesmo antes mesmo de solicitarmos. Cada um de nós é responsável por suprir as próprias demandas ao invés de terceirizá-las. Podemos, sim, contar com a colaboração do outro, mas, para isso, precisamos expressar o que realmente queremos de forma clara e explícita. Neste artigo, falaremos sobre como fazer isso de maneira amorosa!

Allessandra Canuto &

Maria Cristina Barone Karsokas

O grande livro do amor e do sexo

Allessandra Canuto & Maria Cristina Barone Karsokas

Professora, *Coach* e Consteladora Organizacional, certificada internacionalmente pelo SySt®, formada em Dinâmica dos Grupos, *Coaching*, PNL, com pós-graduação em Gestão Empresarial e Técnicas Sistêmicas. Fundou a Alle ao Lado, consultoria em treinamentos para alta *performance* onde atendeu marcas como KPMG, L'Oreal, Vivara, Philips, Neogrid, Ajinomoto e outras. Ama estudar! É mãe do Bruno e do Caio, filhos iluminados que lhe ensinaram a amar genuinamente. Em treinamentos e constelações cumpre seu propósito de facilitar a construção de relações mais produtivas.

Pedagoga infantil e Assistente Social sempre dedicou toda sua trajetória profissional e pessoal para o crescimento emocional e pessoal dos indivíduos com os quais se depara. *Expert* em estabelecer bons relacionamentos e parcerias que promovem novas percepções pela conscientização, palavra que move sua plataforma de trabalho. Mãe orgulhosa de Nelson, Nicole e Dauyna e parceira de toda vida de Nelson Karsokas, núcleo familiar que escolheu para desenvolver as melhores habilidades de sua existência.

ionary# CAPÍTULO 1

Quem nunca ficou imaginando como seria a pessoa que se tornaria parceira para a vida ou para períodos da vida?

Essa idealização da nossa "cara metade" ocorre de acordo com nossas vivências interiorizadas e modelos projetados pelo nosso subconsciente e, a partir delas, criamos nossa referência ideal e partimos à sua procura.

Deparamo-nos nessa jornada com inúmeros tipos físicos de pessoas e situações diversas das quais nem sempre foram as que idealizamos. Isso porque existe uma discrepância entre nossos sonhos e a realidade. Sonhamos com o amor perfeito, o modelo encantado, e encontramos o amor dentro do que somos e expressamos de nosso interior, isto é, pessoas afins com nosso modo de ser e pensar.

Nesse processo de busca, entre o que temos, aquilo que se apresenta para nós e estamos trabalhando emocionalmente para merecer, apresentam-se as expectativas. Quando cruzamos ou relacionamos essa expectativa com a realidade, experimentamos, talvez, as frustrações. Qual seria, então, a solução? Parar de sonhar? Não. Acreditamos que sonhar nos ajuda a parametrizar o que queremos, mas talvez a resposta seja parar de idealizar sem alinhar as expectativas. É muito comum em um relacionamento íntimo pensar que o outro já me conhece tanto, que deve saber o que eu quero ou preciso, mesmo sem eu dizer. E quando isso não acontece, se não sou atendida(o), mesmo sem dizer claramente o que queria, vem a frustração. Essa frustração gera um clima negativo na con-

O grande livro do amor e do sexo

vivência e automaticamente emitimos um sinal inconsciente para o outro de que ele/ela não é bom o suficiente. Vem à nossa mente pensamentos como: "Ele/ela não consegue me entender ou não quer ou não tem interesse em atender minha necessidade. E a outra parte pensa "Ele/ela acha que eu tenho bola de cristal, não é nem capaz de expressar o que quer claramente e fica me cobrando".

Isso acontece porque quando gostamos de uma pessoa, temos sensações de bem-estar e confiança, as quais nosso parceiro(a) percebe essa emanação retornando as mesmas sensações ou outras reações dependendo do estado emocional que ele(a) se encontra. E, pela convivência, acabamos entrando numa zona de conforto, deixando em segundo plano ou esquecendo de expressar verbalmente o que sentimos e pensamos. Não fomos e nem somos educados adequadamente para pensar a respeito do sentir, nem para elaborar concretamente nossas opiniões e retornar o pensamento sobre o sentimento de maneira clara e conclusiva.

Por acreditar no vínculo criado, abusamos da certeza de que a outra parte irá entender nossos deslizes e, muitas vezes, agimos de maneira impaciente e até indiferente, nos comportando algumas vezes como crianças.

Ficamos sem paciência quando uma criança nos faz uma pergunta e respondemos curto e grosseiramente. Ela retruca e vem com outra pergunta, o tal do "por quê?", e tentamos responder da mesma maneira curta e sem maiores detalhes e ela continua —"Mas, por quê?". E nos cansamos achando que ela não precisa da resposta completa. E nesse ritmo ela cresce perdendo o interesse por perguntar e também pelas respostas. Perde a curiosidade de se interessar pelo outro e pode estar aí a origem de algumas características de quem se identifica assim. A não ser que a criança se interesse realmente e verdadeiramente por algo e insista nas perguntas e faz questão das respostas. Sorte dela se achar alguém que as dê, caso contrário seus esforços para adquirir essas respostas vão ser uma situação penosa, de conflito.

Não estamos acostumados a nos colocar explicitamente e a nos fazer entender. Se nos depararmos com um parceiro(a) que fala sobre si e sobre seus sentimentos, que se coloca verdadeiramente expondo seu modo de ver e pensar, sentimos de imediato uma sensação estranha e, a princípio, até achamos que este parceiro(a) quer se colocar de maneira abrupta no relacionamento. Ficamos com receio de que não teremos a oportunidade do devaneio, do mistério ou do abstrato comum que divagam nos relacionamentos, para alguns isso pode parecer um cenário sem romantismo ou de eventual entendimento de cobrança.

Resumindo, devemos ser claros na maneira pela qual nos expressamos, usando as palavras adequadas ao seu entendimento e constatar de imediato se fomos ou não compreendidos. Isso deve ser feito de maneira firme e delicada, pensando antes de falar para dar tempo de elaborar a frase a ser dita.

Afinal, esperar que o outro entenda o que queremos dizer, sem deixar claro e de maneira específica o que desejamos, é quase que uma atitude de crueldade. Precisamos aprender e lembrar sempre que o "óbvio" precisa ser dito. Isso mesmo. O óbvio só é óbvio para quem está pensando. Para o outro, o entendimento não será necessariamente o mesmo.

Sabe aquela situação de que você pensa alguma coisa e julga ser "óbvio"? É justamente essa parte que normalmente contribui para os desentendimentos. A negação dessa verdade é um grande gatilho para gerar, manter e potencializar conflitos.

Quantas vezes presenciamos discussões em que as partes se acusam, partindo de algum pressuposto que só existe no campo das percepções? Ou seja, pensamos algo e acreditamos piamente que a outra parte sabe o que estamos pensando. E o principal e maior gerador de conflito é que temos a "absoluta certeza" de que determinado comportamento deverá vir em resposta ao que estamos elaborando, idealizamos uma resposta ideal. E é lógico que isso raramente irá ocorrer, já que a outra parte nem imagina o que estamos pensamos, o que estamos esperando e, muitas vezes, nem imagina o tema que está em questão.

Todo esse processo acerca do qual estamos refletindo diz respeito a um processo comunicacional e tem um pressuposto da PNL – Programação Neurolinguística – que diz que "a responsabilidade da comunicação é de quem comunica". A comunicação é a alma de qualquer relacionamento. Ela é parte extremamente importante entre dois ou mais seres humanos.

Lembra que mencionamos que para falar precisa pensar?

Aí se encontra o "X" da história.

Transmitir algo requer habilidade.

Pensar é o primeiro passo. E perguntar a si próprio se o que estou pensando é o que realmente quero expressar. Como devo colocar o que quero dizer? Dessa ou daquela forma? Qual a melhor maneira para atingir meu objetivo de ser entendida e compreendida? Como essa mensagem que vou dizer vai chegar ao outro? Lembramos ainda que a mensagem será analisada pela outra parte, o ouvinte, de acordo com suas ideias e opiniões interiorizadas.

Quando não realizamos uma comunicação completa, deixamos a imaginação ou fantasia tomar conta das entrelinhas.

Temos uma grande facilidade de julgar certas situações que acontecem conosco, tomando atitudes precipitadas. Por exemplo, um marido ou esposa que normalmente não contribui com os afazeres domésticos, chega em casa e se prontifica a fazer o jantar. Imediatamente, você dispara o gatilho do julgamento e da desconfiança e pensa: "o que ele ou ela está querendo?" e

O grande livro do amor e do sexo

dentro da indignação do inusitado fica sem esboçar uma palavra ou faz questionamentos que coloca em dúvida a veracidade da atitude, criando um clima desfavorável à boa iniciativa do marido ou vice-versa.

Que tal mudarmos o comportamento e nos abrirmos para um diálogo? – Que bom! O que aconteceu hoje para que você tenha tido essa vontade? Aproveitando, dessa forma, a oportunidade de experimentar uma nova perspectiva dessa manifestação e evitar mal entendidos. Ao abrir este espaço para experimentação, quem sabe teremos sempre alguma surpresa.

A comunicação tem seus melindres e sua magia. Comunicar-se é uma arte que revela nosso íntimo e viabiliza conhecer o dos outros. Por isso, quando conversamos ampliamos nossos horizontes. Quanto mais conversamos, mais desvendamos os mistérios ocultos no outro e nas situações. Se analisarmos bem, perceberemos que todo conflito é um processo comunicacional e a única maneira de evitá-lo ou resolvê-lo é, também, por meio da comunicação. É com ela que podemos expressar todas as nossas habilidades e intenções.

Lembrar que é impossível não se comunicar. A "não comunicação" dá margem para interpretações infinitas. Quando conseguimos falar para o outro o que é importante para nós, e vice-versa, isso de alguma forma se desenvolve, trazendo a fluidez da relação e do processo em andamento. O não falar, não se expressar, se fechar para o outro causa um bloqueio negativo e até irreparável na relação. É uma catástrofe.

Para contribuir, na prática, com a questão da estruturação da comunicação, podemos pensar que o primeiro objetivo deve ser conseguir transmitir verdade, checando se o que estamos dizendo está alinhado com o que estamos sentindo e pensando. Uma boa ferramenta para conversas difíceis é estruturar a comunicação com base na técnica de CNV do livro *Comunicação não violenta* de Marshall Rosenberg. Vale a pena se aprofundar neste método pela leitura.

De maneira resumida, podemos estruturar uma comunicação seguindo os quatro passos compartilhados pelo autor:

1 - Expor o fato que o incomodou de maneira específica e sem julgamento;

2 - Comunicar o sentimento gerado em você por este fato;

3 - Compartilhar qual necessidade importante não está sendo atendida na situação;

4 - Perguntar ao outro como ele entende a situação exposta.

Para ilustrar, voltemos ao exemplo do marido ou esposa que chegou cheio de vontade de ajudar e isso não era comum. Se você se perceber reativo, respire fundo, lembre da CNV e tente elaborar algo com este tom:

— "Amor, quando você se oferece para fazer algo junto comigo, sinto uma felicidade imensa, porque colaboração e parceria são coisas muito importantes para mim. Como é isso pra você?".

Agora imagina que isso não aconteceu e que você gostaria que virasse realidade, segue abaixo uma forma de elaborar a comunicação que pode talvez proporcionar uma nova experiência.

— "Amor, quando chego em casa à noite e tenho que fazer algo sozinha(o), sinto-me desanimada. Colaboração é importante para mim. O que você pensa sobre isso?".

Transmitir sentimentos não é fácil. Nós mesmos não sabemos fazê-lo de maneira satisfatória, provavelmente porque não temos certeza de sua veracidade, intensidade e, em algumas situações, nem conseguimos nomear o que estamos sentindo. Isso precisa de treino e requer que nos conheçamos internamente. Só assim conseguiremos ser autênticos com nossos pares. E precisamos lembrar que harmonia anda junto, sim, com debates produtivos – discussões com intenção de alinhamento de expectativas são saudáveis para o relacionamento.

Voltando ao início, vale lembrar que, ao longo de nossa existência, idealizamos para nós tudo que desejamos ou que admiramos como modelo, queremos o melhor. Planejamos a profissão, criamos nosso príncipe ou princesa encantado(a), inventamos um mundo onde trabalharemos suas cores e suas formas de acordo com nossos objetivos interiorizados.

É lógico que, com o passar das etapas em nossas vidas, vamos descobrindo o que é possível realizar e o que se mantém em idealização.

Nossa busca é a perfeição do outro e de nós mesmos.

Cada um olha a vida e as coisas sob um prisma. Esse olhar é consequência de nossas experiências de vida, de nossa cultura, de nosso intelecto, etc. Somos a soma de vários fatores que nos personalizam tornando cada um especial, diferente e único.

Desilusões, frustrações, desencantamentos são elementos de ajustes do caminho a seguir.

O importante é termos coragem, discernimento e boa vontade para lidar com todos esses fatores e nunca nos esquecermos de que buscamos o nosso progresso físico, intelectual, moral e espiritual e daqueles que amamos. Mas, só conseguimos verdadeiramente agir no progresso que diz respeito a nós. Em relação ao outro, o máximo que podemos fazer é motivá-lo.

Nossa existência é dualista, não caminhamos só, mas só conseguimos atuar modelando nosso campo individual. Então, todo o esforço é válido para entender o outro e fazer o melhor que podemos para a conquista da felicidade. Nesse efêmero estado de alma, se não conseguimos ver e desfrutar é por nossa pura inaptidão e falta de treino.

Um questionamento muito comum quando temos uma situação ou

O grande livro do amor e do sexo

problema a resolver é: — E aí? Como vai fazer então?

Você tem a solução em sua mente que vai de encontro com suas razões e os desejos do seu coração. Uma boa sugestão pode ser a de propor a questão em pauta a seu parceiro(a) convidando-o para a construção de uma solução em conjunto, mesmo embora você já tenha uma ideia de sua solução. O prudente é colocar a questão e ver a opinião da outra parte.

Sozinhos não conseguimos evoluir na melhoria da relação.

Em uma convivência em grupo ou a dois, usamos de mecanismos de relacionamento e subterfúgios naturais à nossa essência humana.

São eles:

• Reversão ou negação: quando fingimos que não estamos sofrendo com o que está acontecendo.

• Transferência, projeção ou terceirização da culpa: quando não nos responsabilizamos por estarmos passando pela dificuldade do momento. Sempre falamos que a culpa é do outro.

• Vitimização: quando nos colocamos como impotentes diante de uma situação, dizendo que não temos o que fazer porque as coisas são assim acabou.

• Introjeção: quando interiorizamos ou confinamos nossa insatisfação, não expressando para o outro o que estamos sentindo.

• Racionalização: quando ficamos nos contando uma estória cheia de justificativas racionais a respeito da situação para deixar tudo como está.

Todos esses são mecanismos de defesa do nosso ego que causam impedimentos para uma boa comunicação porque escondem nossa fragilidade. Usamos de muita coragem quando partilhamos nossa vulnerabilidade.

Uma pessoa saudável aceita suas fraquezas e as compartilha com seu companheiro(a) buscando minimizá-las, isso se realmente houver interesse em um relacionamento equilibrado. Junto a isso, podemos exercitar não adivinhar pensamentos e nem julgar as intenções e motivos do outro. Propomos a experiência de oferecer sugestões, ao invés de impor instruções.

Queremos finalizar afirmando que acreditamos piamente que toda pessoa que aparece em nossa vida é a certa para nosso crescimento, pelo menos naquela hora e naquele momento de nosso viver. Na maioria das vezes, a pessoa certa não é a que sonhamos, mas a que precisamos. Entender para crescer, perceber melhor quem somos e de quem precisamos para que consigamos atingir o equilíbrio de nossas razões e emoções. Modelar nosso viver a partir de diferentes estímulos. Estar preparado para ter aquele alguém que tanto merecemos.

Todas essas informações e, lógico, boa vontade, faz o burilamento do casal buscando a harmonia e a paz – e, assim, a tão almejada felicidade!

O grande livro do amor e do sexo

CAPÍTULO 2

A FISIOTERAPIA A SERVIÇO DO AUTOCONHECIMENTO E PRAZER

O bem-estar físico tem sido o desejo de muitas pessoas, em especial daquelas que sofrem alguma interferência na qualidade de vida. Este capítulo propõe que o leitor possa refletir sobre a educação sexual entre gêneros e no que isso pode resultar, apresentando a fisioterapia como um recurso para melhorar não só a condição física, mas para ajudar a resgatar a valorização do empoderamento feminino

Camila Patriota Ferreira

O grande livro do amor e do sexo

Camila Patriota Ferreira

Graduação em fisioterapia pela faculdade São Lucas (2008), curso de especialização em fisioterapia aplicada à saúde da mulher pela Universidade Estadual de Campinas (2009) e pós-graduação em gestão pedagógica do ensino superior pela Faculdade Interamericana de Porto Velho (2014). Atua como fisioterapeuta na clínica de fisioterapia e reabilitação motora em Porto Velho desde 2010, exercendo a prática clínica de promoção e reabilitação em disfunções do assoalho pélvico, em fisioterapia obstétrica e em reabilitação física no câncer de mama. Em 2012, iniciou a carreira de docente no curso de fisioterapia da Faculdade Interamericana de Porto Velho, atuando até o presente momento. Na mesma instituição de ensino superior, faz parte do Núcleo de Docência Estruturante do curso de Fisioterapia e ainda realiza orientações de projetos de pesquisa e elaboração de artigos, que são apresentados em formato de pôster ou oral em eventos científicos e seus resumos são publicados nos canais dos respectivos eventos.

Contatos
camila.saudedamulher@gmail.com
Instagram: fisio_saudedamulherpvh

Camila Patriota Ferreira

CAPÍTULO 2

Ao ler o título deste capítulo, é provável que muitos estejam se questionando: "como assim fisioterapia a serviço do prazer?", "E tem fisioterapia para isso?". Pois bem, neste capítulo você irá conhecer de que forma a fisioterapia pode ajudar na função sexual, mas, antes disso, é necessário revelar (ou mesmo reforçar) que o autoconhecimento do próprio corpo é o primeiro contato com a nossa intimidade e que, só assim, é possível criar laços mais próximos com o(a) parceiro(a).

O autoconhecimento tem início no nascimento e é especificamente a fase a qual quero me referir, pois é prolongada até o primeiro ano de vida, que é a fase oral. Quero chamar a atenção para o início do desenvolvimento corporal humano e/ou descoberta "sexual" com o nosso mundo, ou seja, com o nosso entorno. Falo isso, pois, nessa fase, a descoberta do prazer está nos atos simples, como o de sugar o leite do peito da mãe, de chupar o dedo da mão ou dos pés, assim como de levar qualquer objeto até a boca e ali explorar o mundo a sua volta. Nesse período, percebe-se, ainda, de forma inconsciente, o quão prazerosa é a boca e os movimentos da língua, rica em estruturas que nos fazem sentir o sabor, a sensação térmica e o tato.

Outra que quero expor de forma muito breve é a fase fálica. Nela, ocorrem novas descobertas e a zona erógena passa a ser na região genital. Os toques "lá embaixo" podem passar a ser frequentes, mas essas

O grande livro do amor e do sexo

práticas são realizadas de forma inocente, apenas por curiosidade de perceber o próprio corpo. Entretanto, é uma fase importante e delicada, pois é nessa hora que a educação sexual começa e, muitas vezes, os pais não se dão conta disso. Sendo assim, é preciso contar com a astúcia, com a delicadeza e com a sensibilidade dos pais para que a sexualidade não seja reprimida, em especial nas meninas.

Dessa forma, percebam que, inicialmente, nascemos com atitudes e com gestos primitivos, que remetem ao erotismo e, conforme evoluímos, começamos a nos dar conta de que esses gestos passam a ser conscientes, podendo ser voltados de fato para a percepção do prazer.

A educação sexual ainda tem diferenças quando se trata do sexo, ou seja, nesse caso me refiro ao gênero. Muitas mulheres foram "educadas" para dar o prazer, tendo a relação sexual voltada para o objetivo principal da procriação. Já nos homens, percebe-se que são estimulados e encorajados a sentir o prazer, empoderando-se da força que o pênis pode lhes proporcionar ao gozarem do êxtase da energia que o ato sexual é capaz de causar. É nesse momento que é necessário refletir e tomar consciência de como essas atitudes acabam sendo incorporadas e, assim, vão sendo transferidas quase que de geração em geração.

A puberdade marca um período um tanto quanto conflitante (não generalizando que seja para todos, pois muitos adolescentes passam por essa fase sem grandes "sensações") e, por essa razão, a troca de informações é uma busca constante. É preciso "matar" tamanha curiosidade sobre as reações e as vontades do desejo sexual, resultante dos hormônios em ebulição. Nesse momento, vêm à tona as vozes da consciência questionando: "como será?", "se eu fizer isso é pecado?", "sentir dor toda vez que tenho relação é normal?", "satisfazendo o parceiro é o que importa, por mim tudo bem se eu não sentir prazer" e "nunca senti orgasmo!".

Os tabus e os medos em relação ao julgamento de uma sociedade ainda machista e crítica e as crenças religiosas e pessoais (aquelas crenças herdadas da família e/ou de experiências de amigos que você passa a escutar e acreditar que são verdadeiras) ainda são muito fortes, prevalecendo na mente da maioria das pessoas, em especial das mulheres. É nessa hora que é possível perceber que a valorização do órgão genital feminino é fragilizada, uma vez que a vagina é vista como algo proibido, sujo e, pensar em tocá-la, pode ser um pecado grave, temendo receber um castigo divino. É também nesse momento que, provavelmente, iremos lembrar da infância e daquele tapinha leve na mão cujo objetivo não era para machucar, mas sim reprimir o toque quando a mão era levada, inocentemente, até a vagina. Geralmente, escutávamos das nossas mães: "tire já a mão daí", "isso não pode! É feio! É sujo!", "papai

Camila Patriota Ferreira

do céu castiga": todas são frases voltadas para nos fazer entender (nós, mulheres) que, a princípio, não se pode pegar na vagina. Entretanto, a infância passa, a puberdade chega e seguimos sem tocar ou até mesmo sem ver como é a vagina. Começam os relacionamentos amorosos e as primeiras relações sexuais são iniciadas sem esse conhecimento e sem essa intimidade com o próprio órgão genital, que seria o responsável por proporcionar o prazer e por fazer com que a mulher o sinta.

Falar a palavra "vagina", nem pensar; isso é um horror para muitas mulheres. Já a palavra "pênis", nem tanto. Quando mencionei que a troca de informações passa a ser uma constante busca, nem sempre essa busca é feita junto a profissionais de saúde. Muitas limitações ainda afastam o público deles, a saber, por vergonha de expor a intimidade, temendo algum tipo de julgamento, e nisso as vontades e as dúvidas acabam sendo "sanadas" com amigos e com a leitura de textos *online* (aí que mora o perigo, pois nem sempre tudo o que se lê é de fato o que realmente é!).

Agora, fica mais fácil nos darmos conta do quanto é essencial iniciar um diálogo sobre a sexualidade, ainda na infância, e mantê-lo ao longo do processo de evolução do indivíduo, especialmente as mulheres, pois elas devem (ou deveriam) estar orgulhosas do que a vagina pode lhes proporcionar, pois é por meio desse órgão que sentimos e vivenciamos o prazer com o outro e com nós mesmas, o que nos permite engravidar e dar à luz aos filhos e que nos faz possuidoras de um órgão diferente do pênis! O pênis, para os homens, é tão precioso que o orgulho de possuir um é percebido ainda na infância, pois os meninos quando manipulam o seu órgão são elogiados (até ovacionados), sendo motivados a manter o toque (não quero dizer que irão tocar o órgão sexual em qualquer lugar ou a qualquer hora, mas, ao fazerem isso, nem sempre irão levar aquele tapinha na mão como acontece com a maioria das meninas). Dessa forma, há diferenças entre os gêneros, é como se uma imagem positiva fosse sendo construída em relação ao pênis e uma não tão positiva em relação à vagina.

Diante de tudo o que foi mencionado, acredito que possamos começar a fazer algumas associações com a fisioterapia e, assim, revelar de que forma essa ciência pode ajudar na conscientização corporal, em relação à região genital e às suas estruturas anatômicas (em especial os músculos localizados nessa parte do corpo) e, consequentemente, como pode melhorar o prazer sexual, contribuindo para estreitar os laços com o próprio corpo, melhorando a autossatisfação e, logicamente, a satisfação com o(a) parceiro(a). Ora, então, percebam que, se não há o autoconhecimento, pode ser mais difícil sentir prazer durante uma relação sexual, como também pode ser mais difícil conduzir os estímulos

O grande livro do Amor e do Sexo

para as regiões que julgam ser mais prazerosas a ponto de aumentar a excitação. Essa condição acaba ocorrendo com mais frequência entre as mulheres, já que a vagina pode estimular a criação da mensagem de "local proibido", "sujo", "feio" e "pecador", e com menos frequência nos homens, pois o pênis é o "todo poderoso" e prazeroso.

Primeiramente, a fisioterapia deve (ou deveria) ser voltada para promover a saúde e o bem-estar, e, portanto, quando se trata da região genital, passa a ser conhecida como fisioterapia uroginecológica. Trata-se de uma área ainda em expansão, geralmente incluída nos cursos de especialização de fisioterapia em saúde da mulher, os quais costumam abordar, além desse assunto, as áreas de fisioterapia obstétrica e de fisioterapia oncológica. Na vertente uroginecológica estão incluídos exercícios e aparelhos que colaboram para o processo de estimular a consciência corporal e para ativar os músculos localizados entre a vagina e o ânus (exercícios de Kegel), a saber, numa percepção mais íntima com o corpo.

Os músculos localizados na região do períneo são conhecidos como músculos do assoalho pélvico, pois estão dispostos em uma forma que lembra um leque, fixando-se na região da bacia (região pélvica), formando uma espécie de chão (por isso a palavra assoalho), passando a exercer funções de grande importância (o que a maioria das mulheres e dos homens desconhece), ao contrário do que acontece com os demais músculos do corpo, onde a maioria das pessoas tem uma certa noção para o que servem. As funções musculares do assoalho pélvico basicamente são: manter as continências urinária e fecal e sustentar os órgãos localizados na pelve (bexiga, trompas de falópio, ovários, reto e útero). Opa, então, durante o período gestacional esses músculos também sustentam o peso do bebê? Sim! E atuam, de modo que durante o trabalho do parto normal há um autorrelaxamento, por sua vez facilitando a descida do feto, bem como participando da relação sexual (durante a penetração os músculos devem manter-se relaxados para permitir a entrada do pênis e, durante o orgasmo, sofrem uma contração involuntária, caracterizando a presença máxima do prazer).

Acredito que agora as coisas possam começar a fazer sentido e a impressão de que muitas fichas estão caindo pode levar aos questionamentos: "realmente não sabia da existência desse tipo de fisioterapia", "nunca tinha ouvido falar", "não tinha essa noção", "já ouvi falar, mas nunca havia lido nada a respeito" e "não sabia que tínhamos músculos nessa região do corpo, muito menos que faziam tudo isso". Pois bem, ainda se pode dizer que é uma minoria da população feminina (incluindo como minoria a masculina também) que conhece e sabe como funciona esse tipo de fisioterapia, seja porque já foi um cliente/

paciente, já participou de palestras ou encontros conduzidos por fisioterapeutas que abordaram temas relacionados a essa especialidade ou porque pertence à área de profissionais da saúde e tem uma noção das particularidades dessa fisioterapia, podendo encaminhar pacientes para esse serviço (esses profissionais incluem: fisioterapeutas de outras especialidades, doulas, enfermeiras obstetras, psicólogos (as), educadores físicos e médicos). Ainda assim, muitos profissionais da saúde desconhecem as indicações e as vantagens dessa área. Portanto, a busca por tratamento e o número de pacientes podem acabar reduzidos, se compararmos com a fisioterapia ortopédica, neurológica ou respiratória, muito conhecidas pela população e pelos profissionais de saúde em geral.

A fisioterapia uroginecológica lança mão de recursos físicos, como aparelhos específicos, técnicas manuais e meios avaliativos para alcançar os objetivos definidos durante uma avaliação cuidadosa. Alguns são aparelhos de eletroestimulação vaginal, *biofeedback* pressórico, cones vaginais e exercícios de Kegel.

Durante a avaliação, e com a ajuda de um espelho, é preciso ir mencionando para a paciente cada uma das principais estruturas da anatomia genital: monte de Vênus ou pubiano (1), clitóris (2), pequenos lábios (3), grandes lábios (4), esfíncter uretral (5), períneo (6) e esfíncter anal (7), pois isso facilita a compreensão com relação à fisiologia do seu corpo e pode despertá-la para o autoconhecimento dessa região, estimulando a compreensão em relação à importância do funcionamento adequado

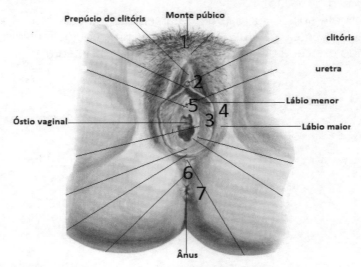

Figura 1. Anatomia do órgão genital feminino.
Fonte: Aula de Anatomia – o site mais visitado do Brasil.
Disponível em: <https://bit.ly/2CtvjOP>

O grande livro do Amor e do Sexo

das estruturas musculares e como ativá-las em benefício próprio. Outra vantagem é que esse conhecimento pode ajudá-la durante a relação sexual ao saber que é possível contrair o períneo, pois ali há uma grande concentração de fibras musculares (músculos do assoalho pélvico) e isso pode melhorar a qualidade da relação, prevenir a incontinência urinária e a queda dos órgãos pélvicos (bexiga, útero) na fase do envelhecimento. Além disso, esses exercícios melhoram a circulação sanguínea da mucosa vaginal, estimulando o aumento da lubrificação espontânea. A percepção da própria anatomia facilita a descoberta pelos pontos de maior excitação, como o estímulo clitoriano (2) e toques na vulva, podendo resultar no aumento do prazer, da excitação e, por fim, do (almejado) orgasmo.

A ausência do orgasmo pode estar inserida em um conjunto que abrange várias disfunções sexuais que cursam com a diminuição da qualidade de vida, com os problemas no relacionamento e até com os problemas emocionais. Contudo, ao avaliar a questão, percebe-se que nem sempre existe uma alteração física significativa, e, sim, a falta da intimidade com o próprio corpo, a ausência do conhecimento das funções dos músculos localizados na vagina que podem apresentar uma fraqueza ou até mesmo a ausência de contração. Portanto, saibamos perder o medo do toque e a vergonha da imagem do órgão genital, isto é, não hesitem em pegar um espelho para este "encontro", fazendo uso do poder que ele pode lhe proporcionar, mantendo a busca contínua por informação.

Na fisioterapia, o sucesso do tratamento é estabelecido na assiduidade do paciente e na atuação conjunta de uma equipe multidisciplinar, buscando exercer a promoção da saúde de forma integral.

O grande livro do amor e do sexo

CAPÍTULO 3

QUANDO AMAR MACHUCA

Ouvimos tanto por aí que amar é sofrer. Isso é realmente verdade? Ou será que existe uma explicação para tanto sofrimento nos relacionamentos? Se existe uma explicação, você está disposto(a) a descobrir? Está disposto(a) a rever os seus conceitos e fazer as novas escolhas para amar e para ser feliz? Se a sua resposta é sim, está com as chaves na sua mão para começar a ser feliz a partir de agora

Célia Maria de Souza

O grande livro do amor e do sexo

Célia Maria de Souza

Psicóloga clínica, especialista em relacionamentos de filhos adultos em famílias disfuncionais, palestrante, *master* em programação neurolinguística (PNL), *coach* e coautora dos livros *Treinamentos comportamentais* e *Coaching esportivo & saúde*, pela editora Literare Books International. Dezenove anos de experiência com famílias disfuncionais, tratando adultos, casais e adolescentes com dificuldades nos relacionamentos e/ou com transtornos emocionais, como depressão, ansiedade, fobias, pânico e doenças psicossomáticas.

Contatos
celia_msouza2005@yahoo.com.br
Facebook: Cel Souza
Youtube: Cel de Ideias
(11) 99134-2618 (WhatsApp)

Capítulo 3

Quando você ama, se entrega intensamente, faz de tudo para a relação dar certo e acaba sofrendo... Como sempre. O amor machuca? Como assim? O amor cura! Então, o que é isso? O que o faz sofrer tanto, que o entristece, o oprime, o deprime e gera tanta ansiedade?

Você é uma pessoa boa, do bem, que só pensa em ajudar o próximo, faz tudo pelo outro, mas acaba sempre se envolvendo com a "pessoa errada" com quem o faz sofrer? No começo, até parece que será diferente, mas depois acontecem as mesmas coisas, em várias áreas da sua vida. Por conseguinte, há decepção e sofrimento.

Os relacionamentos são assim ou você está em um círculo vicioso de relacionamentos que o machucam?

Qual dessas situações acontece com você?

Ele(a)

- Sempre critica o que você faz.
- Culpa você pelas coisas que acontecem.
- Fala ou faz coisas que o ofendem.
- Está sempre exigindo mais e mais.
- Nada do que você faz é o suficiente.
- Nada do que faz é bom o suficiente.
- Se sente envergonhado(a).
- Está se afastando de amigos e da família por vergonha das brigas e das atitudes dele(a).
- Evita dar suas opiniões por medo das reações dele(a).

O grande livro do amor e do sexo

• Está diminuindo ou extinguindo a sua vida social para evitar situações de ciúmes ou desentendimentos.

• Ele(a) sempre estraga datas comemorativas ou momentos importantes da sua vida com brigas ou descaso.

• Ele(a) o desqualifica ou o diminui.

• Sente que corre o risco de ser agredido(a) verbal ou fisicamente.

• Promessas constantes de mudança, mas os comportamentos inadequados voltam a acontecer.

Se você está ou se envolve em relacionamentos com alguma dessas características, encontra-se em uma relação que machuca.

Esses relacionamentos são conhecidos como tóxicos, abusivos ou exigentes. Independentemente do nome como os conhece, eles realmente machucam, ferem, deixam marcas profundas de dor e desequilibram totalmente a vida.

Consequências mais comuns:
• Depressão.
• Crises de ansiedade.
• Infelicidade.
• Sofrimentos.
• Perda do amor-próprio.
• Baixa autoestima.
• Baixa autoconfiança.
• Medos.
• Inseguranças.
• Sentimento imenso de culpa.
• Comportamentos compulsivos.
• Dependências ou codependências material, química e emocional.
• Bloqueios.
• Perda de libido.
• Fracassos em diversas áreas da vida.
• Comportamento controlador.
• Morte emocional e/ou física.

Entendendo as causas

Como seria se você entendesse uma das principais causas inconscientes que o levam ao envolvimento nesses relacionamentos abusivos?

Suas escolhas são reflexos de conteúdos emocionais inconscientes.

Esses conteúdos são consequências de um conjunto de fatores social, cultural, religioso e econômico, mas, principalmente, da dinâmica familiar vivenciada na sua infância e adolescência, com os seus pais biológicos ou com quem exerceu o papel de ensiná-lo a se cuidar, se amar, se proteger e se relacionar com o outro e consigo mesmo(a).

Já percebeu que você toma banho da mesma forma como aprendeu quando criança? Nem tinha percebido isso, não é?

Possuímos a tendência de manter comportamentos aprendidos na infância, sem atualização, mesmo crescendo e tendo novas necessidades e oportunidades.

Famílias disfuncionais

Famílias disfuncionais são aquelas em que os pais, por algum motivo, (muitas vezes inconsciente e, provavelmente, também filhos de famílias disfuncionais) não conseguem cuidar, proteger e amar a família o suficiente para construir uma estrutura saudável e com sustentação biológica, psíquica, física e emocional.

Elas passam por situações de desafios, perdas e traumas, mas os filhos de famílias disfuncionais, filhos de pais narcisistas, com frequência, reproduzem os modelos distorcidos desenvolvidos como mecanismos de defesa. Foram formas encontradas para se protegerem, se defenderem, se sentirem amados(as) e sobreviverem emocionalmente, porém gerando diversos problemas comportamentais, de relacionamento e, principalmente, a dependência emocional.

Situações que podem gerar famílias disfuncionais:

Quando um dos pais ou um dos filhos apresenta ou apresentou:
• Doença grave (com risco de morte).
• Limitação física ou doença que exige cuidados especiais.
• Dependência química ou vício: álcool, remédios, drogas em geral, jogo, sexo, trabalho (*workaholic*), tecnologias (*WhatsApp*, *Facebook*, pornografia), alimento, relacionamentos etc.
• Agressividade.
• Perfil controlador.
• Superproteções.
• Pais que brigam muito.
• Pais que se agridem verbal e/ou fisicamente, inclusive passivamente. Existem agressões não verbalizadas, por exemplo: segredos não contados, desvalorização da opinião ou da posição de um membro na família.
• Pais ausentes, mesmo com corpos presentes.
• Dificuldade financeira/perda de remuneração.
• Casamentos ou relacionamentos frustrados.
• Uniões forçadas.
• Uniões por conveniência.
• Morte no núcleo familiar.
• Filhos não desejados ou não planejados.

As situações acima não tornam uma família disfuncional por si só, mas, sim, a forma como a situação foi interpretada, vivenciada e administrada pela família e por você.

A função ou o papel que você exerceu dentro da sua dinâmica familiar pode explicar o que vem acontecendo em seus relacionamentos.

Qual dessas posições você desempenhou na família?
• O(a) cuidador(a).
• O(a) que precisava de mais cuidados.
• O(a) que não dava nenhum trabalho.
• O(a) que dava trabalho.

O grande livro do amor e do sexo

- O exemplo a ser seguido.
- O(a) que se esforçava para ver todos bem.
- O(a) querido(a).
- O(a) preterido(a).
- O(a) protetor(a).
- O(a) que defendia um dos pais.
- O(a) que tentava consertar os problemas da família.
- O(a) criticado(a).
- O(a) elogiado(a).
- O(a) advogado(a), o(a) psicólogo(a), o(a) assistente social, o(a) médico(a) da família.
- O(a) que passou por abuso.
- O(a) que guardou segredos.
- O(a) que ocupou o lugar que era de outro membro da família (ex: filho que ocupou o lugar do pai).
- O(a) vítima ou herói.

Observe qual função você inconscientemente e automaticamente está reproduzindo em seus relacionamentos atuais.

"Mesmos comportamentos, mesmos resultados".

Esses comportamentos provavelmente foram mecanismos de defesa desenvolvidos na família em um momento de necessidade. Você fez o que precisou ser feito e o melhor que pôde, mas ficaram lacunas, feridas e padrões que o mantêm em situações de repetição e de sofrimento, mas que provavelmente não precise utilizar mais. Já podem ser modificados e atualizados para a sua nova vida.

Tudo pode mudar

Esses mecanismos de defesa foram aprendidos. Isso significa que você pode aprender outras formas de se relacionar e de perceber a vida, a si mesmo e o outro.

Uma das etapas mais importantes nesse processo de mudança é o autoacolhimento. Acolha a sua história e as suas feridas com atitude de amor, de respeito, de gratidão e de cura.

É importante perceber que todos fizeram o melhor que puderam, mesmo que não tenha sido o suficiente para chegar a outro resultado, mas era o que sabiam e o que podiam até aquele momento.

Hoje, você tem recursos e habilidades que não existiam enquanto criança ou adolescente, podendo rever e construir novos recursos e alternativas para melhorar a qualidade dos seus relacionamentos e da sua vida. Lembre-se: você nasceu com capacidade para desenvolver todas as habilidades de que precisa. Foi isso que o ajudou a aprender a falar, a andar, a cair e a levantar até conseguir o que desejava.

Você está lendo este texto agora e tendo a oportunidade de descobrir que é possível construir uma nova estrada, o que requer uma nova escolha.

Não é fácil, mas é viável!

Célia Maria de Souza

Em mais de 19 anos atendendo a pessoas feridas, machucadas e desintegradas, presenciei muitas transformações, pois há resultado quando se escolhe olhar com amor para as suas próprias feridas e mudar padrões, paradigmas, crenças e sistemas aprendidos; resgatando, principalmente, o amor-próprio, ampliando, assim, a possibilidade de "amar o próximo como a ti mesmo", sem precisar que o outro preencha as lacunas da existência e, sim, acompanhe e partilhe a sua trajetória.

O que é amor?
- Amor-próprio é amor.
- Se respeitar e ser respeitado(a) é amor.
- Se valorizar e ser valorizado(a) é amor.
- Dizer não para o que não quer ou para o que não lhe faz bem é amor.
- Dizer sim para a vida é amor.
- Dizer sim para a felicidade é amor.
- Dizer sim para a prosperidade é amor.
- Permitir que o outro assuma as responsabilidades dele(a) é amor.
- Assumir as suas responsabilidades é amor.
- Desenvolver as suas potencialidades é amor.

O amor pelo qual me refiro não tem nada a ver com o amor romântico, dos livros, das novelas e dos filmes que, aliás, estão cheios de distorções e com vários tons de cinza. O amor tem o tom da vida que vibra em você e em todo o seu ser.

Já ouviu falar que a vida lhe dá mais do mesmo? Experimente. Verá como funciona. Quando você se ama e se respeita, recebe mais amor e mais respeito.

"O mundo o trata como você se trata."

Então, trate-se muito bem!

Você se tornará mais leve, mais feliz, mais cativante, mais atraente, independentemente das suas curvas ou da sua conta bancária. E, a partir daí, conectado(a) ao amor e com atitudes coerentes a ele, você se identificará e atrairá pessoas também pelo amor, capazes de amar e de serem amadas.

Conectando-se com o amor
1 - Sinta o conforto em um ambiente tranquilo.

2 - Inspire e expire profundamente algumas vezes.

3 - Com os olhos da alma, visualize os seus pais na sua frente, do jeito que eles aparecerem.

4 - Foque/olhe nos olhos deles.

5 - Neste momento olhe nos olhos da sua mãe e diga:

"Mãe, o nosso amor nos conecta, nos liga e eu a incluo no meu coração com todas as consequências. Há um lugar certo para você no meu coração.

O grande livro do amor e do sexo

Pai, o nosso amor nos conecta, nos liga e eu te incluo no meu coração com todas as consequências. Existe um lugar só para você no meu coração.

Eu tenho você, mãe. Eu tenho você, pai. Um ao lado do outro no meu coração.

E, quando eu crescer mais, eu precisarei deixar de fazer algumas coisas do jeito que são feitas por você, pai ou por você, mãe.

Eu vou fazer um pouco diferente, mas não quer dizer que o nosso amor muda.

Eu vou olhar para algumas coisas novas que a minha alma pede, mas não quer dizer que eu deixei de pertencer à família.

Eu vou olhar para os meus relacionamentos, para o sucesso, para a vida, para a saúde, para a prosperidade, mas não quer dizer que eu deixei de amar vocês. Não quer dizer que eu deixei de pertencer à família.

Eu não deixei. Eu continuei.

Eu fiquei com o meu coração ligado a vocês de um jeito bom, portanto, onde agora eu estou livre para seguir a minha vida de uma forma equilibrada, segura e respeitosa. Respeito a história de vocês, como pôde ser e como é.

Pai, mãe, eu vou olhar para os meus problemas, para as minhas questões e vou assumir a minha responsabilidade. Vou parar de ocupar o meu tempo responsabilizando vocês por aquilo que agora está em minhas mãos para resolver.

Eu deixo com vocês o que só vocês podem fazer por si mesmos e fico com as minhas coisas.

Levo comigo todos os dias a vida que recebi de vocês e por meio de vocês".

6- Respire fundo novamente e diga:

"Eu me torno mais forte e me autorizo: que a minha alma se expresse mais aqui no planeta de um jeito bom, onde eu me mantenha em sintonia e em respeito profundo com a vida e com o amor".

Suas novas escolhas e a felicidade nos relacionamentos dependerão da cura da sua conexão com os seus pais e com a sua própria essência.

Escolha amar e ser feliz a partir de agora.

O amor realmente cura!

Referências

BARCELOS, Carlos. *Quero minha vida de volta*. 1.ed. São Paulo: Alpha Conteúdos, 2010.

BEATTIE, Melody. *Codependência nunca mais*. 3.ed. Rio de Janeiro: Best Seller, 2015.

HELLINGER, Bert. *Constelação familiar: o reconhecimento das ordens do amor*. 1.ed. São Paulo: Cultrix, 2001.

O grande livro do amor e do sexo

CAPÍTULO 4

SEXO ANAL

A prática do sexo anal é, provavelmente, o maior tabu sexual existente em nossa sociedade. Há pessoas que gostam muito, enquanto outras odeiam e rejeitam. Um terceiro grupo, ainda, nunca tentou e tem curiosidades. Como médico, afirmo que é possível praticar o sexo anal com segurança e prazer

Celso Marzano

O grande livro do amor e do sexo

Médico urologista, sexólogo, terapeuta e educador sexual. Formado em medicina há 40 anos pela PUC de Sorocaba. Formação colegial em Nova York, Estados Unidos. Pós-graduado em terapia e educação sexual pela SBRASH. Membro titular da ISSM – International Society for Sexual Medicine, e da SLAIS – Sociedade Latino americana para o Estudo da Impotência e Sexualidade. Ex-professor da Faculdade de Medicina do ABC. Diretor do CEDES (Centro de Orientação e Desenvolvimento da Sexualidade). Consultor de revistas, jornais, rádios e TVs. Apresentador em TVs; ministra cursos e palestras sobre sexualidade em todo o Brasil. Autor dos livros *O prazer secreto* e *Performance sexual*, ambos da Editora Eden.

Contato
contato@marzano.com.br

CAPÍTULO 4

A prática do sexo anal é, provavelmente, o maior tabu sexual existente em nossa sociedade. A penetração pelo ânus parece, para algumas pessoas, uma prática cruel e suja. A maioria dos programas no mundo de educação sexual para estudantes com menos de 18 anos de idade não inclui qualquer menção ou orientação do prazer ou sexo anal.

Quando o sexo anal é citado na mídia, geralmente, leva a ideia de negatividade, violência, degradação e dificilmente de positividade ou prazer. A sua reputação ficou ainda pior nas últimas décadas, devido ao surgimento do vírus HIV, da AIDS, que é facilmente transmitido pelo sexo anal desprotegido. Apesar de tudo isso, algumas pessoas gostam muito da prática do sexo anal, enquanto outras odeiam e rejeitam. Um terceiro grupo, ainda, nunca tentou e tem curiosidades. De maneira geral, o sexo anal não deve ser dolorido. Se doer, é porque o casal está fazendo algo de errado. A falta de informações técnicas é, provavelmente, a causa das doloridas tentativas desta variação sexual.

É totalmente possível praticar o sexo anal com segurança e prazer, usando lubrificante, camisinha e técnica adequada. Mesmo assim, existem pessoas que não curtem, não aceitam. Se o seu parceiro ou parceira for uma dessas pessoas, respeite seus limites e não o force.

Mitos do sexo anal

Milhares de homens e mulheres heterossexuais, homossexuais ou bissexuais estão iniciando e experimentando a prática do sexo anal. Entretanto, os mitos e tabus sexuais inibem as pessoas de falarem, discutirem, pensarem ou aprenderem sobre esta prática sexual. O que você aprendeu ou ouviu sobre sexo anal na sua infância, na sua adolescência e quando adulto? A grande possibilidade é de nós termos alguma bagagem cultural negativa sobre o assunto.

Mito I: dor no sexo anal

A crença de que a estimulação anal, principalmente o coito, tem que machucar ou doer é falsa. A maioria dos praticantes do sexo anal não tem dor alguma. Esse medo assusta e afugenta a maioria das pessoas desta prática sexual. Entre homossexuais, onde a prática anal é constante, a dor é praticamente ausente. Se presente em pequena intensidade e só na penetração, não atrapalha o prazer. Sempre que existir dor significa que algo está inadequado naquele momento.

Mito II: perda de fezes após o sexo

Este é um acontecimento raro nesta prática sexual. A anatomia da região anal mostra, no ânus, dois esfíncteres musculares em forma de anel, que circundam o canal anal e que funcionam de forma independente. O esfíncter externo é voluntário (você tem controle dele) e o interno é involuntário (você não tem controle de sua contração). O esfíncter interno é diferente, ou seja, controlado pela parte autônoma do sistema nervoso central, como os músculos do coração. Este (interno) reflete e responde ao medo e à ansiedade durante o sexo anal. Quando ocorre uma penetração sem que o receptor esteja preparado, com os músculos dos esfíncteres contraídos, pode ocorrer trauma com ruptura de fibras musculares, gerando dor ou sangramento. Nos casos de atentado violento ao pudor, pela introdução de acessórios de grosso calibre no ânus, de forma violenta, sempre há lesões de maior ou menor grau nestes esfíncteres.

Mito III: orgasmo no sexo anal. Possível?

Sem dúvida que sim. Em entrevistas de praticantes, muitos relatam orgasmos, além de muitas mulheres e homens que chegam a eles com o sexo anal e a estimulação genital concomitante. Outros não têm orgasmo, mas não veem nisto uma derrota e sim uma forma de aproximação, carinho e amor. As mulheres têm maior possibilidade do orgasmo quando

Celso Marzano

praticam contrações musculares da vagina e da região pélvica, que aumentam a sua excitação, somada ao efeito da fantasia excitante de estar sendo penetrada.

Mito IV: o sexo anal sempre traz algum prejuízo ao corpo

Esta afirmação não é verdadeira. O sexo anal é uma prática que exige conhecimentos prévios de como praticá-lo de forma adequada entre homens e mulheres de qualquer orientação sexual (heterossexuais, homossexuais, bissexuais e transexuais) ou de qualquer crença religiosa. O maior prejuízo possível nesta prática sexual são as DST (Doenças Sexualmente Transmissíveis). Gonorreia, sífilis, herpes, HPV e AIDS são as mais comuns. Outras contaminações possíveis ocorrem na vulva, vagina e boca em situações de erros de higiene e de cuidados locais. Desta forma, o uso do preservativo (camisinha) é muito importante para a proteção. Em relacionamento monogâmico, com dois parceiros saudáveis, o risco da transmissão de doenças é mínimo.

Lubrificação

A anatomia do ânus tem características específicas que o diferem de outras partes do corpo. O ânus não é tão elástico quanto a vagina e nem produz uma lubrificação natural como ela. O uso de um lubrificante é indispensável. Dessa forma, é preciso utilizar algum gel à base de água, vendido em farmácias e supermercados, para amenizar o atrito do pênis. Não outros tipos, como cremes que, além de possibilitarem uma irritação local, podem comprometer o preservativo fazendo-o se romper.

Alguns casais utilizam cremes hidratantes em vez de um lubrificante. Só que isso não surte um efeito muito eficaz. Após alguns instantes, o hidratante penetra na pele e não cumpre a função de amenizar o atrito. Lubrificantes oleosos ajudam no rompimento da camisinha, porque alteram a estrutura da mesma e devem ser evitados. Os cremes ou óleos à base de vegetais ou minerais (vaselina, creme hidratante, manteiga, creme de barbear etc.) não são adequados para lubrificar o ânus ou a camisinha. Estes produtos aquecem e fazem distender o látex da camisinha, provocando o seu rompimento.

O uso de anestésicos junto com lubrificantes

Os anestésicos existem, mas seu uso deve ser discutido. Ao passar este tipo de produto no ânus e após ser absorvido pela pele e mucosa, supõe-se que não vai existir dor na penetração. Certamente, a sensibilidade local vai di-

O grande livro do amor e do sexo

minuir muito, o que significa que também o prazer ficará diminuído. A pessoa penetrada pode até não sentir nada pela anestesia da pele e da mucosa anal. Sendo assim, estes dois aspectos devem ser avaliados quanto ao seu uso. Portanto, o uso de anestésicos fortes é contraindicado no sexo anal. Lubrificante sim, anestésico com ou sem lubrificante, não.

Sobre os detritos fecais

Para não correr o risco de soltar detritos fecais no pênis do parceiro – sim, isso é possível – uma boa limpeza do ânus é imprescindível. Muitas mulheres e homens, na hora do banho, exploram a região para saber se tem resíduos fecais, antes da possível relação anal. Após esta exploração, com muito sabonete e até lubrificantes, pode-se forçar a evacuação, se ainda restar fezes na ampola retal. Para os homossexuais, a prática da lavagem interna é comum e se for realizada com lubrificação e cuidados para não se ferir, tem como resultado uma boa limpeza do reto. Devido à dieta errada, estresse, constipação, diarreia ou outros problemas gastrointestinais pode haver mais fezes ou resíduos fecais no reto. Nestes casos e, muitas vezes, sob orientação médica pode-se optar pelo uso de uma limpeza mecânica do canal do reto, como no caso do uso de enemas ou lavagens intestinais antes do sexo anal.

Uso de preservativos

Para garantir a eficiência e a eficácia do uso do preservativo como método de prevenção de DST/HIV, três condições são essenciais:

1- Que ele seja usado em todas as relações sexuais penetrativas;

2- Sempre que se entrar em contato com secreções da parceria;

3- Que seja usada sempre de forma correta.

Penetração

O amor entre duas pessoas geralmente culmina no encontro sexual. Assim, quando a relação de um casal se sustenta por sentimentos como confiança, respeito e amor, grandes são as chances de viver uma sexualidade plena e satisfatória. O casal comprometido com o bem-estar de cada um pode experimentar algumas variantes sexuais, como o sexo anal. A penetração anal deve ser um processo lento e gradual. Paciência é crucial.

Cada casal deve criar o seu próprio ritmo para que o sexo anal dê certo. Como esta prática sexual precisa de tempo, não é uma boa opção quando se quer ou só se pode ter um envolvimento erótico rápido (rapidinha) e se estiver em local não adequado. Também se estiver ansioso, estressado ou nervoso, por qualquer motivo, esta variação deve ser protelada. Quanto mais tempo você tem no início, mais benefício terá no final.

É fundamental que a mulher (relação hétero) ou o homem (relação hétero), quando penetrado por uma mulher com dedo ou acessórios sexuais, e relação homo, quando penetrado por outro homem esteja bem relaxado e se sinta à vontade. O ideal é que o penetrado (homem ou mulher) comande os movimentos da penetração, pois se o músculo anal se contrair, poderá provocar um desconforto. Se isso ocorrer, cabe ao parceiro ter a paciência de esperar a região relaxar novamente e reiniciar a prática.

A mulher poderá chegar ao orgasmo, principalmente se houver a manipulação do clitóris durante a penetração anal. O importante é que a penetração aconteça de forma lenta e cuidadosa. Pode ser que a primeira tentativa não seja tão prazerosa. Portanto, é necessário que o casal converse muito e que a mulher ou o homem não ceda apenas para satisfazer seu parceiro. Tem que ser uma decisão conjunta, pois como disse anteriormente, requer confiança, respeito e amor mútuos. É importante que os parceiros sexuais troquem o máximo de informações do que desejam: diga qual a velocidade de penetração que acha a mais correta e qual a posição sexual desejada. Também o penetrado tem que estar preparado e livre para pedir que o parceiro diminua a velocidade de penetração, mude de posição sexual e até que pare totalmente o ato sexual. Enfim, quando existe vínculo amoroso, respeito, paciência, confiança e intimidade o casal pode aventurar-se em outros caminhos do prazer sexual.

Fique ligado: não à contaminação vaginal

Nunca após a penetração anal deve existir penetração vaginal em seguida. Também a manipulação com os dedos no ânus nunca devem ser seguidas de manipulações vaginais. Tanto o pênis, quanto os dedos e consolos, se penetrados no ânus, com ou sem camisinha, são contaminados com fezes ou com secreções fecais, nem sempre visíveis, e não devem ser sugados ou penetrados na vagina ou na boca.

Posições sexuais no sexo anal

A melhor posição sexual para a prática do sexo anal é aquela em que os parceiros fiquem à vontade, descontraídos, relaxados, seguros e que não leve as emoções negativas de medo, ansiedade e tensões musculares. É importante que os casais se sintam mais confortáveis e mais confiantes, com maior possibilidade de ter prazer. A tentativa e o experimentar são válidos

O grande livro do amor e do sexo

para se saber qual é a melhor posição dos corpos, onde a penetração é facilitada, sem dificuldades e sem dor. Estes são os parâmetros para uma realização sexual também no sexo anal. Os praticantes mais assíduos sugerem que a posição mais indicada para principiantes ou aqueles que sentem muitos incômodos é a colher de costas. A mais perigosa para os iniciantes no sexo anal e que se relacionam com parceiros estranhos é a posição de quatro, pois nela, o homem que penetra tem controle total da situação e pode não estar preocupado com a integridade física do outro.

Conclusões

O homem, muitas vezes, sofre por viver numa cultura machista em que, desde menino, deve continuamente dar provas de virilidade. Ambos os termos implicam desconhecê-lo como homem. Aqui, este ato nega o direito à própria orientação sexual. Um dos pilares de nossa personalidade é nos reconhecermos enquanto homens ou mulheres. Somos educados para pertencer a um grupo e praticar o que se chama de papel social. O apoio dos pais nestes momentos é de vital importância para o equilíbrio emocional dessas pessoas.

Os mitos e tabus sexuais são construções culturais. Temos que combatê-los, porque são contrários ao direito à identidade e ao exercício de uma sexualidade plena. Este texto não tem a intenção de incentivar o leitor a praticar sexo anal, mas de esclarecer o que se passa no psicológico e no social, quando se envolve esta variação sexual. Tudo o que buscamos é para nos sentirmos felizes: casamento, estudos, amigos, filhos e sexo. O sexo é sempre um aprendizado, pois quando nos aproximamos do outro, quase sempre alguém muito diferente de nós não só anatomicamente (ou não), mas também em seus segredos, medos, angústias e alegrias.

Assim, criamos uma parceria em busca do prazer e saímos, com certeza, melhores. A sexualidade deveria ser vista sempre como uma curiosidade lúdica, do corpo do outro, da anatomia sexual, da cor, da textura, do medo e do prazer do outro. O parceiro deve fazer emergir a espontaneidade, a ternura, a excitação e o sentimento do outro. O ato sexual deve ser praticado com alguém em quem confiamos mostrar nossa intimidade, nossos gemidos, nossos gritos, nosso olhar brilhando, nosso corpo nem tão perfeito e nossas emoções.

Portanto, este texto é a quem considere que o sexo anal é, ou pode ser, uma prática que permite ter uma sexualidade plena, para que a descubram ou redescubram com plena consciência sobre a anatomia humana e as condições emocionais e psicológicas; além disso, que tenham como resultado final o aumento do prazer sexual, assegurando também a preservação de nossa saúde. Sejam felizes.

O grande livro do amor e do sexo

Capítulo 5

Quer ser mais feliz e viver bem? Decole sua vida amorosa com o coaching de relacionamento!

Dedico esta nova jornada, com amor,
ao meu marido André Luís, por todo o apoio

Claudia Cardillo

O grande livro do amor e do sexo

Claudia Cardillo

Coach, Mentora, Palestrante, Escritora e Especialista em *Branding* e *Marketing* de empreendedorismo. Possui experiência de mais de 25 anos nas áreas de *Marketing*, Planejamento Estratégico Vendas e Eventos. Seu trabalho vai desde realinhar pessoas com a sua missão e propósito de vida, que querem mudar seu estilo, relacionamento com os outros, profissionais até o lançamento de empreendedores no mercado. Desde 2013 é *coach*. Atua como *Coach* de Carreira e com mentoria de projetos para empreendedores, em que desenvolve atividades que utilizam ferramentas de PNL – Programação Neurolinguística para levar ainda mais desenvolvimento aos seus *coachees*. Atua por meio de atendimentos individuais e em grupo, tanto presencial como *online*.

Contatos
coachclaudia.cardillo@gmail.com
claudiacardillo.wix.com/coaching
claudiacardillo.wix.com/assessoria-de-estilo
claudiacardillo.wixsite.com/reiki
hubmeta.wixsite.com/hubdeempreendedores
portalmetamulheres.wixsite.com/hubempreendedorismo
hubmandaladoser.wixsite.com/hubdeconhecimento
hubconexaodoser.wixsite.com/hubdetransformacao
(11) 97453-5077

Claudia Cardillo

Capítulo 5

omo eu posso melhorar a sua vida?

O que faz sentido para você em um relacionamento?

Buscar estas e outras respostas faz parte do ser humano e encontrá-las é uma descoberta incrível, que muda toda a perspectiva da vida a partir deste momento. Passamos a vida inteira nos relacionando com alguém. Na família com nossos pais e parentes, na escola com os amigos, colegas, professores e funcionários. Quando crescemos aprendemos a nos relacionar no bairro com os vizinhos de rua, até conhecermos o nosso primeiro amor. A vida muda, para por alguns instantes naquele sorriso, naqueles olhos, naquele rosto.

Considero a frase de Antoine de Saint-Exupéry no livro *O pequeno príncipe* uma das melhores que descrevem o amor e os relacionamentos: "O amor não consiste em olhar um para o outro, mas, sim, em olhar juntos para a mesma direção". É surpreendente perceber como amar não envelhece, não sai de moda, nem dos filmes de romance, nem das novelas de época. Ao contrário, o amor vive em nossos tempos, cada vez mais forte e todas as pessoas querem amar e ser amados. Além de nos amar em primeiro lugar, buscamos freneticamente, por toda a vida, algo que nos preencha um vazio interior.

Buscamos algo ou alguém?

Aprendi, ao longo da vida, que buscamos alguém para vivenciar o amor, para compartilhar experiências, emoções, para vivermos alegrias, conquistas, confiança, amor, crescimento, felicidade e plenitude. Eu acredito que qualquer tipo de relacionamento é baseado em uma tríade de valores em que a admi-

O grande livro do amor e do sexo

ração, confiança e amor devem caminhar juntas o tempo todo. Eu observo as qualidades que mais admiro em quem eu amo e revisito essas qualidades de tempos em tempos, para que continue validando o que é importante para mim. Eu acredito em quem amo, confio e entrego meu coração a esse amor.

Muitas pessoas solteiras, casadas e separadas, antes de realizar o *coaching* de relacionamento comigo, na maioria das vezes, me perguntam — Qual é a grande chave da felicidade? Como é essa mudança na vida? Eu posso dizer que essa é uma mudança transformadora que possibilita que as conversas internas como "por que sinto ciúmes?", "quais são as minhas crenças limitantes?" e "por que tenho uma grande dificuldade em confiar em alguém?" diminuem a medida em que você caminha pelo processo do *coaching* e se torna mais autoconfiante.

O que é coaching?

O *coaching* é um processo de melhoria, de aprendizado realizado em parceria entre o *coach* – profissional qualificado, e o *coachee* o cliente. O *coaching* é um processo, desenvolvido a partir de uma metodologia comprovada em apoiar a construção de relacionamentos saudáveis, abrangendo o ser humano de uma forma plena em seus valores morais, aliando a uma perfeita conexão consigo mesmo e com os outros.

Eu atuo como *coach* em várias áreas, desde o *coaching* de carreira, até o *life coaching* (*coaching* de vida), processo no qual trabalho alguns pilares como relacionamentos, emagrecimento, bem-estar & saúde, *spiritual coaching* e *coaching* para jovens trazendo à tona assuntos como qualidade de vida, emocional, vida familiar, lazer, redefinição de missão, crenças, valores, metas, transição de carreira, entre outros.

Eu utilizo o processo do *coaching* em um diálogo rumo à descoberta de novos caminhos, desafios, metas estabelecidas com foco em obtenção de resultados positivos. É uma parceria de sucesso! As técnicas e ferramentas utilizadas levam ainda a resultados duradouros e novos comportamentos capazes de organizar e gerar novas perspectivas de vida. O que o *coaching* não é: terapia – *mentoring* – assessoria.

Coaching de relacionamento

Inúmeros casais que têm enfrentado dificuldades em lidar com os próprios sentimentos, com comportamentos inadequados em relacionamentos amorosos, tenho a certeza de que ler este parágrafo o fez lembrar de alguns deles.

O *coaching* de relacionamento apresenta-se como uma das ferramentas que permite que trabalhar juntos as crenças limitantes já projetadas em nossa mente e interiorizadas em nossos sentimentos desde a infância e que não foram trabalhadas, trazendo insegurança e uma visão distorcida de nós mesmos e de nossos relacionamentos.

Para quem é indicado o coaching de relacionamento?

É indicado para quem busca uma transformação profunda em sua vida amorosa, sentindo mais segurança, confiança e amor próprio, além de vencer a timidez e os pontos fracos de cada um de nós. É ideal para quem já tentou de todas as formas ser feliz, mas não conseguiu sair do lugar e quer recomeçar a sua vida. Para quem acredita que pode viver algo mais a dois e não se conforma com a infelicidade.

Nas sessões, num conjunto de 8 a 12 encontros semanais ou quinzenais com duração de 60 minutos, presenciais ou *online*, as questões são levantadas e identificadas as necessidades, dificuldades e objetivos de cada indivíduo, o que reflete no casal.

Coaching para noivos e casais

Desenvolvido apenas para pessoas assertivas que aprendem a lidar com seus desejos e dúvidas sobre todas as etapas que envolvem o pré e pós-casamento. Este processo permite estarem mais harmônicos, felizes com as mudanças e adaptações para a nova vida a dois, possibilitando que o casal curta com prazer cada momento que antecede o dia mais "especial" de suas vidas.

Coaching para solteiros e viúvos

Você irá aprender a se conhecer melhor e conhecer seus próprios limites e eu vou auxiliá-lo em sua realização afetiva. Aprender a cuidar de si, estabelecendo uma boa conexão com seu Eu, em primeiro plano, para posteriormente estabelecer uma relação saudável com o outro.

Por que passar por um processo de coaching de relacionamento?

No *coaching* de relacionamento, eu ajudo as pessoas que querem estabelecer as prioridades da organização do tempo, de maneira objetiva, estruturada e consciente para facilitar a tomada de decisões. Atuo em questões pontuais num processo totalmente personalizado. Utilizo como metodologia as técnicas de comunicação comprovadas cientificamente para promover o desenvolvimento das habilidades de negociação do casal. Assim, posso ajudar a favorecer o diálogo nos relacionamentos entre pessoas, atuando diretamente no gerenciamento de conflitos e interesses que são os principais geradores de estresse no casamento e a união.

Benefícios

O *coaching* de relacionamento traz como benefícios ampliar a autoconfiança, a parceria e o diálogo entre o casal e familiares. Também pode auxiliar as pessoas a gerenciarem e liderarem as mudanças pessoais com autoconhecimento de si mesmo e do casal, autocontrole e controle emocional, segurança, autodesenvolvimento, aumento de foco para obtenção de resultados positivos, assertividade nas negociações interpessoais, resiliência e quebra de crenças limitantes.

O grande livro do amor e do sexo

Quais são os resultados do coaching de relacionamento?

Eu vou lhe contar um segredo! Eu percebo que dezenas de casais, os *coachees*, que já realizaram comigo esse processo de mudança, estão dispostos a dedicar-se a um futuro em harmonia. Esses casais tomam decisões juntos em relação ao seu projeto de vida, com uma comunicação clara e objetiva. São abertos e motivados à mudança, transformam suas vidas e relacionamentos, estabelecem e constroem a curto prazo relacionamentos mais duradouros, sólidos, amorosos, felizes e saudáveis, com relações afetivas de sucesso. Rompem com padrões de relacionamentos fracassados e perdas anteriores, dores, comportamentos e pensamentos repetitivos em relação ao casal também herdados dos pais que sabotam a motivação individual – o foco nas suas tarefas diárias e o alcance pleno dos resultados positivos ressignificando questões como: o que me impede de ser feliz? Se eu tivesse sido melhor no meu relacionamento?

Construa um projeto de vida a dois

A minha dica aqui é que possamos trabalhar o autoconhecimento de cada uma das pessoas dentro de um relacionamento. Ao fazer um projeto de vida a dois, ambos irão conciliar sonhos, desejos e expectativas para o futuro. Eu gosto muito de sugerir nesta fase que o casal faça um exercício fazendo perguntas como, quais são as minhas maiores qualidades? Como quero contribuir para o sucesso de relacionamento? Ou ainda: — O que eu faria se tivesse tempo e recursos ilimitados?

Ressignificação

Todo relacionamento tem seus momentos de altos e baixos. É a habilidade em ressignificar olhares atravessados, ciúmes, reações espontâneas negativas, frases ditas em momentos conturbados e traumáticos que levam o casal a um nível superior na relação.

O casal aprende junto que ressignificar não quer dizer que esteja ignorando problemas, mas trazendo um novo ponto de vista, um novo ponto de partida para a mesma situação. Por exemplo, ao conversar e propor o perdão entre ambos, limpar as mágoas, os pontos escuros da relação, ambos trazem uma nova perspectiva, dando ao outro a grande chance de ser melhor hoje, de fazer melhor do que já foi feito ontem.

Exemplos de linguagem reativa que podem ser ressignificadas: — Desculpe, mas não há nada que eu possa fazer! Experimente: — *Me ajude a buscar um outro caminho.* Frases como: — *Eu sou assim e pronto, não vou mudar!* Tente: — *Me ajude a começar de novo!*

Quando você diz: — Ela é LOUCA! Você pode dizer O que ela quer dizer? Vou ouvi-la. Em vez de Eu tenho que ... use Eu prefiro...ou Eu preciso... por Eu escolho...

A linguagem do casal

Alguns casais têm a sua própria linguagem como apelidos, olhares, frases ao pé do ouvido que expressam amor. Em uma pesquisa sobre amor e relação amorosa, que levou ao lançamento do *best-seller Cinco linguagens do amor*, o antropólogo Dr. Gary Chapman identificou que existem cinco linguagens básicas que expressam amor.

Veja como os elogios são usados em sentenças expressas com palavras de afirmação: "a comida está deliciosa" ou "que delícia de pudim, você pode fazer sempre gostoso assim". A presença física é dedicar-se de corpo e alma em tempo exclusivo, assistir a filmes juntos, conversar durante o jantar sem a interferência do celular, conversar num parque e passear de mãos dadas, são pequenos detalhes que fazem toda a diferença. Prepare surpresas e lembre de que você tem alguém o esperando em casa. Surpreenda essa pessoa com um bilhetinho no bolso do casaco, flores. Dê algo de presente, mesmo que seja de valor financeiro pequeno, com certeza, a pessoa reagirá de uma maneira bem especial. A colaboração é importante. Você deve colaborar em casa, guarde seus livros, sapatos, roupas que estão ao lado da cama ou em cima da cadeira há uma semana. Lave as louças de vez em quando. Aqui uma ressalva, eu adoro entrar na cozinha e ver que a "Fada da Louça" (é esse o nome que eu dou para esse tipo de atitude) já passou em casa e me presenteou com uma cozinha limpa. Você pode brincar com outras fadas também. Sobre as sensações físicas: faça-se presente! Pode ser pelo toque, pelo carinho, pelo beijo, mas invista em sensações de prazer que o seu corpo, o seu calor, o seu abraço podem produzir na outra pessoa. Como aquele beijinho no pescoço que só você dá de surpresa, quando chega de mansinho.

Crenças limitantes

Quando você passa a entender seus próprios comportamentos e atitudes, mesmo inconscientes, que estão sabotando o seu crescimento, entende que precisa aprender a lidar com eles e eliminá-los aos poucos, para que, assim, possa evoluir. Seja proativo, preste atenção com cuidado nas palavras que usa ao dirigir-se a si e ao ser amado. Normalmente, as pessoas desejam coisas diferentes, para convencer, encantar e trazer o outro para vivenciar o nosso sonho, precisamos dosar porque há sempre uma forma positiva de se dizer, de conversar para fazer coisas diferentes.

Para quem é solteiro, é muito bom fazer o seu alinhamento pessoal para entender e equilibrar melhor a sua razão e o seu emocional em relação à futura relação.

1º Definição de objetivos: imagine uma linha do tempo que começa hoje, quando você começar a ler este capítulo do livro. Listar aqui tudo aquilo que você quer em sua realização em primeiro lugar pessoal, individual e depois listar também quais são os objetivos comuns do casal, o centro e o ponto de convergência entre ambos. Você estabelece o objetivo maior, estipulando um prazo de tempo para isso acontecer. Exemplos como começar a fazer uma poupança em dois meses, casar no civil em um ano e fazer a recepção para 80 pessoas da família e amigos, comprar um carro ou trocar

O grande livro do amor e do sexo

de carro anualmente, fazer uma viagem internacional a cada dois anos, ter um filho no período de dois a três anos, montar o nosso próprio negócio em três anos, comprar a nossa casa própria em cinco, comprar a nossa casa na praia nos próximos dez, e outros que você deseje sonhar.

2º Definição das metas: diferentemente do objetivo que é o sonho, a realização, do que queremos para o casal, a meta é a estratégia e o tempo que vamos usar para conseguir isso. São os objetivos menores, as conquistas diárias rumo ao sonho. Responda para mim com toda a sinceridade. Como conseguir comprar para o casal, sem economizar a dois? Algumas dicas aqui são preciosas para ter sucesso em seu relacionamento. E, para conquistar seus objetivos, é preciso manter o foco.

3º Mantenha o foco: agora que já temos em mente o que são as metas e os que são os objetivos, está na hora de arregaçar as mangas e entender o que é preciso fazer para que conquistemos aquilo que desejamos, sem perder o foco no meio do caminho. Manter o foco significa ter nitidez de um objetivo bem definido. Para isso, siga o seu planejamento, a sua poupança e os seus esforços para viajar no tempo estipulado pelo casal. Tenho certeza de que a sua realização será muito grande.

4º Comemore as suas vitórias: faça disso um ritual em sua vida, por menor que seja sua conquista. Isso fortalecerá a autoestima e cumplicidade do casal. Essa sensação de festa interna, de conquista, traz a sensação de caminhar para frente rumo ao sucesso do seu objetivo principal, o que é muito importante para continuar a sua caminhada. Cada passo dado na direção certa leva-me cada vez mais perto do meu objetivo comum

5º Motivação: como automotivar-se o tempo todo ou motivar o outro?

Acredite em você, acredite em seus sonhos, lute para conquistar seus objetivos, aprenda com os seus erros e mude as estratégias para alcançar as suas metas. Pense e vibre positivamente. Tenha *hobbies* em comum, o cérebro dispara uma série de hormônios que são chamados "Os 5 hormônios da felicidade". A endorfina, a serotonina, a dopamina e os dois principais a oxitocina e a anandamida. Sempre que você sentir alegria, prazer, bem-estar e euforia, você está sentindo a ação desses hormônios no corpo todo.

E, por que não vivenciar toda essa euforia a dois?

O *coaching* de relacionamentos faz o casal chegar junto às escolhas conscientes, com planejamento, organização e objetivos, olhar para um futuro prestando atenção à vida emocional, material, financeira e profissional, e à grande satisfação pela obtenção de resultados positivos. Aprende a mensurar e comemorar cada obtenção de meta factível. Reconhece o que tem de melhor, na sua melhor versão. Você topa o desafio de ser alguém melhor?

Seja, viva e faça o seu melhor no seu dia a dia, assim você poderá ter uma vida melhor e mais tranquila ao lado de alguém. Faça desta oração o seu mantra diário – Eu reconheço o que sou hoje. Eu SOU o meu melhor, eu trago o melhor de mim, eu posso fazer o que sei e terei o que quero!

O grande livro do amor e do sexo

CAPÍTULO 6

AMOR & SEXO: O QUE HÁ NAS ENTRELINHAS?

Este artigo se propõe apresentar algumas questões a respeito do amor e do sexo, com objetivo de trazer à tona situações intrínsecas que podem tornar-se obstáculos, dificultando a experiência plena e espontânea da intimidade nos relacionamentos

Dinalva da Cunha

O grande livro do amor e do sexo

Dinalva da Cunha

Graduação em Psicologia pela Universidade Federal de Santa Catarina em 1985. Pós-graduação em Psicoterapia pela Pontifícia Universidade Católica do Paraná em 2000. Formação em Terapia Familiar Sistêmica pelo Núcleo de Psicologia Clínica de Curitiba em 1988. Formação de Especialista Sistêmico em Terapia de Casal e Família pelo Núcleo de Psicologia Clínica de Curitiba em 2003. Noções Básicas das Interações Pais-Bebês pelo Centro de Estudos e Atendimento à Família de Criciúma= Santa Catarina em 1997. Treinamento de Supervisor pelo Instituto de Formação Sistêmica de Florianópolis em 1996.

Contatos
dinalvadacunha.com.br
dinalva.cunha@uol.com.br

Dinalva da Cunha

CAPÍTULO 6

Cada pessoa cria para si uma realidade, de acordo com sua história, suas condições físicas e mentais, sua cultura, suas crenças e vivências emocionais. O que acontece na vida é um reflexo daquilo que a pessoa é. Não obstante, apesar de todas as diferenças existentes, um anseio é compartilhado por todos: o de amar e ser amado.

Quando os casais vêm ao meu consultório lhes pergunto: como se conheceram? O que viram um no outro que chamou atenção? As características ressaltadas, em geral, são muito positivas. Pois, o amor tem a capacidade de trazer à tona as qualidades inebriantes do ser amado. Os começos, normalmente, são assim, os parceiros se percebem envolvidos por uma densa camada de positividade e alegria que resulta no sentimento de que estar ali é muito bom. E envolvidos por esta sensação se deparam com um enorme desejo de permanecer para sempre neste estado de felicidade e encantamento.

Contudo, a vida, que insiste em ser muito exigente, traz novos desafios que, muito longe das expectativas de um mundo perfeito, solicita novas aprendizagens, as quais devem ser adaptadas a cada fase do relacionamento. Lembrando-nos, a todo momento, que possuímos um sentimento de incompletude que necessita de experiências para que possamos nos tornar aquilo que buscamos ser.

O grande livro do amor e do sexo

Se um relacionamento oferece espaço para que os parceiros possam se desenvolver em sua plenitude, torna-se possível vislumbrar possibilidades de crescimento direcionadas à autorrealização. Suponho que todos pudemos experimentar bons momentos, ainda que breves. E, imersos nessa experiência, nos deparamos com um intenso desejo de permanência, pois tal cenário inebria nossas vidas e desperta um sentimento de profunda alegria e satisfação.

Precisamos desses encontros repletos de trocas afetivas, não é mesmo? Entretanto, para que toda essa alegria surja, é necessário que haja uma conexão com o desejo legítimo do coração. Uma vez nesse caminho, a verdade essencial que reside em cada um se apresentará com determinação.

Afinal de contas, o que buscamos em um relacionamento?

Afeto, convivência, intimidade e crescimento são elementos fundamentais para que os seres humanos se desenvolvam de modo equilibrado. É certo que inseridos em um relacionamento afetivo, vivenciamos todos os tipos de experiências, desde as prazerosas até as mais difíceis. E, mergulhados neste caldeirão de sensações, nos obrigamos a compreender as solicitações que o cotidiano nos apresenta. A experiência de amar e ser amado desperta em nós um transbordar de alegria.

Um relacionamento solicita que os parceiros se mantenham abertos as mudanças que acontecerão durante sua trajetória. Em cada etapa, as pessoas serão convidadas a fazerem uma renovação na maneira de estarem juntas, sendo imprescindível manter a convicção de que é possível, em muitos casos, transformar as dificuldades em situações transformadoras de aprendizado.

Os conflitos, inerentes ao convívio entre seres humanos, não são, necessariamente, barreiras intransponíveis que impeçam a reconstrução de novas maneiras de permanecerem juntos, de superar os medos e transformar possíveis bloqueios emocionais em desenvolvimento.

Quando o afeto está presente num relacionamento, ele se faz visível na maneira de tratar o outro, no brilho dos olhos, na forma de falar, nos gestos de carinho. E mesmo apesar dos momentos de discussão e divergência, os sentimentos não costumam se cristalizar em forma de rancor permanente, pois os motivos dos conflitos podem ser expressados e debatidos diante do anseio intrínseco de chegar a uma resolução.

Dinalva da Cunha

Como psicoterapeuta, pude acompanhar alguns casais em crise, e muitos quando se propuseram a transformar as causas dos seus problemas, conseguiram retomar o vínculo. Construindo, assim, relacionamentos ainda mais fortes, amparados pela mudança dos velhos padrões disfuncionais e pela ampliação da consciência.

Sexo é relacionamento?

A sexualidade é vista como parte de quem somos, nossa identidade. E não somente algo que fazemos sem nenhuma conexão. Vivemos um momento de muita liberdade e individualismo. As pessoas estão mais encorajadas a buscar sua realização pessoal e, também, a satisfação sexual. Sim, estamos mais livres! E, em contrapartida, mais solitários. No mundo digital desenvolvemos uma variedade de instrumentos tecnológicos, na esperança de que eles possam suprir a necessidade inerente de nos relacionarmos. Contudo, esta balbúrdia tecnológica camufla uma vontade profunda de fazermos contato com pessoas reais.

Diante da condição de estarmos cada vez mais desconectados das relações pessoais, a retomada da construção da intimidade tornou-se uma necessidade ainda mais urgente para as vidas, cada vez mais solitárias. O fato é que a conexão e a desconexão na *Internet* são muito fáceis. Tudo se resolve com apenas um *click*. Já os relacionamentos pessoais, face a face, conectam as pessoas de maneiras mais complexas. Mas, em compensação, oferecem a experiência de pertencimento e uma possibilidade de crescimento pessoal muito promissoras. As pessoas num relacionamento real, via de regra, sentem-se mais envolvidas e com um grau de confiança maior, podendo aproveitar esta condição favorável justamente para explorar todo o potencial da experiência sexual de intimidade.

Segundo a psicoterapeuta Esther Perel, em seu livro *Sexo no cativeiro*, o amor se baseia em dois pilares: entrega e autonomia. Nossa necessidade de união coexiste com nossa necessidade de autonomia. Uma não existe sem a outra. Com o excesso de distância, uma ligação se fragiliza. Mas, o excesso de fusão elimina a independência pois, quando duas pessoas se fundem, quando dois viram um, a ligação fica comprometida. Tal qual se pode verificar na infância, uma criança luta para encontrar o equilíbrio entre a dependência dos adultos cuidadores e a necessidade de construir um sentimento de independência. Essas expe-

O grande livro do amor e do sexo

riências infantis ficam na memória e chegam na vida adulta influenciando os novos relacionamentos. De forma que as intensidades com que as relações de nossa infância alimentaram ou obstruíram os dois tipos de necessidades, também determinaram as vulnerabilidades que levaremos para os nossos relacionamentos na fase adulta.

Na atualidade, a tríade sexo-poder-dinheiro ganha força. Ao mesmo tempo que precisamos de tais elementos para o nosso desenvolvimento, em certo nível, eles podem se tornar tóxicos, pois o sexo e suas motivações acabam sofrendo distorções que, na maioria dos casos, desencadeiam comportamentos extremos.

Temos visto acontecer nos últimos tempos, em relação ao sexo, uma ruptura e uma dissociação daquilo que realmente pode levar à satisfação plena. As pessoas passaram a viver de forma compartimentada as suas necessidades sexuais como se fossem partes separadas das outras dentro si. E quando a dissociação acontece com a energia sexual, ela se desconecta de tudo mais, e passa a ser vivenciada apartada daquilo que sentimos na totalidade de quem somos.

Quando buscamos o sexo desconectado, ou seja, movido pelo desejo de tão somente dominar o outro, nossas experiências sexuais resultam em imediatismos de curta satisfação. O sexo é um poderoso instrumento que pode levar o ser humano a ter uma experiência de unidade, principalmente, quando permite a integração com a pessoa em sua totalidade.

Quando buscamos um relacionamento, com o intuito apenas de que o outro atenda as nossas necessidades imediatas, quando queremos que o outro confirme a nossa ideia de quem pensamos ser, estamos diante de uma distorção acerca do propósito da experiência de intimidade. Certas práticas sexuais podem revelar uma estrutura neurótica e, nesses casos, a busca sexual é motivada pelo sintoma e não pelo prazer.

Para preservar a verdadeira força afetiva e erótica é preciso criar condições para vivenciar os sentimentos inerentes a cada pessoa. Libertando-se dos condicionamentos e das marcas do passado e se abrindo para uma relação com mais liberdade na expressão dos desejos, identificando-os por meio da busca pelo conhecimento profundo de si mesmo e se abrindo ao outro.

Quando o afeto, a partilha de interesses, a intimidade e o conhecimento profundo de si leva os parceiros a desfrutarem de momentos de união, ir para cama é fácil e estimulante. Quando o clima é de distanciamento, desencontro, desconexão, repressão, nem a atração que os fez escolher um ao outro, no início, faz manter acesa a chama e a força erótica se retira.

Para finalizar, gostaria de citar o psicanalista Erich Fromm, quando ele diz que o amor é um desafio constante. Não é um lugar apenas de descanso, mas de movimento, crescimento, trabalho em conjunto; que haja harmonia ou conflito, alegria ou tristeza, isso é secundário para o fato fundamental de que dois seres se experimentam desde a sua essência.

Referências
Fromm, E. *A arte de amar*. Itatiaia Limitada.
PEREL, E. *Sexo no cativeiro*. Ponto de Leitura, 2009.
PREM Baba, S. *Amar e ser livre*. Dummar.
YOGANANDA, P. *A eterna busca do homem*. Self Realization Fellowship, 2009.

O grande livro do amor e do sexo

CAPÍTULO 7

O SAUDÁVEL É AMOR E SEXO. A SEXUALIDADE É UMA FUNÇÃO DO ADULTO, PERTENCE AO NÍVEL DE AMOR EROS

Qual a função da sexualidade, a sua é saudável ou doentia? Há consequências no vínculo sexual? Por que vivemos triângulos amorosos? É possível integrar amor e sexo? Em qual dos *7 níveis do amor* você se aprisionou? Por que o casal "morre" ao se tornar pai e mãe? Quais suas dúvidas sobre a sexualidade e as relações afetivas? Como entender a sexualidade sob o paradigma sistêmico e das constelações familiares?

Dr. Roberto Debski

O grande livro do amor e do sexo

Dr. Roberto Debski

Médico CRM/SP 58806 (1987). Psicólogo CRP/06 84803 (2005). Especialista em Homeopatia e Acupuntura: Associação Médica Brasileira e China *Beijing International Acupuncture Training Centre* (1997). Pós-graduado: Atenção Primária à Saúde APS – Fundação Unimed (2015). *Master Trainer*: Programação Neurolinguística: INAP (1999) e Metaforum (2008). *Master Coach*: Sociedade Latino Americana de Coaching (2010). Formação em Constelações Familiares: Instituto Brasileiro de Consciência Sistêmica: IBRACS (2016). Facilitador e formador IBRACS desde 2017. Formação em Constelações Estruturais: Instituto Geiser / SySt Basic Training com Guillermo Echegaray, (2017). Clínica Ser Integral, Medicina Integrativa (1999). Unimed Santos Medicina Preventiva: criador dos treinamentos "Meditação", "Emagrecendo com Saúde", "Cessação do Tabagismo" e "ANDE" (coaching para gerenciar Ansiedade, Depressão e Estresse) desde 2008, médico da APS. *Coaching CALMA®* (Curar Ansiedade com Leveza Meditação e Atitude - 2016).

Contatos
www.serintegral.com.br
www.sabedoriasistemica.com.br
rodebski@gmail.com
Blog Somos Todos Um (STUM): https://bit.ly/2QrERxQ
(13) 3225-2676 / 997857193

Dr. Roberto Debski

CAPÍTULO 7

A sexualidade é importantíssima para a vida, e a maneira como a vivenciamos gera diversas consequências, positivas ou negativas, para nosso destino. Vivê-la saudavelmente requer cuidados fundamentais com as emoções, com nosso corpo, com nossas atitudes e com os outros.

Ao contrário do que se imagina, após décadas de grande repressão, seguida de total liberação, sexualidade saudável não é ter relações com inúmeros parceiros ou parceiras e buscar somente o prazer pelo prazer.

Para vivenciá-la de maneira responsável, é necessário que entendamos suas funções e implicações, pois se trata de uma energia sagrada, que nos vincula às pessoas com quem nos relacionamos e é potencialmente geradora de vida.

A sexualidade é tida por muitos como um tabu, repleta de mitos, assunto do qual não se fala aberta e francamente, somente por brincadeiras para dissimular a vergonha, dúvidas e medo.

Pela dificuldade em olhar diretamente para essas questões, passa a ser abordada como algo superficial, experimentada e vivida de maneira, muitas vezes, abusiva e inconsequente, banalizada, com o foco somente em si mesmo e no prazer físico que possa gerar.

O grande livro do amor e do sexo

Passamos por décadas de repressão sexual, da noção vinculada de sexo ao pecado e à culpa e, a partir dos movimentos de liberação sexual, passamos a viver o oposto, a liberação total, o domínio do corpo, o uso inconsequente da sexualidade gerando outros problemas, prova de que o movimento saudável, que deveria estar sempre no caminho do meio, não aconteceu, a humanidade ainda não conseguiu chegar ao ponto de equilíbrio, permanece oscilando entre extremos.

A sexualidade é uma função que só deveria ser vivenciada por adultos.

Ser adulto não se trata somente de ter a idade legal de adulto, 18 anos, mas, sim, uma postura e consciência adultas, para viver a vida de maneira responsável, atenta e cuidadosa, consigo e com os outros, vivendo um amor adulto, maduro e compatível com a fase de vida em que nos encontramos.

O estudo da *Consciência sistêmica* nos mostra que há sete níveis de amor nos quais evoluímos, ou deveríamos evoluir, desde o nascimento até a vida adulta.

Estes níveis são: o amor *pornéia, storge, philia, eros*, materno, paterno e ágape.

O primeiro nível é o amor *pornéia*, que é o amor que o bebê sente por sua mãe.

Nesse nível de amor, a mãe dá e o bebê somente recebe, é cuidado e tudo é feito para seu prazer, sem que ele retribua o que recebe.

Do amor *pornéia* deriva a palavra pornografia, uma indústria que se utiliza destas dificuldades em se lidar com a sexualidade saudável, mobiliza muito dinheiro e atrai milhões de pessoas em todo mundo.

A pornografia é a busca de ser agradado, que alguém nos dê prazer, sem que tenhamos que retribuir ou nos envolver com o outro, além de pagar. O outro é um objeto, usado somente para nossa satisfação, equivalente ao modelo do amor que o bebê procura em sua mãe. Na fase de vida de bebê, é o amor saudável e esperado para sua fase de desenvolvimento, mas, no adulto, é uma maneira desadaptada e fora de *timing* no ciclo de vida.

O fato de muitas pessoas na fase adulta só conseguirem se relacionar e ter prazer por meio da pornografia evidencia que não conseguiram ultrapassar o amor *pornéia*, infantil e autocentrado, para chegar ao amor Eros, que é o nível de amor no qual se cria uma parceria afetiva com equilíbrio de troca, preocupação mútua, abertura, intimidade,

Dr. Roberto Debski

entrega e vinculação cada vez mais profunda, o amor adulto entre duas pessoas.

Separar amor e sexo, e não conseguir sentir e vivê-los em uma única pessoa, somente conseguindo experimentar o prazer e sexualidade com uma (amante) e o amor com outra (parceira / parceiro), evidencia que temos dentro de nós um modelo dividido de relacionamento, denotando, Segundo Reich, um traço de caráter rígido, que pode gerar insatisfação, traições e relações triangulares, repetindo de maneira infantil o primeiro triângulo amoroso que experimentamos em nossa vida, eu, minha mãe e meu pai, quando adentramos a fase genital do desenvolvimento.

A criança deve abrir mão de seu primeiro amor, a mãe, no caso do menino, e o pai, no caso da menina, orientados e conduzidos neste movimento por seus próprios pais, a fim de estarem livres no futuro a viver relações plenas, íntimas e profundas, unindo e vivendo o amor e o sexo com uma só pessoa, pois esse é um movimento saudável.

Imaginar que a sexualidade saudável significa manter o máximo de relações possíveis visando o prazer, sempre que se quiser e ter múltiplos e frequentes parceiros e parceiras, pode ser comparado a ter a liberdade de comer ao máximo, tudo o que se quiser a hora que desejar, pelo prazer, e imaginar que isso não traria consequências negativas para nossa saúde.

A sexualidade sem responsabilidade, sem proteção adequada, sob efeito de álcool e drogas, vivida de maneira inconsequente, para esconder a imaturidade, para provar ou conquistar algo, usar e ser usado, pode acarretar como consequências: violência, doenças sexualmente transmissíveis, gravidez não planejada e indesejada, além de apego, sofrimento e desequilíbrios na vida afetiva.

A tradição *ayurvédica*, originária da Índia, há muitos séculos nos legou cinco preceitos ou *yamas* para uma vida plena e saudável, dos quais o mais famoso é *ahimsa* ou não violência, o qual conhecemos a força ao ser conduzido por Mahatma Ghandi e pelo povo indiano durante a libertação da Índia enquanto colônia da Inglaterra.

Um dos outros preceitos ou *yamas* é *bramacharia*, a vivência responsável da sexualidade, tão necessária na atualidade quando testemunhamos seu uso irresponsável e inconsequente, gerando sofrimento e escândalos nos quais tantas pessoas se envolvem por não saberem, não terem aprendido a lidar de maneira adulta com esta força da natureza.

O grande livro do amor e do sexo

A energia da sexualidade, de acordo com as leis naturais, serve para nos individualizarmos, e irmos nos separando (seccionando – origem da palavra sexualidade) da nossa família de origem, em direção à vida adulta e construirmos uma nova parceria, uma relação profunda, íntima e amorosa com outra pessoa adulta, gerando uma nova vida e levando a família adiante.

Criamos um vínculo com todas pessoas com quem nos relacionamos sexualmente, mesmo que de maneira irresponsável, inconsequente e inconsciente.

Se espalhamos essa energia indiscriminadamente, ela se torna fraca e não conseguimos nos separar de nossa família de origem nem formar vínculos fortes com ninguém.

Quando temos uma parceria forte e amorosa, com quem vivenciamos intimidade e uma sexualidade intensa e prazerosa, ampliamos continuamente nosso vínculo gerando uma relação cada vez mais profunda, conectada e baseada no equilíbrio de troca, dar e receber.

Durante o ato sexual, liberamos substâncias químicas que geram prazer, nos conectam ao outro e aprofundam a ligação, como a dopamina, serotonina e, principalmente, a oxitocina, que é o hormônio do vínculo.

Viver a sexualidade somente pelo prazer é abrir mão da oportunidade de gerar um vínculo profundo para a vida com outra pessoa, de nos entregarmos realmente para que o outro conheça nossa intimidade e conheçamos a dele, uma oportunidade de dar e receber prazer, amor, e aprofundar a conexão, numa ligação que não teremos com mais ninguém.

Um casal que abre mão da sexualidade quando nasce um filho e se torna somente pai e mãe, deixa de cuidar do relacionamento e de priorizar hierarquicamente o que veio antes, o casal, que vem antes de serem pais.

Agindo assim, enfraquece a união e ensina este padrão de relacionamento para seus filhos, que sempre modelam os pais e poderão repeti-lo futuramente em suas relações.

Segundo Bert Hellinger, terapeuta e filósofo criador das constelações familiares, as ordens do amor são leis sistêmicas da vida que regem todos os relacionamentos, familiares, afetivos, amizades e profissionais.

Essas leis sistêmicas da vida são:

1- Pertencimento, aos sistemas dos quais participamos, iniciando pela família de origem, e todos têm o direito de pertencer.

Dr. Roberto Debski

2- Hierarquia ou ordem de chegada nos sistemas, respeitando os que vieram antes que devem manter sua força, cuidando dos que entraram depois, são menores e mais fracos.

3- E o equilíbrio de troca nas relações, que é horizontal quando a relação é entre pessoas supostamente equivalentes, caso das amizades e relações afetivas, e é vertical nas relações entre pais e filhos, quando os maiores (pais) dão e os menores (filhos) recebem, enquanto são pequenos.

Aprendemos e testemunhamos nas constelações familiares que, muitas vezes, repetimos, sem saber, modelos de relacionamento existentes em nosso sistema familiar e devido a movimentos inconscientes de lealdade sistêmica pode ocorrer de não nos sentirmos autorizados a viver relações profundas e verdadeiras, quando, por exemplo, nossos pais ou avós não as puderam viver.

Aceitar o outro exatamente como é, e aceitar sua família da mesma maneira, sem julgamentos, nos abre para a possibilidade de um relacionamento maduro e de construirmos juntos um modelo diferente e mais funcional de parceria afetiva para a vida, com uma sexualidade adulta, prazerosa e saudável.

Viver de acordo com as leis naturais da vida nos proporciona relações afetivamente envolventes, satisfatórias, saúde, sucesso e prosperidade.

Não observá-las faz com que nos desconectemos da natureza e, certamente, pagaremos um preço por fazê-lo, por meio de possíveis dificuldades pessoais, afetivas e profissionais.

Além da questão afetiva, energética e mesmo espiritual da sexualidade, temos a questão física, os cuidados com a saúde do corpo a fim de vivenciar uma vida sexual ativa e prazerosa, possibilitando nossa conexão saudável e profunda com nossos parceiros no relacionamento.

Uma dúvida usual dos pacientes é: qual a importância da consciência corporal para o sexo?

O ato sexual é uma atividade que envolve todo o corpo, as emoções e sensações, criando um vínculo que aproxima pessoas pelo compartilhamento e intimidade.

Se o corpo estiver saudável e a percepção e consciência corporal estiverem presentes num nível harmonioso, poderemos desfrutar da sexualidade com atenção, presença e prazer, e a experiência será uma troca que fará ambos crescerem e se sentirem bem.

O grande livro do amor e do sexo

O ato sexual prazeroso para ambos demanda que nosso corpo esteja minimamente saudável, as emoções se encontrem em equilíbrio e a mente esteja presente e focada no momento presente, na própria relação sexual, caso contrário, não será possível ter uma relação satisfatória, com prazer e equilíbrio de troca.

Se a mulher estiver se sentindo mal, nervosa, ansiosa, distraída ou preocupada com outra coisa, não conseguirá relaxar e sentir prazer.

O homem, se ansioso e tenso, poderá ter problemas de disfunção erétil, o que prejudicará a relação e pode gerar ansiedade de desempenho para relações futuras.

Existem diversas técnicas que podemos utilizar para controlar a ansiedade, em algum momento específico no qual seja necessário.

Podem ser técnicas pontuais ou fazerem parte de um processo terapêutico de tomada de consciência e modificação de padrões e comportamentos habituais.

Uma técnica que pode ajudar ambos a relaxar, manterem-se atentos, focados e relaxados é a prática da respiração diafragmática ou abdominal.

Trabalhar com a respiração tem efeito positivo e rápido na percepção e nos sintomas da ansiedade.

Estudos já comprovaram que a *yoga*, técnicas de respiração e a meditação ajudam na prevenção e são complementares no tratamento das doenças emocionais, dentre as quais a ansiedade, depressão e doenças orgânicas, o que favorece a sexualidade saudável.

Quando ansiosos, nossa respiração fica acelerada e superficial, o que agrava os próprios sintomas da ansiedade, gerando um círculo vicioso.

A respiração indicada para reduzir os sintomas, na crise, e também fora dela, é a diafragmática, ou abdominal.

Trata-se de uma respiração profunda, que atua modulando a ação do sistema nervoso autônomo, reduzindo a ação de seu ramo simpático que libera hormônios do estresse e estimulando o ramo parassimpático, por sua vez aumentando a resposta de relaxamento, além de reduzir os pensamentos ansiosos.

O sedentarismo prejudica a saúde em geral, sendo um fator de risco para as doenças crônicas e, também, pode aumentar os sintomas da ansiedade, além de agravar a saúde cardiovascular, respiratória e os sintomas emocionais, como a ansiedade e o estresse.

Dr. Roberto Debski

Um organismo descondicionado se encontra menos preparado para as sobrecargas física e emocional que ocorrem com as solicitações da vida e durante a vivência saudável da sexualidade.

Quanto ao movimento e à prática de esportes, há benefícios para a sexualidade, de modo geral, em praticar as diversas modalidades esportivas. A atividade física regular e orientada pode melhorar a saúde física e mental, mas deve ser algo prazeroso e agradável para cada pessoa.

Participar de uma atividade física que não se gosta, e implica em algum grau de descontentamento e insatisfação, pode agravar a saúde emocional, gerando mais estresse e ansiedade.

Lembrando que o movimento e o esporte sempre são benéficos para a saúde em geral. Vamos elencar algumas atividades que contribuem para a melhora do desempenho sexual, gerando mais prazer e intimidade. Algumas práticas esportivas são conhecidas por terem um efeito tranquilizador e por reduzirem os sintomas do estresse, da depressão e da ansiedade.

O pilates é uma atividade física que ajuda a corrigir a postura, alinhar a coluna e desenvolver a musculatura dorsal, também melhora o condicionamento cardiovascular, respiratório, proporciona alongamento e flexibilidade, traz força muscular, equilíbrio e fortalece o *core*, ou centro do corpo, localizado na região abdominal, melhora o condicionamento físico e também mental, pois trabalha a atenção e a concentração durante a prática.

Com esses ganhos para a saúde, a sexualidade pode acontecer de maneira mais saudável, natural e plena.

A prática do *yoga* nos reconecta com o momento presente, o aqui e agora, impede ou diminui o fluxo desordenado de pensamentos e emoções negativas voltadas ao futuro e amplia a possibilidade de agirmos racionalmente orientados para a solução de nossos problemas, reduzindo a resposta ao estresse e os gatilhos da ansiedade.

As técnicas de respiração e as posturas do *yoga* modulam e equilibram a resposta do sistema nervoso autônomo, causando regulação do ritmo cardíaco e respiratório, aumento da força e equilíbrio muscular, e correção da postura e modificam o padrão emocional, reduzindo a resposta ao estresse e a ansiedade, favorecendo um estado de calma e equilíbrio.

O *yoga* harmoniza o físico e o mental, proporcionando ganho à saúde e qualidade de vida, favorecendo a prática da sexualidade plena e saudável.

O grande livro do amor e do sexo

A meditação *mindfulness* é uma prática de meditação oriunda de tradições como o budismo, e que foi adaptada para o ocidente, sendo muito estudada por pesquisadores como Richard Davidson, Jon Kabatt Zin e outros, que comprovaram seus efeitos benéficos na saúde e qualidade de vida.

Mindfulness pode ser definido como um estado de atenção plena no aqui e agora, quando estamos totalmente presentes naquilo que estamos fazendo, o estado chamado de presença, o que ocasiona uma percepção alterada de tempo, e modificações em nossa fisiologia.

Existem diversas técnicas de meditação, e o estado *mindfulness* pode ser conquistado até mesmo quando fazemos outras atividades que não somente a meditação, e mantemos o estado de presença e total foco e concentração naquilo que estamos fazendo.

A meditação *mindfulness* ocasiona uma resposta de relaxamento e faz com que nosso organismo libere substâncias como a serotonina e endorfinas que aliviam o estresse, a ansiedade, trazendo relaxamento e calma.

Vários trabalhos mostraram que meditar melhora as doenças cardiovasculares, pode auxiliar no tratamento da hipertensão e aprimora a circulação, o que favorece a sexualidade, já que o orgasmo e especialmente a ereção requerem uma circulação saudável.

O *tai chi chuan* é uma arte marcial chinesa de origem milenar que compartilha dos mesmos princípios da acupuntura e da medicina chinesa e busca o equilíbrio e a conquista da saúde física, mental e energética, além de ser utilizado para aprimorar a forma física, e como método de defesa pessoal.

Os movimentos e práticas do *tai chi chuan* seguem os princípios da filosofia taoísta, que originou a medicina chinesa, de curar por meio do livre fluxo da circulação de *chi*, a energia vital, e de *xue*, o sangue, da harmonização dos órgãos e sistemas e do homem com a natureza.

Para a medicina chinesa, quando há um obstáculo ao livre fluxo de *chi* e *xue*, a doença se instala.

Resgatar esse fluxo natural é imprescindível para o resgate da saúde e da sexualidade.

Os movimentos do *tai chi chuan* requerem flexibilidade, força muscular e equilíbrio, pois é uma arte marcial que utiliza o próprio corpo, além de equipamentos como, por exemplo, espadas.

Toda atividade física realizada regularmente modula a atividade do sistema nervoso autônomo, reduzindo a resposta de estresse e aumentando a resposta de relaxamento.

Dr. Roberto Debski

Os movimentos do *tai chi chuan* requerem uma postura equilibrada, movimentos que alongam e fortalecem a musculatura de pernas, braços, tronco e as articulações, além da coluna, corrigindo desvios posturais nos praticantes, desde que não sejam graves.

O *tai chi chuan* é uma arte marcial que utiliza a respiração e os movimentos corporais em sintonia e, assim, potencializam a capacidade respiratória e cardiovascular dos praticantes, o que auxilia na prática saudável da sexualidade, com vigor e equilíbrio, gerando prazer e satisfação.

Quanto ao alongamento, faz com que o corpo se sinta relaxado, equilibrado e forte, se atenuam as dores crônicas e ocorre uma sensação de bem-estar, o que auxilia a vivenciar a sexualidade saudável, com menos limitações físicas e com sensação de prazer e satisfação.

A automassagem faz com que conheçamos melhor nosso corpo, nossas sensações e locais prazerosos, além de proporcionar relaxamento e alívio das dores e diversos incômodos, nos relaxa e possibilita uma vivência mais consciente e plena da sexualidade saudável.

Cuidando do corpo e da mente, poderemos vivenciar a sexualidade adulta e saudável, que nos levará para uma vida plena.

Cuide sempre de sua saúde, e se sentir problemas ou dificuldades em vivenciar a sexualidade saudável, procure seu médico para uma avaliação, além de também a ajuda profissional de um psicólogo, terapeuta ou constelador familiar.

O grande livro do amor e do sexo

CAPÍTULO 8

COMO ESCREVER SOBRE AMOR E SEXO

É possível discorrer sobre amor e sexo com sutileza e elegância. Contudo, o erotismo em palavras requer uma construção gradativa e o amor transformado em verso e prosa, por sua vez, exige um relato empático. Sem esses elementos, o leitor fica na plataforma e o trem da história parte. Em vez de temer os espinhosos temas, descubra como conectá-los e saberá acomodar o passageiro no trem literário

Edilson Menezes

O grande livro do amor e do sexo

Edilson Menezes

Consultor literário e treinador comportamental. Idealizador da revisão artística – metodologia premiada pela comunidade empresarial judaica – é responsável pelo lançamento de vários autores profissionais, desde a criação dos primeiros textos, até a noite de autógrafos. Foi um dos autores da obra Treinamentos comportamentais. Reuniu e coordenou dezenas de autores para os livros *Estratégias de alto impacto* e *O fim da era chefe*. Gravou o DVD profissional, *Os segredos para escrever um livro de sucesso*, filmado nos estúdios da KLA, sob a supervisão do presidente da empresa, Edílson Lopes. Contabiliza mais de 20 anos de experiência corporativa como vendedor e líder, o que o credencia a preencher parte da agenda, ministrando palestras e treinamentos corporativos. Assistido em diversas regiões do país, inspira as pessoas a usarem "a arte da escrita", sua marca pessoal, na venda de ideias, produtos, serviços e convicções.

Contatos
edilson@arteesucesso.com.br
Facebook: edilson.menezes.733
(11) 99507-2645

Edilson Menezes

CAPÍTULO 8

Como sou consultor literário e meu propósito de vida é ajudar o semelhante a escrever livros sobre o que desejar, resolvi dedicar minha contribuição aos que gostariam de usar as temáticas amor e sexo para mudar a sociedade. Sim, isso mesmo. Desde a Grécia antiga, os dois temas ajudam o ser humano a se compreender. E diga-se, desde já, que não é nada fácil colocar o amor em palavras e ainda mais desafiador é oferecer a perspectiva sexual escrita.

De início, apresento dois segredinhos para compor textos palatáveis, mesmo com estes assuntos que carregam uma aura de tabu e um certo pudor, embora seja justo considerar que isso tem mudado.

1) O amor, sentimento de grande peso e impacto, deve fluir em palavras como o curso de um rio constante e ininterrupto. Da nascente ao destino, a caminho do rio, a água encontra obstáculos e vai contornando, encharcando e sobrepujando o que surgir. Assim deve ser o amor textualizado;

2) Os grandes escritores que ousaram versar e prosear o amor tinham em comum a habilidade de posicionar amor e sexo como protagonistas. Ou seja, o personagem principal nunca poderia ser maior do que o sentimento e a excitação da história narrada.

E chega de teoria. Vamos logo ao exemplo prático. Conheça Carlinhos, Paula e Karen, que dividem o protagonismo neste inusitado conto...

O grande livro do amor e do sexo

21 tons de amor e sexo

Carlinhos acordou entediado, naquela manhã chuvosa de segunda-feira. Não havia lugar aonde quisesse ir. Conectou o computador e acessou a Internet. Viu um ou dois vídeos e desligou a máquina. Ligou a televisão e não passou do segundo canal. Decidiu sair de casa.

Herdeiro de uma grande fortuna, aos 34 anos, sua vida resumia-se a ficar na mansão, cercado por 21 empregados discretos, que abaixavam a cabeça ao passar por ele. Sentia vergonha de sair e mostrar o rosto queimado por um acidente, ainda durante a adolescência. Logo depois da recuperação, aos 19 anos, chegou a tentar uma ressocialização, mas a cada olhar que trocava com alguém, sentia que precisava se recolher do mundo, assumir uma vida reclusa, num cárcere de circunstâncias, refém da deformidade que carregava no semblante e gerava, segundo a sua compreensão, um misto entre aflição, desconforto e compadecimento.

— Paula, peça para trazerem o carro 16 e deixe o terno 7 sobre a minha cama, por favor. Vou sair em 21 minutos.

— Providenciarei agora. Precisa de algo mais?

— Silêncio e privacidade – respondeu secamente o patrão.

Paula era a faz-tudo de Carlinhos. Aos 35 anos, trabalhava na mansão desde os 20. Contratada quando os pais do patrão ainda eram vivos, cuidava dos 21 carros, dos 21 ternos, dos 21 chapéus, dos 21 sapatos e de todos os itens que o seu supersticioso patrão acumulava, sempre nesse número. Conhecia bem o patrão para saber que detestava esperar, e exigiu rapidez do motorista. Precisamente 21 minutos depois, Carlinhos apareceu com o bem cortado terno 7, vermelho, e esticou a mão, pedindo a chave do carro 16. Paula cedeu a chave e, com o olhar, seguiu o patrão, que saiu sem dizer uma palavra. E pensou – como pode ser tão cego, a ponto de nunca ter reparado que sou apaixonada por ele?

O Tesla Roadster vermelho saiu cantando pneu. Paula foi até o quarto do patrão. Sobre a cama, como de hábito, a roupa usada de Carlinhos, que ela se encarregava de levar para a lavanderia. O lado esquerdo do lençol da cama, onde ele dormia, ainda estava amassado. Paula se deitou nessa parte da enorme cama e, de algum modo, sentiu a presença do patrão e um pensamento foi inevitável – se ele soubesse disso, me demitiria agora.

Levou a camisa do patrão até o rosto e sentiu o seu perfume. Sem perceber, sua mão deslizava, sem limites, pelo vestido que ela sempre imaginou Carlinhos tirando. Paula amava aquele homem que só reparava em sua existência para tratar de assuntos do dia a dia. E ali, na solidão

Edilson Meneres

daquele luxuoso quarto, cansada por nunca ser notada, relaxou o corpo e a mente, deu asas à imaginação e encontrou, sozinha, todo o prazer que sempre imaginou ao lado, em cima ou embaixo de Carlinhos.

Enquanto isso, Carlinhos, de terno e carro vermelho, dirigia em alta velocidade, procurando esquecer o tédio. Semana após semana, distraía-se com jogos, filmes, investimentos diversos e algumas poucas viagens com o jatinho particular, sem aparecer para ninguém que não fosse a tripulação da aeronave.

No quesito envolvimento, uma prostituta aqui, outra acolá, só para reduzir os níveis de testosterona. Nesses encontros, ele usava máscara e não permitia que a prostituta a retirasse. Eram 40 ou 60 minutos em que Carlinhos sentia-se quase normal. Gostava de dar prazer às prostitutas. E, ao terminar, o tédio devastador, outra vez, ocupava todos os espaços de sua mente.

Como de costume, dirigiu 21 quilômetros em altíssima velocidade e retornou, ainda mais entediado. Estranhou o fato de o motorista não estar ali para receber o carro e pensou, com um sorriso irônico – vou demitir alguém hoje. Quem sabe isso me tira o tédio...

Caminhou até a porta central e lá havia um bilhete.

— Sou Karen, um presente que a sua secretária providenciou. Para me ter, você terá que me encontrar na mansão e acredite, estou bem escondida. Soube que você gosta de um certo número e, por isso, deixei três pistas, valendo 7 pontos cada uma. Se encontrar todas, fará os 21 pontos do nosso joguinho erótico. Mas, há uma regra: você tem 21 minutos para me encontrar. Ou irei embora e você não verá essa foto ao vivo. Aí vai a pista número 1:

Desde a antiguidade, os governadores árabes o valorizavam.

Subitamente, o tédio se esvaiu. Junto com o bilhete, estava a foto íntima de Karen, em altíssima resolução. Carlinhos intuiu que poderia ser um bom jogo. Procurou uma de suas 21 máscaras, para o caso de Karen surgir de repente, pois não queria que ela visse o seu rosto desfigurado. E pensou – já perdeu. Sou fera nesses jogos de adivinhação.

Releu o bilhete umas dez vezes, até que a possível resposta surgiu: sofá. Onze minutos tinham se passado quando Carlinhos encontrou a primeira pista sob uma almofada.

"Parabéns, você acaba de conquistar 7 pontos. Aí vai a próxima pista".

Um dos maiores erros da humanidade é colocar os seus segredos sujos debaixo do tapete.

Moleza. – pensou Carlinhos.

O grande livro do amor e do sexo

E saiu em disparada, levantando tapete por tapete da mansão. Em uma das cozinhas, havia um tapete ao pé da pia. Debaixo dele, dois objetos, uma câmera e um bilhete:

"O vídeo é para aquecer você. Em 21 segundos, eu mostro como chego ao orgasmo. Antes de assistir, pense: você tem agora 14 pontos e espero que ainda reste tempo para me achar. Aí vai a última pista":

Estou no lugar restante. Se conseguir me encontrar, vou te dar prazer oral por 21 minutos cronometrados e depois disso, vou subir em você e fazer 21 movimentos. Exatamente no vigésimo primeiro, te farei gozar!

Agora fodeu, essa tá difícil. – refletiu Carlinhos, agora tão excitado que nem se lembrava mais do tédio.

Antes de procurar a próxima pista, às pressas, ligou a câmera e apertou o *play* para o único arquivo gravado. Surgiu uma mulher de máscara, morena, corpo bem esculpido e cabelos presos, nua, deitada em uma banheira, se masturbando freneticamente. Aos 21 segundos do vídeo, a mulher deu o gritinho mais sexy que Carlinhos já havia escutado e a filmagem foi interrompida. Olhou para o relógio: 16 minutos haviam se passado. Em cinco minutos ela iria embora.

Preciso achar essa mulher! – pensou, enquanto olhava o relógio: 17 minutos.

Encontrar o tal lugar restante naquela mansão seria como procurar agulha num palheiro. Quando os seus olhos voltaram ao relógio, 19 minutos haviam se passado, e a expressão "no lugar restante" nada parecia dizer...

A matemática lhe veio em mente. A sua mansão tinha 21 aposentos. As duas primeiras pistas somavam 14 pontos e como ela disse que estava no lugar restante, talvez estivesse se referindo aos 7 pontos que restavam no jogo. Era a sua única cartada, mas se acertasse, a moça estaria, portanto, no quarto 7. Correu a passos largos até o andar de cima. Assim que abriu a porta do quarto 7, se deparou com uma cena incrível.

O quarto estava iluminado por 21 velas aromáticas posicionadas ao redor da cama sobre a qual, Karen o esperava. Usava a mesma máscara que Carlinhos viu no vídeo. E mais nada. Ela se levantou, foi até ele, que também estava de máscara, e ordenou:

— Deite-se na cama, sem nenhuma peça de roupa. Você foi pontual, venceu o nosso joguinho, e agora vai ter tudo o que eu prometi.

Karen ligou o cronômetro e mostrou para ele, que sorriu, inebriado com tudo aquilo. Ela cumpriu o prometido e por 21 minutos, deu o máximo de prazer oral que Carlinhos sentiu em sua vida. Quando percebia que ele poderia chegar ao orgasmo, fazia uma pausa de milésimos de segundos

Edilson Menezes

e recomeçava tudo do zero. O cronômetro apitou. Gentilmente, ela tirou a boca do sexo de Carlinhos e disse, sem margem para negociação:

— Agora, eu vou subir e te encaixar bem fundo dentro de mim. Vou contar 21 movimentos em voz alta e você vai gozar no vigésimo primeiro, como prometi.

— Duvido! – desafiou ele, imaginando que poderia controlar o próprio corpo.

Karen se posicionou, o encaixou e movimento a movimento, primeiro devagar, depois com força e pressão, foi contando em voz alta. À medida em que contava, Carlinhos tentava, de propósito, se desconcentrar, só para ter o gosto de dizer que Karen não conseguiu.

Ele não soube explicar, mas o fato é que depois do décimo quinto movimento, seu corpo e sua mente se prepararam para o orgasmo, sem que pudesse controlar. Quando Karen contou 21, ele explodiu e tentou se movimentar. Habilidosa, usou as próprias coxas para travar o movimento de Carlinhos e o fez gozar, sem que desse sequer o vigésimo segundo movimento. Assim que o observou finalizando o frenesi do orgasmo, saiu de cima dele e sussurrou:

— Agora, tenho outra surpresa. Vou sair do quarto. Espere 21 minutos para me procurar pela casa e, se me encontrar, te dou o dobro do prazer que acabei de dar.

Antes que Carlinhos pudesse responder, Karen saiu do quarto e ele pensou – ela é louca, mas sabe o que está fazendo. Nunca senti isso!

Carlinhos olhou fixamente para o relógio, por 21 minutos, esperando o tempo passar. Ficou tentado a sair antes, porém se propôs a jogar o jogo de Karen. Tão logo o tempo combinado se passou, levantou, colocou a roupa e saiu pela casa, procurando, em vão. Passou toda aquela tarde de quarto em quarto, conferindo até debaixo de cada cama e nada. Como um fantasma – e que delícia de fantasma – ela sumiu.

Horas depois, Carlinhos encontrou o motorista e foi logo dando bronca.

— Mais cedo, você não estava aqui para receber o carro. O que aconteceu?

— Paula me pediu para levar uma encomenda do outro lado da cidade.

— E cadê a Paula? – quis saber o patrão.

— Na cozinha, orientando as funcionárias. Acabei de vê-la por lá.

Carlinhos foi até a secretária e a encontrou conversando com a velha cozinheira da mansão. Chamou-a discretamente e conversaram no cômodo vizinho.

O grande livro do amor e do sexo

— Obrigado pelo presente! Karen é incrível e quero vê-la de novo. Ela fez um joguinho, disse que tinha outra surpresa e sumiu.

— Imaginei que você fosse querer encontrá-la outra vez. Karen combinou que vai voltar amanhã às 10h.

— Isso que é funcionária eficiente. Passe o telefone dela, por favor. Quero enviar uma mensagem.

— Eu não tenho o número dela.

— Como assim? De que jeito a contratou, então?

— Contatos, Carlinhos. Beba o leite e não pergunte a cor da vaca. Amanhã você vai encontrá-la. Aliás, ela me pediu para dizer que vai te encontrar no mesmo quarto.

Antes entediado, agora estava ansioso. Não dormiu um minuto sequer daquela longa noite. Bem cedo, se levantou, tomou um longo banho, um café e se instalou no quarto 7, antes do horário combinado. Até que às 10h, Karen entrou, com a mesma máscara.

Carlinhos sorriu e começou a tirar a própria roupa. Com o dedo indicador, ela fez um gesto proibitivo.

— Eu nunca tive qualquer preconceito por conta do seu rosto. Esse preconceito é seu. Já o amor, esse sentimento imenso que eu não consegui mais conter, por enquanto é só meu. – e tirando a máscara, revelando o próprio rosto, continuou:

— Como pode ver, nunca existiu uma Karen. Se quiser ficar comigo, nunca mais você vai passar um dia entediado!

Carlinhos olhou para Paula e ali, naquele exato momento, a pediu em casamento.

Até hoje, os dois são vistos por aí, curtindo a vida, sem máscaras. Conta-se que Carlinhos tentou se curar do vício com o número 21, mas Karen, ou melhor, Paula, sua esposa, não permitiu e argumentou o seguinte:

— Para que vamos mexer em uma mania que te faz tão feliz?

— — —

Você, que está com o livro em mãos, decidirá se o conto é baseado em fatos ou ficção. O que mais importa está aí: "como" escrever sobre amor e sexo, gerando aos leitores a magia e o envolvimento com a história. No entanto, se precisar de uma ajudinha, chame o consultor literário que vos escreve e ajudarei a inserir arte textual em suas ideias eróticas, amorosas, filosóficas ou motivacionais. Lembre-se:

"Desde que bem exercida, a força da escrita será tão poderosa quanto a palavra dita".

O grande livro do amor e do sexo

CAPÍTULO 9

AUTOESTIMA E SEXUALIDADE: UMA JORNADA AO PRAZER

Você sabia que a sua autoestima pode ser um fator determinante para o sucesso de suas relações e de seu desempenho sexual? Acredite, quem gosta de si próprio é muito mais realizado em todas as áreas da vida e possui um desempenho sexual muito melhor. Nas próximas páginas, você vai descobrir como resgatar todo este poder que existe em você e que irá lhe proporcionar prazeres inimagináveis

Fabiana Navas dos Reis

O grande livro do amor e do sexo

Fabiana Navas dos Reis

Coach e membro da Sociedade Brasileira de Coaching, especializada em *coaching* de relacionamentos e sexualidade, graduada em *marketing*, consultora de imagem, palestrante, orientadora sexual, terapeuta holística, idealizadora do Club Descubra-se, proprietária da Descubra-se - Boutique sensual.

Contatos
www.clubdescubrase.com.br
contato@clubdescubrase.com.br
navas.fabi@hotmail.com
facebook.com/ClubDescubrase
facebook.com/fabiana.navasdosreis
instagram.com/clubdescubrase
(11) 94270-6811 (WhatsApp)

CAPÍTULO 9

Resgatando a autoestima

A autoestima é o principal alicerce sobre o qual os nossos crescimentos pessoal e emocional são formados. Assim, dependendo de como você se sente sobre si mesmo, ela afeta positiva ou negativamente as outras partes que constituem a sua vida, o trabalho, a saúde, as relações e as razões pessoais mais importantes.

A autoestima é um sentimento de aceitação e de apreciação de si mesmo que está ligada à sensação de valor pessoal. Uma boa autoestima é essencial para as saúdes física e emocional.

As pessoas que não se valorizam tendem para a autocrítica, mais por acreditarem que não podem fazer nada para melhorar a sua vida e têm mais dificuldade nas relações sociais.

> "Querer ser outra pessoa é desperdiçar a pessoa que você é."
> Marilyn Monroe

Aqueles que têm uma visão positiva de si mesmo se sentem mais confortáveis e confiantes para encarar os desafios da vida.

As bases da autoestima são estabelecidas na infância, por isso a grande importância de incentivar e de elogiar as crianças. Uma criança que recebe carinho e frases positivas, como, por exemplo: "você vai conseguir", "eu tenho muito orgulho de você!", "você é muito corajoso",

O grande livro do amor e do sexo

"eu te amo!", dentre outras, será um adulto mais confiante em si próprio. Mas, esse sentimento também passa por mudanças no decorrer da vida de acordo com as circunstâncias que enfrentamos.

A autoestima tem grande relação com a nossa imagem corporal, isto é, como nos vemos, como nos aceitamos e também como assimilamos as opiniões dos outros a nosso respeito. Uma pessoa que tem a sua autoestima elevada consegue aceitar a opinião do outro, sem se machucar com isso, e consegue refletir sobre a verdade e a importância que isso tem em sua vida. Esse é um elemento importantíssimo para a construção da nossa identidade pessoal.

Por que é importante desenvolver a autoestima?

Quando desenvolvemos a autoestima, nos tornamos pessoas mais confiantes e felizes. Aceitamos de maneira positiva as situações que enfrentamos e, principalmente, as decepções.

Deixamos as frustrações do passado para trás e focamos no que queremos daqui para a frente, pois deixamos de perder tempo lamentando situações que não temos como mudar, a fim de gastar a nossa energia com situações que podemos e que queremos mudar.

Não permitimos que os outros nos façam ficarmos inferiorizados ou que nos desrespeitem, porque conhecemos o nosso valor, e, principalmente, valorizamos as nossas batalhas e conquistas.

Buscamos a melhoria sem nos cobrarmos a perfeição. Deixamos de lado o "vitimismo". Deixamos de ser vítima das situações para encararmos os desafios com determinação e com coragem. E levamos isso para as nossas relações sentimentais e sexuais.

Uma pessoa mais confiante é, sem dúvida, alguém mais atraente, mais sedutor. Afinal, gostamos de estar perto de pessoas assim, não é?

Uma pessoa que fala muito sobre coisas negativas, que é pessimista, que sempre traz reclamações dos outros, da vida e de si mesmo, deixa de ser uma pessoa interessante, ou seja, deixa de ser atraente em minutos. Já uma bem-humorada e que fala sobre coisas positivas, atrai a admiração das que estão ao seu redor, sendo muito mais atraente, pois os demais querem ter perfis assim ao seu lado.

É muito comum as pessoas, após relacionamentos destrutivos, perderem a autoestima, pois absorveram a culpa pelo término do relacionamento ou porque ouviam do(a) parceiro(a) ofensas que a pessoa levou como verdade. Certamente, esse indivíduo ficará com mais dificuldades em ter um próximo relacionamento saudável.

Por isso, é muito importante a autoaceitação e o entendimento de que a relação acabou, por sua vez acreditando no seu valor, revendo tudo o que foi feito nessa relação, balanceando os fatos, identificando

Fabiana Navas dos Reis

tanto os pontos que você precisa melhorar, bem como as características que você não quer que o seu próximo(a) parceiro(a) tenha.

Determine o que você quer também para a sua vida amorosa

Sim, é muito importante termos metas para a nossa vida: metas financeiras, metas profissionais e metas pessoais; incluindo, claro, os nossos relacionamentos. Precisamos saber o que queremos de um relacionamento, qual é a base de um relacionamento saudável para nós e o que merecemos ou não. Isso certamente diminuirá as chances de você ficar envolvido com alguém que não atinja as suas expectativas, aumentando as chances de a relação dar certo.

Mas, sabemos também que, infelizmente, não existe fórmula secreta para as relações darem certo, então é preciso manter certa flexibilidade e buscar também a nossa melhoria. Não adianta sair em uma caçada desesperada para encontrar o amor da sua vida, pois isso pode fazer você estar envolvido em relações desgastantes. Assim, enquanto esse amor não aparece, vá se preparando para realmente encontrá-lo, faça uma limpeza nos sentimentos e ressentimentos que ainda existem dentro de você, portanto, coloque tudo em ordem, porque quando chegar, você certamente irá aproveitar melhor se o seu interior estiver em ordem.

Dicas para aumentar a autoestima:
1. Elogie-se diariamente. Todo dia se dê, no mínimo, cinco elogios. Isso fará com que você aprenda a olhar os seus pontos positivos.
2. Faça uma lista das suas qualidades e pense sobre elas. Pode pedir a amigos ou ao seu companheiro(a) e vá lendo essa lista semanalmente. Com o passar do tempo, acrescente mais qualidades.
3. Comemore todas as suas conquistas. Por menores que sejam, presenteie-se. Afinal, é uma conquista!
4. Escreva um diário. Descreva e explore os seus sentimentos decorrentes do dia. Isso fará com que você entenda mais sobre as suas emoções, auxiliando significativamente o seu autoconhecimento e o seu autodesenvolvimento.
5. Faça coisas por você e para você. Procure ter momentos especiais com você. Pode ser abrir um vinho especial para beber sozinha(o), procedimentos de beleza, fazer alguma atividade que lhe dá prazer etc. Enfim, aprenda a gostar da sua companhia.
6. Pense em tudo que tem de positivo na vida. O que deseja que continue igual, o que deseja mudar, aprenda a distinguir o que pode e o que não pode mudar e trabalhe para isso, aceitando o que não pode mudar.
7. Ouça músicas. Quando o mundo estiver desabando, tranque a porta do mundo, aumente o som e coloque músicas que o(a) animem. Cante e dance.

O grande livro do amor e do sexo

8. Permita-se. Não deixe para usar roupas e perfumes exclusivos apenas em momentos especiais, use sempre que tiver vontade e isso pode fazer você se sentir mais poderosa(o) neste dia.

9. Pare com as comparações. Isso não vai levá-lo a lugar nenhum. Pense no que você pode fazer para ser uma pessoa melhor e trabalhe para isso.

10. Reconcilie-se com o seu passado. Isso é fundamental para ter um presente feliz.

11. Perdoe-se, vire a página. Quando estamos com a consciência pesada, frustrados com coisas que não deram certo ou nos culpando por alguma coisa, não conseguimos enxergar as nossas qualidades ou lembrar das coisas boas que já fizemos. Então, aceite que errou, deixe para trás. Erros acontecem todos os dias com todas as pessoas. Mais do que pedir perdão para os outros, é preciso pedir perdão para si mesmo.

12. Aceite-se. Você pode e até deve mudar o cabelo, por exemplo, se ele estiver incomodando. Os tratamentos de beleza estão aí para isso mesmo. Também dá para melhorar aquela mania de querer que a sua vontade seja perfeita sempre ou outro comportamento que não esteja sendo positivo para você. Mas, é legal saber que nem tudo pode ser modificado e que algumas coisas até mudam, porém, levam tempo.

13. Aprenda a receber elogios. Normalmente ficamos tristes e pensativos quando recebemos críticas, nos cobrando sobre a veracidade disso, porém quando recebemos um elogio, logo nos defendemos, dizendo que não é bem assim. Quando receber um elogio, seja sobre o seu cabelo ou sobre o seu desempenho, aceite e agradeça. Esse elogio é fruto de seus esforços e de cuidados consigo.

14. Reviva memórias felizes. Apesar de parecer bobagem, relembrar momentos felizes pode ser o suficiente para dar ao seu cérebro um aumento de serotonina (serotonina é um neurotransmissor que melhora o humor, embala o sono e alivia a dor). E isso é um importante treinamento para evitar que você fique fixado em momentos menos felizes.

15. As palavras têm poder. As afirmações são poderosas, por isso seja sempre otimista e aposte nas afirmações positivas: "eu posso, eu sou, eu vou, eu consigo" devem estar constantemente saindo de sua boca, ou, no mínimo, presentes em seus pensamentos. Acredite em você e as pessoas passarão a acreditar também. Quando acreditamos em uma coisa, o universo conspira a nosso favor.

16. Não espere mais para ser feliz. Jamais se limite a fazer algo ou a uma autoadmiração quando você emagrecer ou engordar x quilos. Você pode e deve fazer o que tiver vontade agora! Não espere para ser feliz.

17. Seja grato. Valorize o que tem. Como diz o ditado: "não tenho tudo o que amo, mas amo tudo o que tenho". Dê valor aos detalhes, pare para observar a natureza, olhe a sua volta para a sua família, aos

Fabiana Navas dos Reis

seus amigos e a sua saúde. Aproveite o banho quente ou o banho de mar. Curta o tênis confortável ou a delícia que é ficar descalço, assim que se entra em casa após um dia todo de serviço. Seja feliz com o que tem, pois a felicidade é um ímã de coisas boas. Quanto melhor você está, melhores coisas virão.

"O que você tem todo mundo pode ter, mas o que você é.... Ninguém pode ser."

Autoestima e sexualidade

Você sabia que uma pessoa de autoestima elevada tem uma vida sexual mais plena e feliz?

Sexualidade e autoestima andam de mãos dadas. Quando falamos de sexualidade, é impossível não *linkar* com a imagem corporal e com as emoções que se tem a respeito de si mesmo. Essa autoimagem não é imutável, mas necessita, muitas vezes, de transformações, às vezes físicas de fato, mas em sua maioria é preciso apenas rever as nossas crenças e mudar as atitudes com a relação que temos com o nosso corpo e com a nossa sexualidade.

Uma pessoa que possui uma autoestima elevada tem uma vida amorosa e sexual muito mais plena e feliz. Isso porque ela consegue desfrutar dos momentos de prazer de maneira mais intensa, ela experimenta novas sensações e realizações e isso pode trazer experiências fabulosas.

Quando uma pessoa tem uma autoestima elevada, consegue focar realmente no prazer, ela não fica preocupada no que de negativo o(a) parceiro(o) pode estar pensando. Ela simplesmente se solta e vive aquele momento, aquela relação.

- A sexualidade saudável está diretamente relacionada à autoestima, à aceitação do próprio corpo e de como usar a criatividade durante as preliminares. Ser "bom" de cama não significa ter um corpo belo e, sim, estimular adequadamente o outro e a si próprio durante o ato sexual, envolver-se, sem focar na penetração.

Muitas pessoas questionam sobre o que precisam fazer para ter um relacionamento que seja realmente saudável e prazeroso sexualmente. Aí temos alguns pontos básicos:

Beijos de língua: os casais com o tempo deixam de se beijar. Mas, me refiro ao beijo de verdade, àquele beijo de língua, àquele que arrepia, àquele que faz o tempo parar. Em suma, àquele que quando acontece você não quer largar mais. Não àqueles "estalinhos" corriqueiros de oi e de tchau... Então, beije. Beije de verdade, pelo menos uma vez ao dia.

Masturbação: faça e deixe fazer - Conhecer o próprio corpo é fundamental para ter prazer. Muitas mulheres têm dificuldade de chegar ao orgasmo e conseguem vencer isso quando passam a se masturbar. Quando uma mulher não se masturba, ela não conhece o corpo e não

O grande livro do amor e do sexo

sabe quais pontos e quais as intensidades lhe dão mais prazer. Isso faz com que ela cobre do parceiro que ele consiga propiciar prazer ou que acredite e aceite que não será capaz de atingir o clímax. Então, se toque.... Permita se conhecer! Seja só ou acompanhada(o), masturbe e se masturbe também.

"Não é vergonhoso se tocar e depois instruir o outro a tocar em você da maneira certa. Isso é natural e fundamental na sexualidade humana".

Não foque só no orgasmo, aproveite o caminho até lá – Muitas pessoas estão tão focadas na ideia de que o sexo bom é quando se chega ao orgasmo que perdem toda a diversão do caminho para chegar lá. Quando a viagem é boa, temos que apreciar a paisagem, não é mesmo? Então aproveite e desfrute dos beijos, das carícias, das sensações, desencane, porque aí vai fluir e vai acontecer de uma forma muito mais intensa.

Acessórios /brinquedos são aliados: o mercado sensual possui diversos produtos e brinquedos (*sextoys*) para você ter diversão e experimentar diversas formas de prazer. Conheça-os. Use-os a seu favor. Você só tem a ganhar. E acredite: esses produtos podem fazer milagre no seu relacionamento, pois eles quebram a rotina, aproximam o casal e trazem mais intimidade. Isso seja com um simples gel beijável, para um beijo prazeroso e saboroso, como para um sexo oral. Sabonetes para banho a dois e até mesmo para aquele dia estressante e que você merece um banho cheiroso e espumante. Gel, óleos e massagem, que podem também apenas ser uma massagem relaxante, bem como uma sensual e surpreendente massagem com um colar de pérolas. Nunca entrou ou tem vergonha de entrar num *sex shop*? Você não sabe o que está perdendo.

Tratar a sexualidade de maneira natural como realmente é pode trazer benefícios inimagináveis para a sua vida.

Tudo isso é para fazer com que você pense um pouco melhor sobre as suas vidas pessoal, amorosa e sexual. Coloque-se em primeiro lugar, ame-se e valorize a pessoa incrível que você é. Descubra-se e permita desfrutar dos prazeres da vida!

Um forte abraço!

O grande livro do amor e do sexo

CAPÍTULO 10

RELACIONAMENTO É UM INVESTIMENTO EM CONTA CONJUNTA

Vivemos em um mundo globalizado e tecnológico onde o conhecimento vale ouro. Esta realidade nos faz acreditar que tudo é perfeito, mas há controvérsias quando o assunto é relacionamento afetivo, pois o que buscamos, mesmo, é o que a tecnologia pode ajudar, mas não pode fazer por nós. Buscamos um relacionamento saudável, amor, paixão e sexo

Gislene Teixeira

O grande livro do amor e do sexo

Gislene Teixeira

Mulher apaixonada pela vida e pelos prazeres que ela proporciona, professora de inglês, graduada em letras, *practitioner* em PNL -SBPNL, MBA em gestão estratégica em escolas – FAAP, pós-graduada em neurociências – FMU, MBA em gestão estratégica em capital humano – FMU, especialista em capital erótico, *coach* de relacionamento e sexualidade, *life coach* e *coach* educacional –SBC- Sociedade Brasileira de Coaching, pós-graduada em sexologia – FMABC – Faculdade de Medicina do ABC. Consultora erótica, idealizadora e criadora do chá de recomeço, idealizadora e criadora do café com sexo, palestrante, colunista, blogueira, produtora de conteúdo digital, pesquisadora e estudiosa sobre psicopatas do coração, engajada em instituições de combate à violência contra a mulher e voluntária em projetos sociais.

Contatos
Https://divaesexy.blogspot.com.br
gisvic@hotmail.com
divaesexy@outlook.com
Facebook:
facebook.com/gislene.teixeira.9
Instagram: gisleneteixeira
(11) 98193-8211

Gislene Teixeira

Capítulo 10

Vivemos em uma busca constante

As pessoas se comunicam com uma rapidez assustadora por meios digitais, e isso também se aplica aos relacionamentos. Há tanta gente sozinha, uns solitários e outros em suas solitudes, todos fazem parte dessa grande rede, em busca de uma companhia, de um parceiro ou quem sabe um amor, na verdade, é isso mesmo, todos buscam um amor, aliás, um grande amor.

Nascemos e morreremos sozinhos, mas no intervalo não queremos viver desta maneira, somos seres sociáveis em busca de acalanto, aconchego e acolhimento, que se manifesta em nossas vidas em forma de amor, afeto, carinho, cuidados e mimos. Mantemos nossa busca até encontrarmos.

Relacionamentos, este é o grande objetivo, vivemos em busca deste encontro, deste momento. Queremos alguém que nos faça brilhar os olhos, transpirar as mãos, bambear as pernas, sentir o coração quase saltar pela boca e ter as famosas e tão desejadas borboletas no estômago. Há de se confessar que poucos são os privilegiados que têm a sorte, ou o dom de encontrar seu par tão desejado de primeira. Muitos vivem em uma busca constante desta pessoa idealizada e que, dificilmente, se torna real. Mas, quem tem como objetivo encontrar o grande amor não desiste dessa busca, ainda que possa parecer insana.

O mais interessante é que quando encontramos, muitas vezes, identificamos logo no primeiro instante, mas nem sempre sabemos muito bem o que fazer a partir daquele momento. Parece que relacionamentos acontecem instantaneamente, como se duas pessoas se conhecessem, se gostassem, decidissem ficar juntas e pronto, está tudo resolvido. Bom seria se fosse, mas, infelizmente, é aí que começa a história de um relacionamento.

Os modelos idealizados

Vivemos em uma sociedade machista e patriarcal, o que, na verdade já deveria ter mudado, pois as mulheres já conquistaram, aliás, estão conquistando seu espaço na sociedade, ainda de modo meio conturbado. Precisamos aprender fazendo, porque não há modelos muito bem estabelecidos, vamos meio que no jogo da tentativa e erro. É verdade que estamos nos saindo bem, temos que lutar por nosso lugar ao sol. Chegamos ao mercado de trabalho, somos competentes, arrojadas e sabemos aonde queremos chegar, mas, como mencionei, ainda há uma sociedade machista querendo nos engolir. E o que tem a ver essa sociedade machista e patriarcal com relacionamento? Ora, tem tudo a ver, pois muitas de nossas meninas ainda crescem com os modelos idealizados de príncipes e princesas, onde um belo dia o amor simplesmente cruza a sua frente e vivem felizes para sempre.

Esse modelo de "felizes para sempre" ou "até que a morte os separe", é lindo de se ver, mas como se faz para viver um grande amor como esse? Onde aprendemos? Quem nos ensina? Quais modelos temos? Quem garante que esses modelos servem para nós? É na escola que se aprende a viver um grande amor? Poxa, infelizmente a resposta é negativa para quase todas as perguntas nessa área. Na vida real, precisamos aprender por nós mesmos. E a pergunta que nos fazemos é: mas como vou saber reconhecer o caminho certo? Essa resposta é fácil, o caminho certo é o que o seu coração mandar, vai por ele, que ele vai encaminhando você e, aos poucos, chegará lá, mas precisará do auxílio da razão também.

Mas, o que é um relacionamento?

Essa pergunta, ao mesmo tempo que nos parece simples, é bastante complexa e, muitas vezes, complicada. Poderíamos definir de maneira simples, objetiva e óbvia, visto que relacionamento é a arte de se relacionar. Perfeito, relacionamento é a "arte" de se relacionar, e muito bem definido, de fato, é uma arte. Para alguns é simples, como se fosse um dom divino e para outros parece mais um martírio, pois não nasceram para isso. A verdade é que relacionamentos são construídos. Poucas vezes e poucas pessoas já pararam para refletir sobre esse prisma. Um relacionamento é construído em bases sólidas e requer manutenção, investimento constante e permanente de ambas as partes. Quando pensamos em amor, pensamos em um ninho de amor, cheio de corações vermelhos, da cor da paixão, que parecem surgir como por encanto de um conto de fadas, lindo, não é? É, é lindo, mas não é assim que acontece, não cai do céu e nem vem com pó mágico de pirlim-pim-pim. Mas, a boa notícia é que é possível.

Gislene Teixeira

Quando duas pessoas decidem ficar juntas, elas buscam amor, companheirismo, sexo, intimidade e mais uma infinidade de coisas nesse relacionamento. Há de se lembrar que um casal são dois seres individuais que se unem, isto é, duas pessoas que ainda continuam sendo seres individuais, porém, juntas. Parece óbvio, mas nem todos conseguem enxergar desta maneira. E aqui está o x da questão, como fazer duas pessoas, dois seres individuais conviverem da melhor maneira possível, isto é, com bom senso, respeito e primazia. Fácil? Difícil? Pode ser uma coisa ou outra, tudo depende do quanto cada uma das partes está empenhada em fazer dar certo, em investir na construção deste amor.

Relacionamentos em construção

Construir relacionamentos é uma arte que envolve, antes de tudo, querer estar juntos. Um relacionamento é construído sobre uma base com pilares muito bem estruturados. Estes pilares são alicerçados em comunicação ampla e efetiva, sendo ela verbal e não verbal o que, muitas vezes, e não raro, deixa dúbia a interpretação dessa comunicação. Isso a torna suscetível a interpretações errôneas e pode ser catastrófico para um relacionamento amoroso.

Quando a comunicação não é clara, objetiva e transparente e quando nela também envolve o silêncio, sim, o silêncio é uma forma de comunicação e que, às vezes, ela grita mas não é ouvida, não é entendida e de sua urgência não ou mal interpretada, se agiganta ou se apequena sua expressão e mais uma vez, pode ser que a sincronicidade seja comprometida.

Quando se agiganta ou apequena a comunicação expressa, abre-se um jardim de hipóteses que pode florescer ou desertificar o relacionamento. A comunicação, isto é, o diálogo, é um dos pilares mais importantes na construção do relacionamento, ele é o ponto basilar que vai alicerçar a capilaridade de um relacionamento salutar. Além de transitar e, ao mesmo tempo ofertar, o senso de pertencimento de cada um dos indivíduos que aqui se relacionam e que têm por objetivo formar um casal em suas reais afetividades, isto é, criar o vínculo afetivo.

Quais são as bases desta construção?

Relações são construídas em cima de realidades conjuntas, jamais essa construção deve ser alicerçada em fantasias e idealizações, por nenhuma das partes. E para que não sejam pautadas em incoerências, a chave desta engrenagem é o diálogo. Aqui começa o alinhavar de uma colcha de retalhos, isto é, o tecido afetivo que vai servir como pano de fundo do relacionamento.

É chegado o momento de colocar as cartas na mesa e começar a investir no que, de fato, é importante. Dois seres individuais formam um casal, se relacionam como amantes, desejam vivenciar e explorar o amor, sexo, sensualidade, sexualidade e erotismo de forma ampla, efetiva e genuína.

O grande livro do amor e do sexo

Nem sempre os que se unem, se identificam

Um casal são dois indivíduos que estão se propondo a compartilhar experiências, porém, cada um está trazendo a sua bagagem e em cada uma delas suas crenças, valores morais, sociais, religiosos, culturais, e familiares adquiridos ao longo da vida. Isto é, cada um traz experiências plurais em suas diversidades recheadas de histórias, às vezes boas, outras vezes nem tanto, e que, a partir de agora, serão compartilhadas entre os pares.

Muitas vezes, essas experiências serão compartilhadas de maneira verbal, explícita e em outras não, mas elas estarão ali, presentes na relação. É aquele silêncio, lembra dele? Aquele que grita e que está presente de maneira implícita, que o outro não vê, não escuta, mas, de repente, sente as estranhezas pairando no ar.

É nesse momento que a importância do diálogo se faz presente, portanto, não o espere chegar, façam um acordo de que este será o fiel escudeiro do casal. Ele deve estar presente em todos, eu disse todos os momentos da relação, desde as primeiras palavras trocadas. O diálogo é o que será a carta de boas-vindas ao relacionamento, quando vocês dirão não só no início do relacionamento, mas, para sempre, em todas as fases. O que gostam ou não gostam, aprenderão a negociar, a ceder, farão concessões ou não, acordarão sobre flexibilidades e inflexibilidades que, por ventura, possam surgir, isto é, os combinados, aqueles pontos que precisarão ser acordados entre o casal para que não sejam limitadores na relação.

Como estreitar e efetivar a comunicação sexual

O objetivo é que cada um se faça entender, para que o amor e o sexo sejam vividos de maneira extraordinária. Para isso, é preciso ser transparente, compartilhar suas realidades, sonhos, desejos, fantasias, prazeres e fetiches. Então, cada um precisa saber exatamente o que lhe dá prazer, conhecer e explorar o próprio corpo, isso permite que você saiba o que, como, onde, quando e com qual intensidade você é capaz de atingir o prazer. Assim, você pode mostrar e ajudar o seu parceiro a lhe proporcionar mais prazer com mais facilidade.

Somos responsáveis por nosso próprio prazer, só assim podemos vivenciar o compartilhado. Juntos, o casal pode ampliar o repertório erótico e intensificar os prazeres. Sempre há pontos de prazer a serem descobertos, sejam em nós ou no outro, mas, ainda assim, o prazer é individual, porém compartilhado. Jamais terceirize seu prazer e nem finja orgasmo.

Há muitos motivos pelos quais as pessoas, principalmente as mulheres, fingem orgasmo. Às vezes, por medo de perder o parceiro, por insegurança, dependência emocional ou financeira e muitos outros motivos. Porém, o que se sabe é que, quando você finge que chegou ao orgasmo, o parceiro acredita que fez o que ele tinha que fazer, e que ele manda bem, logo, ele adotará a postura de que se está dando certo, vai continuar fazendo a mesma coisa para ter os mesmos resultados. E você que fingiu, o que aconte-

Gislene Teixeira

cerá? Continuará fazendo o que sempre fez e terá o resultado que sempre teve, isto é, você vai continuar fingindo que tem prazer e ele vai acreditar que é bom e não se esforçará e nem promoverá nada diferente para lhe dar prazer, afinal de contas, ele acredita no que você mostra, orgasmo à base de falsos gemidos.

Sexo tem de ser bom para os dois, a satisfação deve ser mútua, deve haver parceria, cumplicidade e entrega sexual. Apesar de ser algo natural, nem todo mundo tem o privilégio de saber ter uma relação sexual saudável, de qualidade e prazerosa. Mas, não se desespere, prática sexual também se aprende. Mas, como? Quanto mais se faz, melhor fica, amplie seu repertório erótico, fantasie, conheça e explore seu corpo e depois compartilhe com seu parceiro.

Em um relacionamento saudável, o prazer extrapola os lençóis. Prazer é cuidado, atenção, compreensão, carinho, afeto, é estar juntos, disponibilizar tempo de qualidade ao parceiro. Prazer é beijo, abraço, toque, é explorar todos os sentidos, digo, tato, olfato, paladar, audição e visão. Se entregar verdadeiramente ao sentir é a maior expressão do prazer, só acontece quando conhecemos a nós mesmos, temos autoestima em equilíbrio, autoconhecimento, autossegurança, consciência dos nossos desejos e nos permitimos nos entregar ao outro, e vice-versa.

Se você entende que sua sexualidade está comprometida, essa entrega não acontece e o prazer não entra em consonância entre o casal. Assim, os benefícios e a mágica que a entrega no ato sexual proporciona não acontecem.

A saúde emocional do relacionamento será saudável apenas se houver entrega efetiva e genuína dos parceiros, pois como já vimos, relacionamento é construído. É entrega, prazer, verdade, parceria, amor, tesão, é querer e estar com o outro. Porém, se uma das partes, por algum motivo, não consegue fazer essa entrega, o desequilíbrio acontece, ainda que sejam por motivos desconhecidos.

Vários são os fatores que podem gerar este desequilíbrio e desencontro. Pode se dar por meio de estresse cotidiano, proveniente do trabalho, vida agitada, filhos, questão financeira, saúde entre outros. Aqui está novamente a importância vital do diálogo, é preciso esclarecer ao parceiro, quando se tem conhecimento dos motivos que estão ocorrendo. Esta atitude tranquiliza o outro, que sabe que há interferências externas influenciando negativamente o relacionamento.

Caso não saiba quais são as causas, mas percebe o incômodo, mantenha o diálogo da mesma maneira para que busquem juntos uma maneira de entender o que está acontecendo e, assim, descartem questões que surgem inadvertidamente e acendem muitas dúvidas. Estas não devem ser levadas para a relação e, menos ainda, para os lençóis, pois podem causar danos irreversíveis ao relacionamento.

Invista no diálogo, sempre.

O grande livro do amor e do sexo

CAPÍTULO 11

O AMOR SOB A ÓTICA DA FILOSOFIA

A filosofia, ao buscar as mais profundas abstrações conceituais, pode se perder em devaneios. Mas, não há que se vender de modo barato ao útil e prático. Mas, sim, discutir com profundidade e leveza questões delicadas que afetam a vida cotidiana. Este artigo pretende fazer isso sobre o amor. Tema tão importante, deve ser tratado com o devido zelo e reconduzido ao seu lugar de direito: o sagrado

Jadir Mauro Galvão

O grande livro do amor e do sexo

Jadir Mauro Galvão

Filósofo; Mestre em Filosofia pela PUC-SP; *coach*; *Master practitioner* em PNL- Programação Neurolinguistica; Especialista internacional de PNL em saúde; Professor universitário; Palestrante e Escritor. Atuou no mundo corporativo em grandes empresas por mais de trinta anos. Tem por linha de pesquisa a Filosofia Contemporânea, Filosofia da psicologia e Filosofia da tecnologia, com foco em torno da ação e da decisão do ser humano. Pensando em como nossas concepções influenciam nossas ações e decisões. Leciona Filosofia, Ética, Política, Sociologia, Antropologia, e Sustentabilidade. Ministra cursos de desenvolvimento pessoal com os temas: Liderança Tática; Relacionamentos e Conflitos; Consciência Emocional; Estratégias de Decisão; AutoMotivação. Coordena um grupo de pesquisas em PNL desenvolvendo novas técnicas e abordagens. Pesquisador de Economia colaborativa e sustentabilidade. Autor do livro *Filosofia nas empresas*; artigos para a revista *Filosofia Ciência* e vida e artigos acadêmicos.

Contato
jadirmg@yahoo.com.br

Capítulo 11

Que papel cumpriria a filosofia ao falar de amor? Defini-la como um conceito seria demasiado, pretensioso, posto que amor não parece ser uma ideia formulada pelo intelecto humano. Descrever o sentimento de amor também seria pequeno, uma vez que os sentimentos são subjetivos e, ainda que sejam compartilhados de modo semelhante pela maioria das pessoas, resumir amor a um mero sentimento seria reduzir uma magnitude tão vasta em apenas uma, entre diversas possibilidades de evidência de sua presença.

Descrever comportamentos compatíveis com a noção de amor seria reduzir a ideia a poucos ícones, correndo o risco de confundi-lo com paixão ou mesmo atração física. Não é possível explicar o amor. Parece fugir da competência e do alcance da especulação intelectual. Tampouco descrever, pois seria o mesmo que tatear em sua tênue superfície aparente, sem a menor esperança de atingir seu âmago. Talvez, o que de melhor possa fazer a filosofia em relação ao amor seja reconduzi-lo ao seu âmbito apropriado e, melhor do que isso, nos colocar em condições de fitá-lo sem ilusões ou obstáculos que a paixão ou a própria razão interpõe.

O amor é algo a-racional. Não irracional, mas (A) racional. Que foge do alcance da razão. Está para além dos seus limites, mas nossa intuição pode,

O grande livro do amor e do sexo

desde que se livre desses obstáculos que falseiam sua visada, perceber e sentir sua magnitude. Talvez seja isso mesmo que Pascal queira sugerir quando diz: "O coração tem razões que a própria razão desconhece!". Mas, então, como a filosofia pode se mostrar competente para dissertar sobre esse tema, uma vez que é essa razão sua principal ferramenta?

Aí reside uma das principais tarefas da filosofia. Posicionar-nos adequada e verdadeiramente, diante de um problema ou de uma realidade. A rigor, o que mais resulta em problemas é justamente isso: acreditar que corresponde a isso ou aquilo, com ideias preconcebidas. Tudo isso faz com que não se perceba a real dimensão.

Platão faz exatamente isso numa de suas mais conhecidas obras, como *O banquete*, também conhecido como *Do amor*. O livro descreve um banquete em que cada qual dos presentes é convidado a filosofar e tecer seu discurso sobre o amor como melhor lhe aprouver. Após vários, belos e eloquentes discursos, cabe a Sócrates – personagem principal do texto – discursar. Ele, de primeiro, se ocupa em desconstruir o que de falso havia nos belos discursos que o precederam, para depois reconduzir sua reflexão sem a mácula das paixões, tampouco das ilusões, ainda que sejam partilhadas pela maioria.

Percebe Platão que existe certa gradação do amor. Gradação de qualidade que vai do mais mundano, para o mais sublime. Este é um dos pontos mais importantes da filosofia platônica. Distinguir entre o temporário e o perene; entre o contingente e o necessário; entre as opiniões (doxa) e a verdade (episteme); entre o mundano e o divino e entre o corpo e a alma.

Quem vai avançando nessa senda do amor também vai, gradativamente, percebendo esses graus mais sublimes. Daquele amor adolescente carregado de paixões, novidades e hormônios, com juras eternas que se dissolvem de uma hora para outra, até um amor mais sereno. Do amor homem e mulher para o amor de um filho que, muitas vezes, nos recolocam de outra maneira em relação ao amor dos próprios pais. Do amor vaidoso, ciumento e possessivo, para um que perdoa falhas e mesmo traições. Sim! Quem já teve oportunidade de perdoar um deslize, ou mesmo de ser perdoado por um, sabe que é necessário subir alguns degraus na escala de amor e ir para além do eu ou do outro e chegar à dimensão maior do nós.

Jadir Mauro Galvão

Mas, mesmo esses amores que Platão não negligencia são, para ele, carentes. Sim, porque precisam do amado, seja do parceiro ou mesmo do filho ou do pai. Não é suficiente em si. Carece do outro para existir. Não transborda a partir de si mesmo. É aí que ele chega ao cerne do problema. Ele passa das visões parciais, limitadas e carentes do amor, para uma contemplação pura do amor. É quando ele constata que, "é preciso considerar a beleza que está nas almas mais preciosas, do que a que quem tem nos corpos". Que é preciso ir além dos comportamentos e mesmo dos sentimentos, para atingir a essência do ser amado a partir do único meio capaz disso: a essência do ser que ama.

É preciso encontrar o mais sublime amor dentro de si mesmo, para enxergar o amor que existe dentro do outro. Diz textualmente: "Aquele, pois, que até esse ponto tiver sido orientado para as coisas do amor, contemplando seguida e corretamente o que é belo, já chegando ao ápice dos graus do amor, súbito perceberá algo de maravilhosamente belo em sua natureza...".

Se bem foi viável, pelo tanto que percorremos, conduzir a ideia que se tem de amor ao seu lugar apropriado por direito, é possível agora sublinhar os pontos que se devem reter dessas discussões: primeiro que não se pode dizer que amor seja um sentimento, nem somente uma ideia, muito menos um conceito forjado pelo intelecto humano. Platão parece reconduzir a ideia de amor ao campo do eterno, imensurável, incorruptível e perfeito. A mesma dimensão do Bom e do Belo. Numa palavra, à esfera do Divino, do Sagrado.

Muito embora, tenhamos, nós humanos, uma participação apenas limitada nele, justamente por nossa condição ainda mundana. Contudo, qualquer um que leia Platão com um objetivo de aplicar suas ideias em sua vida prática, ao seguir diligentemente a subida dos graus mais mundanos de amor para os mais sublimes, poderá sentir que, para chegar nos degraus mais acima, isso vai exigir mais do que apenas um passo, melhor seria dizer um ou mais saltos e, com isso, sentirá certa vertigem.

É nesse ponto que Platão não nos oferece o meio apropriado para fazê-lo. Ao menos não de maneira tão clara, que possamos trilhar sem receios. Mas, quando conseguimos retirar alguns dos véus que encobrem nossa percepção, podemos encontrar os meios que nos permitirão alcançar patamares mais elevados.

O grande livro do amor e do sexo

Deixando a intuição ligada, pode-se encontrar em um texto mais do que insuspeito o segredo para saltar ao menos um desses patamares. Aristóteles não trata, especificamente, do tema do amor, contudo em sua obra Ética a Nicômaco – seu filho – ele, aparentemente sem o desejar, nos oferece uma pista interessante. Seu objetivo nesse texto é discorrer sobre ética. Ética de forma muito resumida, é como um manual de princípios que devem reger a relação entre dois seres humanos. A tese defendida por Aristóteles é aquilo que conhecemos como "o caminho do meio". Vamos tentar, em poucas palavras, explicitar o que é esse caminho do meio, e como ele nos ajuda a dar o "salto" para compreender esse amor num patamar superior.

Aristóteles percebe que as condutas viciosas assim o são por estarem distantes das virtuosas. Têm em falta ou em excesso seu ingrediente principal. Cabe, aqui, apontar alguns exemplos retirados do próprio Aristóteles, outros não, para ter uma compreensão mais clara do que ele percebe.

É fácil notar que, entre uma conduta autoritária e outra subserviente existe um ingrediente que excede em um e carece no outro: a autoridade. A mesma contraposição pode ser feita entre uma conduta perdulária e outra avarenta. Aqui, o comedimento que existe em demasia de um lado, parece faltar do outro. Elegância em demasia conduz um comportamento espalhafatoso. Sua falta, muitas vezes, leva ao desleixo. Calma demais, produz um indivíduo pacato, de menos, gera raiva. Iniciativa em excesso produz um comportamento afoito, de menos, gera inoperância.

Outras tantas contraposições podem ser listadas, cada qual com suas características, mas, mencioná-las uma a uma, nos faria dedicar espaço para algo de menor importância. Contudo, fica evidente o que se pretende ao sugerir o caminho do meio. Refrear o excesso, tanto quanto acionar a virtude ora carente ou em falta. Mas, como isso se relaciona com o tema do amor?

Podemos constatar esses cenários nos nossos mais diferentes relacionamentos, afetivos ou não. Não necessariamente em seus opostos, mas ocasionalmente com características de semelhança. Duas pessoas autoritárias, duas pacatas, uma espalhafatosa e outra desleixada. Fica mais fácil de verificar quando admiramos ou odiamos a conduta do outro. Admiramos quando a conduta é semelhante a nossa, ao mesmo

Jadir Mauro Galvão

tempo em que odiamos quando é oposta. Ou diferente disso, admiramos quando uma conduta é oposta a nossa e desejamos desenvolvê-la em nós, e mesmo odiamos aquele que tem conduta semelhante à que tentamos superar em nós mesmos.

Uma pessoa bastante autoritária tem aversão a pessoas subservientes, mas, verdadeiramente, odeia outras pessoas autoritárias. Você já deve ter ouvido a expressão: "Quem essa pessoa pensa que é, querendo mandar em mim assim?". Típico embate entre pessoas autoritárias. Ou criticar o outro quando este é acomodado, quando nós mesmos somos atarantados. Aqui, o grande passo é ser capaz de identificar o que no outro admiramos ou odiamos, não para apenas deixar de criticá-lo, o que já seria bem proveitoso, mas para identificar em nós nossa distância em relação às virtudes.

O que admiramos ou mesmo odiamos no outro é tão somente uma pista sobre como devemos olhar para nós mesmos, para melhorarmos. Quando o outro nos ofende, isto é, consegue fazer isso, acaba por apontar com precisão nossa falha. Não nos cabe nutrir raiva dele e, sim, procurar dentro de nós a falta que precisa ser reparada ou a virtude que precisa ser desenvolvida. Claro que é preciso que o outro também compreenda suas falhas, mas o tempo do outro não está sob nosso controle.

Todo relacionamento tem esse tipo de embate e o propósito parece ser sempre o mesmo. Oferecer um ao outro a oportunidade de melhora recíproca em relacionamentos profissionais, de amizade, familiares ou outro qualquer. Muitas vezes, dizemos: "não gosto daquela pessoa" e nos afastamos, perdendo a excelente oportunidade de detectar nossas falhas e superá-las. Mudanças de emprego, divórcios e todo tipo de separações retiram o outro de nosso convívio, mas não têm a capacidade de retirar ou superar nossas próprias dificuldades. Com isso, temos a oportunidade de mudar o modo de ver o outro. Olhando descuidadamente para esses conflitos, acabamos por nutrir raiva do outro, menos por ele mesmo e mais porque ele revela e deixa exposto o que de vulnerável temos em nós.

Mas, nossas maiores falhas, nossos maiores defeitos, nossas maiores vulnerabilidades ficam reservadas para os relacionamentos com amor. As fragilidades mais difíceis de reconhecer e, sobretudo, de superar. O outro cumpre o papel de detectar e cutucar cada uma dessas partes vulneráveis. Mas, não pense que assim o faça por maldade. Tome sempre o outro como um anjo. Parece existir certo tipo de ordenamento cósmico, para que se-

O grande livro do amor e do sexo

jam tratadas nossas maiores deficiências num ambiente permeado de amor. Quanto maior a dificuldade, maior a exigência de amor.

Visto desse modo, fica claro que os relacionamentos não são construídos de escolhas fortuitas, mas regidos por algo muito maior do que nossa razão ou mesmo nossa paixão. Tampouco pela atração meramente física. Isso nos remete, diretamente, a Platão. É da conta do Sagrado, do Divino e não do mundano. Mas, nesse ponto, cabe uma observação oportuna: amor é isso, apenas um pretexto para nosso aprimoramento?

Vamos admitir que seja somente isso, que o papel daquele que amamos seja nos atiçar para que superemos uma porção de nossas maiores deficiências. Vamos admitir, também, que tomamos isso tudo por verdadeiro e nos dediquemos diligentemente a superar todas essas dificuldades e, mais que isso, tenhamos sucesso em todas elas. Nesse instante, o outro que amamos perderia a função para qual foi admitido. Nesse caso, acabaria o amor? Arrefeceria nosso sentimento para com o outro?

Como dito anteriormente, o propósito mira o crescimento recíproco. A todo instante estamos servindo de anjo para que o outro também possa superar suas próprias dificuldades. É nesse instante que o amor verdadeiro e mais caridoso será testado. Não nos cabe impor ao outro nossa percepção de suas dificuldades, os meios de superá-los, muito menos o tempo em que o processo deva se concluir. Pior do que isso, nem ao menos temos como provar que nossa conduta visa o progresso do outro. Mas, também, não devemos aguardar pacientemente até que o outro caia em si.

Os anjos não podem intervir diretamente em nossas vidas, subjugando nosso livre arbítrio, mas nós podemos. Daí, é necessário nosso mais profundo amor para provocar o outro, instigar seu desenvolvimento de todas as maneiras. Utilizando, até mesmo, de maneiras indesejadas. Correndo o risco de ser julgado, de ser mal visto, de ser odiado, de ser mal interpretado e, mesmo assim, fazer. Perdoar suas falhas, seus julgamentos e mesmo sua resistência em querer melhorar. Seguir ao seu lado velando como anjos. Só um grande amor é capaz de ser duro o suficiente e, ao mesmo tempo, paciente. Implacável e temperante, divinamente amoroso, sem precisar nada em troca. Num amor que transborda sem desejos que não sejam o bem do outro. O verdadeiro, platônico e divino amor.

O grande livro do amor e do sexo

CAPÍTULO 12

SEXUALIDADE FEMININA E A DISFUNÇÃO DE ORGASMO

Durante séculos o prazer feminino foi reprimido ao extremo e a sexualidade feminina era vista apenas como forma de reprodução. Com a emancipação feminina surgiram novas atitudes das mulheres em relação ao sexo, uma busca pelo prazer sexual e uma demanda por entender o que é o orgasmo feminino

Jordana Fantini Vignoli

O grande livro do amor e do sexo

Jordana Fantini Vignoli

Bailarina e coreógrafa. Ministrou aulas de dança do ventre durante 20 anos. Realiza *workshops* e palestras sobre sexualidade feminina e consciência corporal para grupos de mulheres. Formou-se em psicologia na Faculdade Fumec-Mg. Foi colunista do portal Uai com o tema sexualidade feminina. Especializou-se em terapia sexual pelo ISEXP- Faculdade de medicina do ABC Paulista. Especialista em terapia comportamental pelo INTCR-Terapia por contingência de comportamento. Fez a formação avançada em análise do comportamento pela clínica IBAC-Instituto Brasiliense de análise do comportamento. Formou-se como *master coach* e *coach* para mulheres pela escola Cóndor Blanco - Chile. Pós-graduada em psicologia e sexualidade pela Faculdade Uniara-Centro Universitário de Araraquara-SP e também em Antropologia da mulher pela Faculdade Facisa-BH.

Contato
jordanavignoli@gmail.com

Jordana Fantini Vignoli

CAPÍTULO 12

Um breve histórico sobre a sexualidade feminina: de frígidas a hipersexualizadas

A partir do renascimento o sexo virou uma forma de expressão cultural. Foi nessa mesma época que as mulheres começam a receber educação intelectual e artística. No final do século XIX e por todo século XX, houve uma mudança de paradigma no discurso em relação à sexualidade humana. A sexologia foi pesquisada a partir do último século, por renomados teóricos como Foucault, Sigmund Freud, Alfred Kinsey, Master e Johnson e Helen Kaplan.

Freud foi o fundador da psicanálise e o pioneiro ao dizer que a sexualidade é uma força primária na vida humana. Logo em seguida, Alfred Kinsey quebrou tabus na década de 60, referindo-se ao bissexualismo masculino e ao orgasmo feminino. Master e Johnson marcaram época quando escreveram os livros: *A resposta sexual humana* (1966) e *A inadequação sexual* (1985). Além de Helen Kaplan, psiquiatra e sexóloga que escreveu *A nova terapia do sexo* (1974).

Com a entrada da mulher no mercado de trabalho do pós-guerra, a emancipação feminina, o fim dos casamentos arranjados, a chegada da pílula anticoncepcional na década de 60, a lei do divórcio, o direito ao voto e com o início dos movimentos feministas, as mulheres tiveram mais informações sobre sexo por meio das mídias. Por isso, houve uma grande modificação no papel das mulheres na sociedade e na forma de viver a sexualidade, buscando o prazer e não somente fins reprodutivos. O fato é que, em menos de um século, as mulheres passaram de frígidas a hipersexualizadas.

Só se esperava manifestação de desejo sexual das prostitutas e das amantes, já das mulheres ditas como mulheres "para casar", se esperava um comportamento zeloso para o lar, para o esposo e para os filhos.

No pós-guerra, houve uma revolução no comportamento feminino e, também, nas normas de condutas sexuais. A mulher tornou-se sujeita do próprio discurso e começou a questionar sobre o prazer sexual. Houve uma expectativa em relação à resposta sexual, ao desejo, e principalmente, pelo orgasmo feminino.

Durante muitos anos, a expressão da sexualidade feminina foi seguida por meio da norma moral do cristianismo, que concebia e legitimava o sexo unicamente a função reprodutora dentro do matrimônio.

Nos últimos séculos, as mulheres expressam uma maior vontade de viver de forma livre a sua sexualidade, porém, não é tão simples. A sexualidade humana é muito complexa e envolve diversos fatores de dimensão biológica, psicológica e social.

A dimensão biológica refere-se aos aspectos físicos do corpo e suas necessidades fisiológicas, já a dimensão psicológica tem como referência os aspectos ligados à personalidade do ser humano, tais como: a memória, o contato, o pensamento, o raciocínio, a expressão de sentimentos, vontades, desejos, necessidades de segurança, de autoestima, de realização. E por fim, a dimensão social, que está ligada à vida em grupo, incluindo fatores econômicos, políticos, ideológicos e culturais.

Os padrões sociais ainda têm caráter residual da repressão sexual feminina, e afetam muitas mulheres. Esse padrão, para Master e Johnson (1985, p.162), é baseado na maneira pela qual uma mulher internaliza a influência psicossexual prevalente. Seus sistemas de valores sexuais, podem ou não, reforçar a capacidade natural de atuar sexualmente.

Por isso, para muitas mulheres, o fato de não conseguir obter a resposta fisiológica do orgasmo significa frustração pessoal.

Para uma melhor compreensão da resposta orgástica, faz-se necessário abordar as fases da resposta sexual humana que estão na sequência: o desejo, a excitação, o orgasmo e a resolução.

As fases da resposta sexual humana

A sexualidade humana é dividida em quatro fases que compõem o ciclo de respostas sexuais humana: (1) desejo, (2) excitação, (3) orgasmo e (4) resolução. Qualquer perturbação em uma ou mais de uma dessas fases sexuais caracterizam uma disfunção sexual.

O DSM-IV cita e descreve essas fases como:

1. Desejo: esta fase consiste em fantasias, acerca da atividade sexual e desejo.

Jordana Fantini Vignoli

2. Excitação: esta fase consiste em um sentimento subjetivo de prazer sexual e alterações fisiológicas concomitantes. As principais alterações no homem consistem em tumescência e ereção peniana. As principais alterações na mulher consistem em vasoconstrição pélvica, lubrificação, expansão vaginal e turgescência da genitália externa.

3. Orgasmo: esta fase consiste em um clímax do prazer sexual, com liberação da tensão e contração rítmica dos músculos do períneo e órgãos reprodutores. No homem, existe uma sensação de inevitabilidade ejaculatória, seguida de ejaculação de sêmen. Na mulher, ocorrem contrações (nem sempre experimentadas subjetivamente como tais) da parede do terço inferior da vagina. Em ambos os gêneros, o esfíncter anal contrai-se ritmicamente.

4. Resolução: esta fase consiste em uma sensação de relaxamento muscular e bem-estar geral. Durante esta fase, os homens são fisiologicamente refratários a outra ereção e orgasmo, por um período variável de tempo. Em contrapartida, as mulheres podem ser capazes de responder a uma estimulação adicional quase que imediatamente. (2002, pp.511-512).

Orgasmo feminino

A mulher é capaz de alcançar o orgasmo tanto quanto os homens, porém, os homens tendem a ter um orgasmo mais fácil e mais rápido do que a maioria das mulheres. Para os homens, o orgasmo é essencial para a reprodução, diferentemente das mulheres, onde sua função é exclusivamente o prazer.

O orgasmo é um jato de serotonina acompanhado de um relaxamento muscular momentâneo. Mulheres que nunca experimentaram um orgasmo, podem fazer dele um comportamento aprendido, ou seja, podem vir a experimentá-lo. Lembrando que mulheres são capazes de orgasmos simultâneos se continuarem com a atividade erótica.

A busca pelo desejo, prazer e orgasmo, virou sinônimo da mulher contemporânea. A dificuldade em atingir um orgasmo, atinge a maioria das mulheres, sendo uma das principais queixas de disfunção sexual.

O orgasmo corresponde a um pico de intensa sensação de prazer sexual. É uma descarga de tensão sexual no plano físico e emocional, é o ápice do ato sexual, que vem acompanhado de contrações rítmicas perigenitais. Além do aumento da respiração e da frequência cardíaca, que remete a uma leve perda da consciência, uma consequente sensação de relaxamento e um bem-estar psicofísico.

Segundo Kaplan (1974), o orgasmo feminino é uma das fases da resposta sexual humana, que é caracterizada por uma intensa sensação de prazer. Nessa etapa, é criado um estado de consciência alterado, acompanhado de contrações rítmicas da pelve, que induz o bem-estar e um orgasmo de dois a 15 segundos.

O grande livro do amor e do sexo

O orgasmo feminino envolve tanto questões físicas, como psicológicas, que influenciam diretamente a resposta sexual orgástica. Os orgasmos são mais facilmente alcançados quando há um conjunto de estímulos de todos os órgãos dos sentidos, que fazem comunicação do mundo externo com o mundo interno.

Todo toque, cheiro, imagem, gosto ou som, chega ao cérebro e ativa o ciclo de respostas sexuais, por meio da liberação de neurotransmissores. A melhor forma de obter orgasmos é relaxar e não buscar por eles, uma vez que o orgasmo é uma resposta do próprio organismo. A tensão em ter que ter um orgasmo gera mais ansiedade e a menor probabilidade de alcançá-lo.

O orgasmo é um estado físico e mental, que ocorre quando há um acúmulo da excitação e da capacidade que a mulher tem de entregar-se as sensações eróticas. Sexo é uma fonte de prazer e felicidade, e a sexualidade é muito mais do que sexo, envolve além do corpo, história de vida, relações afetivas e o meio em que o indivíduo vive.

As experiências sexuais com capacidade orgástica se resultam de estímulos eróticos que são valorizados de forma individual em cada mulher. A dificuldade em alcançar um orgasmo pode ser ocasionada devido a traumas, ou ainda pelo fato de que essas mulheres resistem propriamente a experiência do orgasmo, por rejeitarem suas identidades sexuais ou pela dificuldade em expressá-la.

Masters e Johnson (1985) evidenciam a dificuldade das mulheres em alcançar um orgasmo.

> Há muitas mulheres que resistem especificamente à experiência da resposta orgásmica, porque rejeitam sua identidade sexual e a facilidade de expressão ativa. Essas mulheres, frequentemente, submetem-se, em seus anos de formação, a conceitos passados de que "o sexo é sujo", "as boas meninas não se envolvem", "sexo é privilégio dos homens" ou "sexo é apenas para reprodução". [...] Novamente, de um ponto de vista negativo pode haver um extremo medo ou apreensão em relação à função sexual instilada em qualquer mulher, pela educação sexual inadequada. Qualquer situação que conduza a trauma sexual, real ou imaginário, durante a adolescência e juventude, ou a rude demonstração dos desejos sexuais do parceiro, sem saber como proteger-se sexualmente, seria suficiente para criar um conceito psicossocial negativo do papel de mulher na atuação sexual. A mulher que vive com resíduos de trauma sexual específico (mental ou físico), com frequência encontra-se nesta categoria. (p.166)

Anorgasmia feminina

É denominada anorgasmia ou disfunção do orgasmo, o atraso ou incapacidade da resposta sexual de alcançar o orgasmo, mesmo depois de estímulo sexual suficiente. É considerada a disfunção sexual feminina mais comum, sua causa é multifatorial e é ela quem deve considerar se situação é ou não um problema.

A anorgasmia feminina é o resultado de fatores biológicos, sociais, culturais, familiares e individuais e traz prejuízos a vida da mulher e do casal. As causas da falta da sensação de orgasmo são os bloqueios emocionais causados, principalmente, por uma educação repressora, levando as mulheres a uma visão negativa em relação ao sexo. Além do uso de substâncias químicas e doenças que comprometem a irrigação ou vascularização da região pélvica.

A anorgasmia se divide em três tipos: (1) primária, quando a mulher nunca experimentou a sensação orgástica; (2) secundária, quando a mulher já experimentou a sensação e, por algum motivo, parou de experimentar; (3) situacional, quando a mulher só consegue alcançar o orgasmo em determinadas situações específicas.

Numerosos fatores psicológicos estão associados ao transtorno. Para Sadock e Sadock (2008), esses transtornos incluem medo da gravidez, rejeição por um parceiro sexual, danos à vagina, hostilidade direcionada aos homens e sentimento de culpa em relação a impulsos sexuais. Algumas mulheres equacionam o orgasmo com a perda de controle ou impulsos agressivos, destrutivos ou violentos. O medo desses impulsos pode ser expresso pela inibição da excitação ou do orgasmo.

As expectativas culturais e as restrições sociais também são relevantes. Muitas cresceram acreditando que o prazer sexual não é um direito natural das mulheres ditas "descentes". As mulheres não orgásticas podem não ter qualquer outro sintoma ou experimentar frustração de várias formas e podem ter queixas pélvicas como dor abdominal, secreção e prurido vaginal, bem como maior tensão, irritabilidade e fadiga.

Conclusão

Para se ter uma vida sexual satisfatória, é necessário que a mulher esteja bem de saúde física e emocional. Além de ter consciência corporal, genital, autonomia sobre seus desejos e fantasias, deve também ter uma comunicação assertiva com sua parceria e, principalmente, estar bem com sua autoestima e autoconfiança.

Sexo, prazer e autoestima andam de mãos dadas, por isso é muito importante que a mulher cuide de si mesma, se ame, se aceite, valorize o próprio corpo e a própria imagem. A energia sexual feminina flui com a capacidade que a mulher tem de se amar, se aceitar e se respeitar.

O grande livro do amor e do sexo

Referências

FOUCAULT, M. *História da sexualidade*. Rio de Janeiro: Paz & Terra, 2014, v.1.

KAPLAN, H.S. *A nova terapia do sexo*. Tradução Oswaldo Barreto e Silva. Rio de Janeiro: Nova Fronteira,1974.

SEIXAS, A,M,R. *Sexualidade feminina: história, cultura, família, personalidade e psicodrama*. São Paulo: Senac, 1998.

FREUD, S. (1926). *As neuropsicoses de defesa*. In J. Strachey, edição standard brasileira das obras psicológicas completas de Sigmund Freud (Vol. III). Rio de Janeiro: Imago Editora,1996.

FREUD, S. (1939-[1934-1938]). *Moisés e o monoteísmo, esboço de psicanálise e outros trabalhos*. In J. Strachey, edição standard brasileira das obras psicológicas completas de Sigmund Freud (Vol. XXIII). Rio de Janeiro: Imago Editora,1996.

O grande livro do amor e do sexo

Capítulo 13

A FISIOLOGIA DO DESEJO

Cada pessoa tem a sua sexualidade fundada em bases biológicas, familiares e sociais. Aprender a lidar com as próprias necessidades e com as do outro é um grande desafio. O desejo nos torna vulneráveis diante do outro, permitindo que sejamos emocionalmente penetrados. Conhecer os mecanismos do desejo é o mapa para uma vida sexual plena e saudável

Josi Mota

O grande livro do amor e do sexo

Josi Mota

Especialista em Sexualidade Humana pela Faculdade de Medicina da USP (São Paulo-SP), Terapeuta Familiar pela Núcleo Pesquisas (Rio de Janeiro-RJ), Graduada em Psicologia pela Universidade Estácio de Sá (Resende-RJ). Prestou consultorias para o programa Balanço Geral, da TV Record, para o Jornal Correio Braziliense, para a revista Viver Brasil e para a Rádio Real FM, de Resende. Ministrou palestras para a Vallourec, para a Associação Comercial e Empresarial de Ouro Preto-MG, para o Grupo Pérolas Rosas, de Fortaleza-CE, para a Associação de Prevenção ao Câncer da Mulher, de Belo Horizonte, para a Faculdade Universo, de Belo Horizonte, entre outras. Idealizadora do evento Muito Prazer, em comemoração ao Dia do Sexo. Trabalhou como Psicóloga do CREAS de Natal-RN. Participa semanalmente do programa Ricardo Amado, da FM 98, de Belo Horizonte. Trabalhou como Psicóloga do CREAS de Natal-RN. Nos anos de 2016 e 2017 participou de quadro sobre sexualidade no programa Ricardo Amado, da FM 98, de Belo Horizonte. Atendeu como Psicóloga Clínica na Capital Mineira e atende atualmente em Fortaleza, no Ceará, como Sexóloga e Terapeuta de Casais.

Contatos
www.josimota.com.br
josi.sexologa@hotmail.com

CAPÍTULO 13

O amor e o erotismo

A partir do momento em que saímos do útero materno, começamos a lutar por nossa existência. O ambiente de conforto e de saciedade existente na vida intrauterina é substituído, após o nascimento, pela sensação de desconforto, que, a bem da verdade, ocorre, dentre outras coisas, por meio da fome, da sede e da dor. Saciadas ou não, essas demandas são responsáveis pela impressão de um sentimento de descontinuidade ou de falta que carregamos por toda a vida. Ao nascer, o bebê não tem consciência de si, ele ainda não é capaz de se diferenciar dos braços que o segura ou do seio que o alimenta. A fusão é o sentimento mais primitivo e rudimentar que experimentamos em nosso primeiro contato com outro ser. A partir do momento em que a criança vai se descobrindo como um indivíduo e se diferenciando, ela tem condições de estar conectada com o outro.

As primeiras experiências sexuais na infância são de caráter passivo e ocorrem pela manipulação do corpo do bebê no banho e/ou nas trocas de fraldas ou de roupas. O conteúdo erótico dessas experiências é responsável por uma série de sentimentos e de desdobramentos futuros que contribuem para a construção de uma sexualidade adulta, satisfatória ou não. Por volta dos três anos de idade, meninos e meninas começam a experimentar e a ir além da descoberta das mãos e dos pezinhos. Essas investigações culminam na experiência sensorial de prazer em certas partes

O grande livro do amor e do sexo

do corpo e é muito mais demarcada pela curiosidade do que pela sexualidade que conhecemos enquanto adultos. Esse momento de descoberta, vivenciado de forma diferente por cada um de nós, fica adormecido por algum tempo, sendo retomado na adolescência.

A sensação de ser amado é a mais próxima que podemos experimentar da simbiose materna. O amor é atravessado por contradições, isto é, ele pode gerar os sentimentos de poder, de amparo e de segurança ou a percepção de perda, de abandono e de dor. Esses sentimentos estão impressos em nossas primeiras ligações de afeto. Na tentativa de tornar o amor um lugar seguro, criamos mecanismos para contê-lo e domesticá-lo. Esses mecanismos estão expressados pelos rituais de passagem (namoro, noivado e casamento) que demarcam os compromissos assumidos pelo casal. O amor passa a ser instituído por regras e por horários preestabelecidos e, mesmo que haja algum sentimento de sujeição e de perda, ele é suprimido pela segurança que fornecem os compromissos assumidos e os projetos em comum. A fusão e o controle são necessidades do amor, enquanto que no erotismo os componentes são de expansão e de conexão. A sexualidade e o seu componente erótico precisam do imprevisível, da emoção e da adrenalina.

Os fundamentos da sexualidade

As bases em que são fundadas as sexualidades feminina e masculina são muito frágeis. Muito cedo, meninas e meninos recebem mensagens diretas e indiretas de como devem se comportar, social e sexualmente, para serem aceitos. Essas mensagens, em sua maioria, são de que o sexo é de caráter dispensável para as meninas e de cunho quase obrigatório para os meninos. É claro que isso não ocorreu de um dia para o outro, haja vista o fato de que os sedimentos que compõem a nossa forma de vivenciar a sexualidade foram depositados durante milhares de anos.

Meninas e meninos constroem as suas identidades relacionais de maneiras bastante distintas. Muito cedo, as meninas assimilam que cuidados, empatia e emotividade devem fazer parte de seu padrão relacional. O primeiro brinquedo de uma menina geralmente é uma boneca. A boneca representa, simbolicamente, o protótipo de um pequeno ser com quem a criança deve interagir de maneira satisfatória, realizando todos os cuidados necessários a um ser humano. Nos meninos, a identidade é construída de forma que os objetivos econômicos e sociais são sobrepostos às relações pessoais.

Os papéis femininos e masculinos, assim como os espaços a que cada um deles pertence, sempre foram demarcados socialmente. As primeiras relações de troca mercantil conferiram ao trabalho características de força e de agressividade. Esses atributos, junto com a virilidade, são associados à figura masculina. Antagonicamente, à figura feminina é reservado o caráter de docilidade e de fragilidade.

Josi Mota

Antes da revolução sexual e da invenção da pílula anticoncepcional, os espaços eram bem delimitados. Assim, os espaços internos, do lar, eram de inteira responsabilidade feminina, enquanto que os espaços externos ficavam reservados ao contexto masculino. Às mulheres, eram atribuídos o cuidado e o equilíbrio do lar. Livros e revistas da metade do século XX traziam dicas de como ser uma "boa esposa". Os problemas familiares, de qualquer ordem, eram de responsabilidade feminina, enquanto que ao homem cabiam as tarefas de provedor e de chefe da família.

Atualmente, os papéis femininos e masculinos estão mais equivalentes. A tendência é de que as diferenças anatômicas não sejam mais preceitos para definir as regras de quem participa mais ou menos ativamente dos espaços privados. Esse quadro é resultante de uma série de desdobramentos sociais que culminaram nas conquistas dos movimentos feministas, na pílula anticoncepcional e na legalização do aborto em alguns países. Entretanto, ainda hoje muitas mulheres se sentem responsáveis por salvar os seus casamentos, dessa vez não mais com os cuidados com o lar, mas pela via do sexo.

Os desejos feminino e masculino

Ao longo da evolução humana, os cérebros da mulher e do homem vêm sofrendo alterações em seu funcionamento. Teorias sustentam que o nosso comportamento foi moldado, primeiramente, pela conduta de nossos ancestrais cujas mulheres eram coletoras. Os homens, caçadores. Essas foram as primeiras inscrições cerebrais da divisão de papéis e responsáveis por delinear, até os dias atuais, a forma como dirigimos o nosso olhar para o mundo.

O cérebro do homem caçador desenvolveu um olhar pouco sensível para detalhes, mas extremamente perceptível para o todo. O homem tornou-se capaz de captar e de transformar imagens em mensagens eróticas. Mesmo que de forma inconsciente, os homens são bombardeados a todo instante por códigos que alimentam o seu sistema de dados sexuais, deixando-os aptos a acessarem o desejo sexual facilmente. Ao acordar pela manhã, eles levantam e a ereção matinal os faz lembrar de sua sexualidade, por meio da potência visível e gratuita. Os jornais, as revistas, os programas televisivos e a _Internet_ trazem uma grande quantidade de imagens sensuais. Essas informações que os homens recebem diariamente são captadas, armazenadas e codificadas como eróticas, de modo que o seu cérebro atento os obriga a serem viris.

A mulher coletora, por sua vez, desenvolveu um cérebro apto a lidar com detalhes e com múltiplas tarefas. Para elas, que têm as relações de cuidado como motor principal de suas vidas, as vivências do dia a dia quase sempre não são traduzidas como eróticas, mas como responsabilidades. As mulheres não se sentem estimuladas pelo erotismo

O grande livro do amor e do sexo

com tanta frequência quanto os homens. O desejo fica encoberto por uma camada espessa de ações que as faz se sentir muito mais cansadas e culpadas do que erotizadas. O desejo feminino pode ser resgatado quando a mulher se permite fantasiar, ou ainda, quando ela se sente segura de si e desejada pelo outro.

Assim, os anseios sexuais de mulheres e de homens são bem distintos, podendo sofrer mudanças ao longo do tempo e na qualidade da relação estabelecida com a parceria. A novidade e todo o frenesi causados pelos primeiros encontros do casal têm a potência de uma bomba atômica para extrair e transformar o desejo, mesmo os mais sedimentados. Com o tempo, nos relacionamentos estáveis e duradouros, a rotina pode ser estabelecida como regra, e o imprevisível, tão necessário ao erotismo, torna-se menos presente.

A resposta sexual humana

Desejo, excitação, orgasmo e resolução são fases que compõem o ciclo de resposta sexual humana. Para ilustrar como essas fases são apresentadas e interagem entre si, é possível fazer uma analogia com a reação de nosso cérebro aos estímulos sensoriais despertados pelo ambiente à nossa volta.

Vamos supor que uma pessoa esteja passando, distraída, em frente a uma padaria, no momento da saída de uma fornada de pães. O cheiro dos pães chegará até o cérebro dessa pessoa, que, imediatamente, buscará dados sobre aquela experiência sensorial. O cérebro, como um computador, solicitará os registros daquele cheiro e fará uma varredura sobre o que há armazenado na memória sobre ele. Tendo encontrado o registro para o pão, o cérebro-computador entenderá do que se trata e formará uma imagem carregada de significados.

Se o cérebro guarda memórias boas sobre o pão (o pão do café da manhã na casa da vovó, o pão trazido pela mãe no final da tarde, ou ainda, o pão do comercial de margarina que mostrava uma família saudável e feliz), poderá haver uma reação no organismo, que se traduz como o desejo.

Em resposta ao reconhecimento do desejo, o cheiro do pão pode desencadear uma reação orgânica de salivar ou, ainda, de fazer a barriga roncar, anunciando que a pessoa está com fome. Se essas manifestações orgânicas, que dão contorno ao desejo, tornarem-se visíveis, estaremos diante da excitação.

Se a pessoa não resistir à fome, despertada pelo desejo e manifestada pela excitação, ela irá entrar na padaria para comer pãezinhos quentes com café. No instante em que ela colocar tal iguaria na boca, o cérebro, que aguardava ansioso por aquela sensação, entrará em transe e se regozijará de prazer. Eis o orgasmo.

Em algum momento, a pessoa que entrou na padaria e comeu os

Josi Mota

pãezinhos se sentirá satisfeita e o cheiro do pão não será mais capaz de despertar as mesmas sensações. Depois de saciado, o corpo entra em um estado de calma e de equilíbrio. Esse estado chama-se resolução.

O desejo, que demarca o início do ciclo de resposta sexual, necessita de estímulos para se manifestar. Esses estímulos podem ser internos, como um sonho ou uma fantasia, ou externos, conduzidos pelos sentidos. O desejo é importante para criar e manter a excitação. Enquanto os homens acessam mais facilmente o desejo e necessitam dele para iniciar uma relação sexual, as mulheres podem levar mais tempo para estarem conectadas. No entanto, uma vez iniciado o ciclo, elas podem repetir as fases de excitação e de orgasmo, muitas vezes, antes de chegarem à resolução. Os homens, após o orgasmo, normalmente entram na fase de resolução e só conseguem reiniciar o ciclo após um tempo de latência.

Cultivando o desejo nas relações

Quando nos apaixonamos, vemos o outro de forma idealizada. Nessa fase, tudo nos parece perfeito, como uma bela obra-prima. Com a rotina, alguns casais parecem desenvolver um olhar pouco generoso para a sua parceria, levando a uma relação pobre e deteriorada. A culpa pelo desgaste da relação não é somente do tempo, mas também porque o casal deixa de cultivar o desejo um pelo outro.

A rotina é um componente que abriga a segurança, mas que pode servir como um agente corrosivo para os vínculos afetivos. Os cuidados e as gentilezas com a parceria, tão comuns no início das relações amorosas, são deixados de lado, com a justificativa da intimidade, e vão sendo substituídos pelo desleixo, pelas grosserias e pela falta de paciência.

Ao longo da vida, interpretamos muitos papéis e, para que o desejo se manifeste, é necessário que o casal saiba se reconhecer como amantes. A chegada dos filhos é um marco importante que pode impactar diretamente nos relacionamentos. Eles deixam de ser apenas um casal e passam a exercer os papéis de pai e de mãe. Apesar de cômodo, é necessário estar nesse lugar, pois é importante que o casal não fique preso nesses personagens e que busque resgatar os amantes que eles foram antes dos filhos.

Brincar e fantasiar são componentes poderosos para manter o erotismo em uma relação. Fantasiar nos ajuda a sair da rigidez ir além de nós mesmos e nos torna desejáveis. A introdução desse componente lúdico na relação exige criatividade, imaginação e uma boa dose de flexibilidade. A fantasia só é possível quando há intimidade entre o casal e quando os parceiros conhecem o limite um do outro.

A boa comunicação entre as parcerias é a chave das relações duradouras. Uma boa comunicação não é só verbal, ela é manifestada pelo olhar, pelo toque, pela entonação da voz e pela expressão corporal.

O grande livro do amor e do sexo

Casais que aprendem a se comunicar de forma verdadeira, passam a se ver e a se respeitar como indivíduos inteiros, tendo mais facilidade de manter o desejo e o erotismo.

Apesar de parecer antagônico, o ato sexual é a experiência mais íntima, particular e individual que partilhamos com o outro. Essa prática exige estarmos inteiros e cientes de nós mesmos, e não fusionados. Eu sou responsável pelo meu prazer. O outro, pelo dele. É como uma orquestra, cada músico é responsável por seu instrumento, que, tocado em conjunto, forma o som de uma linda melodia, sendo o desejo o nome da sinfonia.

O grande livro do amor e do sexo

CAPÍTULO 14

DESBRAVANDO O ASSOALHO PÉLVICO

Este capítulo traz informações sobre a musculatura do assoalho pélvico, em homens e mulheres, sua localização no corpo, funções e relação com a sexualidade. Ao final, o leitor poderá aprender a exercitar essa musculatura de forma simples e prática

Juliana Schulze Burti

O grande livro do amor e do sexo

Juliana Schulze Burti

Fisioterapeuta formada pela USP e Professora de Educação Física formada pelas Faculdades Metropolitanas Unidas. Mestre em Ciências da Saúde pelo Departamento de Urologia da Unifesp e Doutoranda pelo Departamento de Psicologia Social da Pontifícia Universidade Católica de São Paulo. Especialização em Fisiologia do Exercício pela Unifesp Formação em Pilates, RPG e Reabilitação das Disfunções Pélvicas. Docente do curso de Fisioterapia da Pontifícia Universidade Católica de São Paulo. Fisioterapeuta e Proprietária do Consultório de Fisioterapia Especializada Juliana Schulze Burti.

Contatos
www.julianaschulze.com.br
juschulze@gmail.com
(11)99220-7709

CAPÍTULO 14

Para falarmos de sexo e de amor, além dos conhecimentos sobre as questões psíquicas e comportamentais envolvidas, precisamos refletir também sobre o corpo. Para termos prazer, é preciso nos conhecer, nos tocar, descobrir e sentir o corpo por inteiro.

Quanto mais conhecemos o nosso próprio corpo, melhor será a nossa relação com o(a) parceiro(a) e conosco. Além de observar, tocar e conhecer as regiões que nos causam as melhores sensações, é preciso exercitar o corpo, para que as nossas respostas fisiológicas estejam em plena atividade.

Muitos estudos já comprovaram os benefícios da atividade física para a saúde e para o bem-estar, assim como, inversamente, é sabido dos estragos que o sedentarismo provoca em nosso organismo. Em relação à sexualidade, não é diferente. Muitos trabalhos científicos relacionam uma boa sexualidade à saúde geral e à atividade física regular. Portanto, fazer exercício ou simplesmente não ser sedentário já é meio caminho para uma vida sexual satisfatória. Contudo, aqui neste texto quero abordar algo mais pontual. Quero escrever sobre os exercícios específicos para uma região do corpo que está diretamente ligada à sexualidade.

Estamos acostumados a relacionar sexualidade somente à genitália, esquecendo de que o termo sexualidade não está exclusivamente ligado ao ato sexual propriamente dito e não envolve necessariamente o pênis, a vagina, o ânus e a penetração. Há muitas formas de estimular o(a) parceiro(a), de estimular a si mesmo(a), enfim, de buscar e sentir o prazer.

O grande livro do amor e do sexo

Eu precisaria de um livro inteiro para falar sobre tudo isso, e aqui temos somente um capítulo no qual quero escrever sobre uma região que contempla órgãos e estruturas muito importantes, qual seja, a região pélvica. Nossa sociedade não tem costume de falar sobre isso. Não fomos educados para tratar desses assuntos. Quem na escola já aprendeu a exercitar a região pélvica? Arrisco-me a afirmar que quase ninguém, não é mesmo?

Na sociedade ocidental, a pelve e os órgãos reprodutores ocupam um papel central na sexualidade e os assuntos que dizem respeito a eles ainda são vistos com repressão e preconceito.

Para quebrar esse tabu, precisamos falar mais sobre essa parte do corpo e sobre como mantê-la saudável. Jornais e revistas informam constantemente sobre os benefícios da caminhada, da corrida ou dos exercícios resistidos que usam pesos, como, por exemplo, musculação, pilates etc., para a manutenção de um corpo saudável, não é mesmo? E eu lhes digo que o assoalho pélvico é uma região do corpo formada pelas mesmas estruturas de outras regiões, com músculos, ossos e ligamentos que contraem, relaxam e dão sustentação e que precisam, enfim ,ser exercitados para a manutenção da saúde.

Mas, o que é esse tal de assoalho pélvico?

A pelve é um anel ósseo formado por ossos do quadril e da coluna, fazendo a comunicação da parte superior do corpo com as pernas. Inferiormente, a pelve possui uma abertura. Como alguns órgãos importantes estão posicionados no interior da pelve, é preciso uma estrutura que "feche" essa abertura, impedindo que esses órgãos escorreguem. Para isso, temos músculos distribuídos em algumas camadas e fibras musculares dispostas em sentidos que favorecem a sustentação dos órgãos e o fechamento dos esfíncteres. Junto desses músculos, há ligamentos e fáscias que são estruturas formadas por tecido conjuntivo e que auxiliam na resistência e na sustentação.

O assoalho pélvico é popularmente conhecido como períneo, sendo muito importante para manter os nossos órgãos pélvicos no lugar, promovendo continências urinária e fecal, além de atuarem na função sexual. Alguns músculos da região superficial estão diretamente ligados à ereção peniana ou do clitóris. Tanto os homens como as mulheres possuem assoalho pélvico com funções semelhantes, mas com algumas diferenças anatômicas. Nas mulheres, o assoalho pélvico sustenta o útero, a bexiga e a porção final do intestino (reto), possuindo três orifícios (vagina, uretra e ânus). Nos homens, a diferença é a ausência do útero, com somente dois orifícios: a uretra peniana e o ânus.

Juliana Schulze Burti

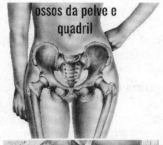
ossos da pelve e quadril

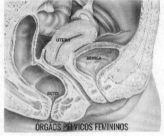
ÓRGÃOS PÉLVICOS FEMININOS

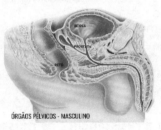
ÓRGÃOS PÉLVICOS - MASCULINO

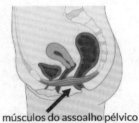
músculos do assoalho pélvico sustentando os órgãos pélvicos

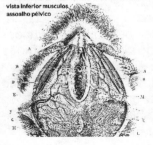
vista inferior músculos assoalho pélvico

Há alguns fatores que podem atrapalhar a função sexual pela piora da condição dos músculos do assoalho pélvico. Nas mulheres, as gestações, os partos, a queda hormonal pela menopausa, o aumento de peso e a diminuição da massa muscular são os principais. Nos homens, a queda hormonal pela andropausa, o ganho de peso, o sedentarismo, as cirurgias de próstata e as doenças como diabetes são os vilões. Em todas essas situações, a função muscular pode estar comprometida, podendo ocorrer fraqueza, falta de coordenação ou mesmo de rigidez. Como sintomas, pode haver falta de orgasmo (anorgasmia), diminuição da libido, dor durante a relação sexual (dispareunia), dificuldades de ereção e falta de lubrificação vaginal, por exemplo.

E você deve estar pensando: tem como manter esses músculos saudáveis ou inverter um quadro de disfunção quando eles já não funcionam plenamente? Como os outros músculos do corpo, os músculos do assoalho pélvico quando treinados respondem com alterações tanto na forma como na função, melhorando a resistência, a força, a flexibilidade e a coordenação. Mesmo em praticantes com mais idade, as modificações positivas ocorrem, e, melhor ainda, elas vêm acompanhadas de ganho de consciência corporal, um dos pontos que considero fundamentais. É o que falei no início do texto: quanto mais nos conhecermos, melhor será a nossa relação com o nosso próprio corpo e, consequentemente, com as outras pessoas. Além disso, quando treinamos qualquer músculo, há melhora de força, de resistência, de coordenação e de ativação da circulação. Sexualmente, podemos nos relacionar a melhores orgasmos, a ereções, a uma melhor lubrificação, enfim, a uma

O grande livro do amor e do sexo

melhor *performance* e a uma melhor autoestima.

Vamos tentar perceber melhor o assoalho pélvico na prática então? Vou passar aqui três exercícios básicos numa sequência de dificuldade gradual, a fim de que haja em vocês uma melhor familiaridade com ele:

1) Percebendo minha pelve e os músculos que a envolvem

Posição: sente-se sobre uma superfície rígida com os pés apoiados no chão e coluna ereta, confortavelmente. Balance o seu corpo para um lado e para o outro e sinta as duas saliências ósseas embaixo das nádegas. Esses são seus ísquios e devem ser sempre o seu apoio quando estiver na postura sentada. Os músculos do assoalho pélvico estão ligados aos ísquios, quer sentir?

Ação: quando contraímos o assoalho pélvico, ele fecha os nossos esfíncteres e se eleva, dando sustentação para os nossos órgãos da região. Experimente fechar o ânus levando-o para cima, em direção ao umbigo. Faça algumas vezes e perceba esse movimento de elevação. Percebeu? Preste atenção agora nos seus ísquios, eles se aproximam também enquanto o movimento ocorre. Se você sente essas ações, está fazendo corretamente!

Dica: tente contrair o assoalho pélvico sem bloquear a respiração, nem tensionar os músculos das coxas, os glúteos e o abdome. Tente isolar o movimento no assoalho pélvico. Conforme for fazendo, vai perceber que fica mais fácil. Se você olhar a sua região pélvica com um espelho, vai enxergar esses movimentos (fechar e elevar).

2) Exercício do elevador: trabalhando a resistência dos músculos do assoalho pélvico

Posição: você pode iniciar esse exercício na posição deitada, depois sentada e, mais para a frente, quando estiver executando bem, em pé. Sugiro começar na posição deitada porque há mais controle do assoalho pélvico, já que você não precisará controlar a postura. Nesse exercício, vamos fazer contrações mais prolongadas, que trabalharão a resistência dos seus músculos.

Ação: você vai executar essa contração lentamente. Inicie fechando o ânus, depois, intensificando a contração, vá subindo o assoalho pélvico, fechando todos os esfíncteres, sem relaxar. Tente iniciar com três segundos (contraia o ânus no primeiro segundo e vá elevando nos próximos, como se estivesse subindo um elevador, isto é, cada segundo corresponderia a um andar). Perceba que nos segundos finais o seu abdome tenta ajudar. Não tem problema, mas se certifique de que ele não faz uma força para fora, ele deve ajudar o movimento, tracionando o assoalho pélvico para cima, como se você puxasse um zíper. Depois relaxe, desfazendo a contração.

Juliana Schulze Burti

Atenção: tente não fazer bloqueio respiratório, a contração do assoalho pélvico deve acontecer sem apneia. Conforme for ficando fácil, aumente o tempo de sustentação (ou os andares do elevador) para cinco, sete e até dez segundos. Você pode fazer esse exercício diariamente, pelo menos duas vezes por dia. O número de séries vai depender do quanto você aguentar. Procure fazer até sentir que está conseguindo comandar corretamente os músculos. Quando eles pararem de responder ou ficar difícil de manter a sustentação, pare. Veja quantas repetições você fez e use isso como meta para ir aumentando.

3) Exercício das piscadinhas: trabalhando a agilidade dos músculos do assoalho pélvico

Posição: como no anterior, pode ser qualquer posição, mas o ideal é iniciar na posição deitada para melhor controle, depois evoluir para sentada e em pé.

Ação: contrair o assoalho pélvico de forma vigorosa e relaxar na sequência (fazer a elevação também). São contrações que trabalham as fibras musculares de contração rápida, que são recrutadas quando espirramos, impedindo a saída de urina ou durante o orgasmo, por exemplo. Tente repetir dez vezes. Se for fácil, faça mais até você sentir que a resposta muscular está efetiva. Quando perceber que os músculos não respondem bem, pare e use essa medida como parâmetro de treino, sempre buscando mais.

Dica: essas contrações exigem menos concentração do que as do elevador, portanto, podem ser feitas durante o dia, no carro, na fila do banco, enfim, sempre que der.

Esses são exercícios básicos, mas que já trarão efeitos, se feitos com regularidade. Assim que começamos a treinar sistematicamente alguma região do corpo, o nosso cérebro cria novas conexões, reconhecendo esse novo padrão. Isso é traduzido em aprendizado motor e em consciência corporal, fundamentais para uma resposta efetiva. Vale lembrar de que o corpo e a mente deverão sempre trabalhar em conjunto, principalmente quando se trata de sexualidade.

O grande livro do amor e do sexo

CAPÍTULO 15

DESEJO SEXUAL FEMININO

A sexualidade feminina e toda sua complexidade é motivo de muitos trabalhos, pesquisas e investimentos. Primeiramente, faz-se necessário compreender que a resposta sexual humana é composta de três fases: desejo, excitação e orgasmo. Dessa forma, este capítulo tem por objetivo ampliar a discussão sobre o tema, discorrendo sobre a primeira fase que é o desejo sexual feminino e suas implicações na saúde e qualidade de vida da mulher

Jussania Oliveira

O grande livro do amor e do sexo

Psicóloga clínica pós-graduada e especialista em terapia e educação sexual, pela Faculdade de Medicina do ABC. Sexóloga pela ALAPSISEX (Associação Latinoamericana de Psicólogos e Sexólogos). Diretora regional e conselheira fiscal da FEBRASEX (Federação Brasileira para o Estudo e Pesquisa da Sexualidade Humana). Filiada à WAS (World Association for Sexology). Professora convidada em cursos de graduação e pós-graduação. Palestrante, escritora com cinco títulos publicados sobre disfunções sexuais masculinas e femininas, sendo Amor... Próprio seu lançamento e primeiro romance erótico.

Contatos
www.jussaniaoliveira.psc.br
jussania.oliveira@hotmail.com
Facebook: Jussania Oliveira Psicóloga
Instagram:jussaniapsicologiaesexologia

CAPÍTULO 15

Amor – pois que é palavra essencial
comece esta canção e toda a envolva.
Amor guie o meu verso, e enquanto o guia,
reúna alma e desejo, membro e vulva.
Quem ousará dizer que ele é só alma?
Quem não sente no corpo a alma expandir-se
até desabrochar em pleno grito
de orgasmo, num instante de infinito?

Carlos Drummond de Andrade

Quando fui convidada a escrever um capítulo neste livro, fiquei por um bom tempo imaginando um tema que fosse de interesse geral e que despertasse a curiosidade das pessoas em saber mais e entender melhor sobre o assunto.

Resolvi falar sobre sexualidade feminina, mais especificamente sobre o desejo feminino. Um tema que ainda carece de muitos estudos, devido a sua complexidade, mas que, com o que já temos, atualmente, pode ser muito útil (se bem utilizado) para uma vida sexual plena e com muito prazer.

Começamos pela resposta sexual humana, que é composta por três fases – trabalho com este modelo trifásico no consultório – desejo, excitação e orgasmo. Pode-se apresentar dificuldade em qualquer uma destas fases ou em mais de uma delas.

O grande livro do amor e do sexo

O desejo é a primeira fase da resposta sexual humana, e é justamente dela que iremos falar. Se a pessoa apresentar disfunção nesta primeira etapa, automaticamente, comprometerá as etapas seguintes, visto que se não apresentar desejo não conseguirá se excitar e, se não se excitar, dificilmente alcançará o orgasmo em uma relação sexual.

Para Helen Kaplan, o desejo é definido como "o interesse geral na sexualidade de uma pessoa, refletindo na busca de contato, pensamentos, fantasias e frequência de atividade sexual, incluindo masturbação e relação de casal."

No entanto, o desejo sexual é influenciado e alterado por fatores psicológicos, culturais, educacionais, religiosos, farmacológicos e orgânicos. E se torna fundamental entender de que maneira estes elementos interferem em nossa saúde sexual. Vivemos em uma sociedade latinoamericana primordialmente machista. A mulher, ao longo de sua vida, sofre variadas formas de repressão sexual, a começar pelo baixo conhecimento de seu corpo e suas possíveis reações, quando tocada.

Não há educação sexual (ou se há, ainda muito precária) em seu primeiro grupo de convivência, que é a família. Os pais têm papel fundamental na formação da identidade sexual dos filhos e, em várias situações, o exemplo de relacionamento dos pais é refletido para a criança, que irá "copiar" esses modelos mais tarde.

Muitos pais deixam de se abraçar, beijar na frente das crianças, com medo de "despertar" o interesse delas para a sexualidade. No entanto, essa sexualidade será aflorada independentemente do comportamento dos pais. Essa sexualidade terá muito de influência se o relacionamento dos pais for afetivo, amoroso, embasado em respeito mútuo e companheirismo.

Discutir sobre sexualidade e suas nuances no seio familiar ainda é vetado, carregado de preconceitos e tabus.

Em pleno século XXI, ainda se acredita que falar sobre o tema poderia estimular a iniciação sexual precoce dos jovens, trazendo problemas graves como gravidez indesejada e DST's (doenças sexualmente transmissíveis).

Desta forma, muitos buscam informações pelos meios de comunicação, amigos ou alguns professores com quem o jovem mais se identifica (geralmente professores de ciências ou biologia).

Embora haja muita informação sobre sexualidade na *Internet*, isso não é garantia de qualidade ou veracidade das mesmas.

Os primeiros condicionamentos de nossa sociedade estabelecem regras e padrões de comportamentos para meninos e meninas, como por exemplo, meninos, por terem pênis, devem urinar de pé, como seus pais; e meninas, por terem vaginas, devem urinar sentadas, como suas mães. Essa é, entre tantas outras que estão por vir, a aprendizagem que mostra claramente a diferença entre meninos e meninas.

O modo como os pais criam seus filhos vai definindo, desde muito cedo, o que é próprio do homem e o que é próprio da mulher, de acordo com os critérios estabelecidos pela nossa cultura e sociedade.

Jussania Oliveira

Dentro desses padrões, meninos e meninas recebem brinquedos bem diferentes e as roupas são nas cores consideradas próprias para cada sexo: rosa para meninas e azul para meninos. Certamente, os pais ficariam constrangidos se seu garotão ganhasse uma roupa rosa ou uma boneca para brincar; e sua princesa, uma bola para jogar.

Felizmente, os valores sociais não são eternos e hoje já podemos ver homens com camisa rosa (eu, particularmente, gosto muito), sem que sua masculinidade seja questionada.

Meninos que têm o sentimento de ser masculino (em sua identidade sexual) significa que internalizaram a figura do pai. E é claro que todos vão esperar desse homem o ser forte, competitivo, que não demonstre sentimentos, que não pode chorar, pois isso é "coisa" de meninas etc. (mais tarde, todas essas exigências podem causar grande sofrimento ao indivíduo).

De forma parecida, acontece com a menina, em relação à mãe. Ou seja, é esperado que ela demonstre fragilidade, docilidade, seja emotiva, dependente etc. (atualmente, existem grandes conflitos em aceitar e internalizar as mudanças nos papéis, como por exemplo: as mulheres trabalham, se tornam independentes e, muitas vezes, ganham mais do que seus parceiros). Elas ficam divididas entre a satisfação de ser autossuficiente e a necessidade de ser protegida e cuidada pelo homem, em seu antigo papel de provedor. Os homens que sempre tiveram a "liderança" na relação vivem o conflito de reconhecer, entender e aceitar essas novas mulheres, sem se sentir menos homens, menos viris e másculos, ou seja, sem se sentirem ameaçados.

Ainda falando de padrões de comportamento estabelecidos ao longo do desenvolvimento, com a prática da masturbação não é diferente. A masturbação em si é um tipo de atividade sexual, mas que pode ser compreendida como uma fase preparatória individual para um futuro relacionamento afetivo-sexual. É a oportunidade de conhecer as sensações de seu corpo numa autoexploração prazerosa que, mais tarde, poderá ser ensinada a sua parceria como gosta e, também, como não gosta de ser tocada.

A nossa cultura machista bloqueia ou dificulta a masturbação feminina. A sociedade se encarrega de promover esse bloqueio, por meio de todo um sistema educativo que começa dentro de casa (com as avós, tias e mães) e se estende à escola, com as professoras, atingindo a sociedade, onde a masturbação pertence ao mundo da pornografia.

Não é incomum receber, em meu consultório, mulheres que nunca ou pouco viveram a experiência da masturbação. E as justificativas são as mais variadas: "Não sinto nada", "É sem graça", "Tenho a sensação de estar fazendo algo errado", "Não tenho prazer quando me toco", "Tenho parceiro(a) e prefiro que ele(a) faça", "Não consigo gozar", "Sou de uma família muito religiosa e a masturbação sempre foi dita como sendo pecado", e por aí vai...

A maioria das mulheres nunca foi encorajada a reconhecer ou procurar descobrir os órgãos genitais e, com certeza, não foi incentivada a falar so-

O grande livro do amor e do sexo

bre eles, nem a se orgulhar dos mesmos. Na verdade, muitas mulheres não sabem, com certeza, onde fica a vagina até que tenham a primeira menstruação. Da mesma forma, o clitóris também não é mencionado.

O primeiro contato com a menstruação também pode influenciar os sentimentos sobre o corpo e sexualidade. Muitas meninas estão completamente despreparadas e, o que é compreensível, ficam bastante traumatizadas diante da experiência de começar a sangrar de uma hora para a outra. Outras mulheres são minimamente preparadas pelos pais e as informações têm implícito que menstruar é ruim, sujo e que é um fardo para a mulher.

A menstruação é considerada um incômodo e seu início quase nunca é motivo de celebração. Acrescentemos que a maioria recebeu pouca informação sobre sexo quando se é informada sobre menstruação, tendo apenas alguns dados básicos sobre por que ela ocorre e, talvez, uma advertência do tipo: "agora você pode ficar grávida". Esta é, provavelmente, a iniciação sexual da maioria.

Diante de uma aprendizagem como essa, não é surpreendente que muitas cresçam sentindo os órgãos genitais menos positivamente do que outras partes do corpo e que, portanto, se sintam inseguras sobre sexualidade. Para algumas, o efeito dessas primeiras experiências contribui para sua incapacidade em reagir sexualmente.

O grau de prazer ou desprazer das várias experiências sexuais na fase de crescimento também ajudam a determinar as atitudes e sentimentos relacionados à sexualidade.

A mulher, mais do que os homens, vem pagando através dos tempos, um enorme preço pela falta de educação e atenção para com suas necessidades de realização sexual. Com influências religiosas, familiares, educação dos pais, da escola, da sociedade, em geral, ela foi levada a reprimir sua sexualidade, chegando ao total desconhecimento de seu corpo, à contenção consciente ou não de seus desejos eróticos e ao não abandono das reações sexuais.

A postura e as atitudes pessoais perante o sexo estão presentes, facilitando ou prejudicando a relação sexual.

Para estimular ou reprimir os impulsos sexuais, é preciso que eles existam. Os impulsos e necessidades sexuais são naturais no ser humano. São as normas sociais de comportamento, que tornam adequados ou inadequados.

Quando essas normas sociais interferem no papel sexual, dificultando a vida sexual da mulher, estabelece-se uma insatisfação, uma ampliação dos campos tensos. Quando a mulher se conduz sexualmente, para atender mais às normas sociais do que as suas próprias necessidades, ela fica sexualmente insatisfeita, apesar de satisfazer a sociedade. Dessa forma, a mulher pode desenvolver a disfunção sexual: inibição do desejo.

Inibição de desejo sexual feminino

De acordo com o DSM-5 (Manual Diagnóstico e Estatístico de Transtornos Mentais), a inibição de desejo é caracterizada pela ausência ou redução significativa do interesse ou da excitação sexual, manifestada por pelo menos três dos seguintes:

1- Ausência ou redução do interesse pela atividade sexual;

2- Ausência ou redução dos pensamentos ou fantasias sexuais/eróticas;

3- Nenhuma iniciativa ou iniciativa reduzida de atividade sexual e, geralmente, ausência de receptividade às tentativas de iniciativa feitas pela parceria.

4-Ausência ou redução na excitação/prazer sexual durante a atividade sexual, em quase todos ou em todos (aproximadamente 75% a 100%) os encontros sexuais;

5-Ausência ou redução do interesse/excitação sexual em resposta a quaisquer indicações sexuais ou eróticas, internas ou externas (p.ex., escritas, verbais, visuais);

6-Ausência ou redução de sensações genitais ou não genitais, durante a atividade sexual em quase todos ou em todos os encontros sexuais.

O desejo sexual, na espécie humana, segundo Maria do Carmo A. Silva, é altamente alusível ao passado de cada um. As pessoas aprendem a inibir seus desejos em situações que percebam contingências negativas e permitem sua emergência em contextos seguros.

Emoções positivas acionam o desejo e as negativas o inibem, agindo como comportamentos operantes. Por influência psicossocial, a sexualidade feminina é mais facilmente suprimida.

Dentre as mais diversas causas para Inibição de Desejo, segundo Valins (1994), estão:

Questões de educação familiar e de desenvolvimento

- Estritos tabus religiosos;
- Educação religiosa rígida;
- Vergonha;
- Desinformação a respeito do sexo e do corpo;
- Culpa por ter desejo.

Questões traumáticas

- Estupro ou violência sexual – com a parceria atual ou anterior;
- Abuso sexual – seja ele na infância ou na vida adulta;
- Primeira experiência sexual insatisfatória – violência ou com muitas expectativas.

O grande livro do amor e do sexo

Questões relacionais/comportamentais
- Dificuldade de dizer ao parceiro o que gosta;
- Insatisfação com a parceria;
- Maus-tratos pela parceria;
- Parafilias;
- Falta de amor pela parceria;
- Relacionamento de conveniência;
- Medo de engravidar;
- Falta de confiança na parceria – por motivos reais ou fantasiosos;
- Estresse.

Vale destacar também as causas orgânicas (mais comuns) e farmacológicas:

Anomalias genéticas ou congênitas
- Hiperprolactinemia;
- Hipotireoidismo ou hipertireoidismo.

Drogas
- Antidopaminérgicos;
- Alfametildopa;
- Antiandrogênicos;
- Serotoninérgicos;
- Tranquilizantes.

Independentemente dos fatores que podem influenciar o desejo sexual feminino, quero destacar dois deles que considero elementar para uma vida sexual plena e prazerosa:

A necessidade em priorizar o sexo
É sabido que a mulher exerce múltiplas atividades ao longo do dia, causando uma carga sempre grande de estresse e cansaço. No entanto, por vários fatores educacionais e sociais, a mulher não prioriza o sexo. O sexo não está no "roteiro" do dia, no programa de atividades fundamentais, no pensamento de – com a atividade sexual – proporcionar momentos de prazer e satisfação física e mental.

A mulher não vê o sexo como a coisa mais importante da vida. Existem muitas outras prioridades. Sempre digo para minhas pacientes que o sexo não precisa ser a prioridade número um da lista, mas precisa, pelo menos, estar na lista.

Jussania Oliveira

Qual a importância do sexo em sua vida? Qual a importância que você acredita ter em sua qualidade de vida e na saúde de seu relacionamento? Você realmente tem prazer quando faz sexo?

Segundo a OMS (Organização Mundial da Saúde), sexualidade é a energia que nos motiva a procurar amor, ternura, intimidade, que se expressa na forma de sentir, nos movimentos e no toque.

Ela influencia pensamentos, sentimentos, ações e integrações e, por isso, influencia também a saúde física e mental. Se saúde é um direito humano fundamental, a saúde sexual também deve ser considerada como direito humano básico.

A OMS reconhece a sexualidade como um dos pilares da qualidade de vida, por se tratar de um aspecto que acompanha toda a vida do ser humano. Se inicia na infância, é construída na adolescência e se manifesta na vida adulta.

Dificuldades no que diz respeito à própria sexualidade ou que impeçam uma vida sexual com plenitude afetam a autoestima, enfraquecem as bases da intimidade e podem, inclusive, diminuir a produtividade no trabalho e qualidade de vida. Por consequência, sentimentos de incapacidade e inferioridade passam a ser frequentes, desestabilizando as relações pessoais e profissionais.

Estudos já mostraram que uma vida sexual saudável e responsável pode reduzir a depressão, melhorar a vida conjugal, a parceria, o bem-estar, os contatos sociais, o lazer e o trabalho, o autocontrole e a saúde mental. Estimula o dar e receber amor e sustenta a autoestima, colaborando, portanto, para o crescimento pessoal e profissional.

Amor próprio

Numa sociedade que busca padronizar um modelo de estética e beleza; e com indústrias ganhando bilhões em cosméticos e cirurgias plásticas, faz-se imperativo descobrir, reconhecer e aceitar o seu próprio padrão, que é único e belo, na exata medida de sua singularidade. Não estou questionando o desejo ou a busca de melhorar e desenvolver seu corpo, até porque está comprovado a importância do exercício físico para a saúde e qualidade de vida.

Mas, não à busca insana para corresponder um padrão que não é real, natural ou, muitas vezes, possível. Não passar a vida buscando ser uma cópia (mal feita) de alguma figura que não a representa.

A importância de identificar e admirar a incrível, maravilhosa e insubstituível pessoa que você é. Aliás, desenvolver o amor próprio é desenvolver um romance consigo mesma e que durará toda a sua vida.

Sua vida, suas escolhas!

O grande livro do amor e do sexo

Referências

HEIMAN, Julia; LOPICCOLO, Joseph. *Descobrindo o prazer: uma proposta de crescimento sexual para mulher.* Tradução: Maria Silvia Mourão Netto. 2. ed. São Paulo: Summus, 1992.

KAPLAN, Helen Singer. *Transtornos do desejo sexual: regulação disfuncional da motivação sexual.* Tradução: Jussara N.T. Burnier. Porto Alegre: Editora Artes Médicas Sul Ltda, 1999.

L, Valins. *Quando o corpo da mulher diz não ao sexo.* Rio de Janeiro, Imago, 1994.

MALTZ, Wendy; BOSS, Suzie. No Jardim do desejo: as fantasias sexuais femininas. Tradução: Laura Lins. São Paulo: Mandarim, 1997.

MANNOCCI, João Fernando. *Disfunções sexuais.* São Paulo: Fundação BYK, 1995.

MOTTA, Joaquim Z.B. *Orgasmo sentimental.* São Paulo, Iglu, 1995.

NASCIMENTO, Maria Inês Corrêa. *DSM - 5 American Psychiatric Association.* 5. Ed. Porto Alegre: Artmed, 2014.

OLIVEIRA, Jussania. *Relacionamento, sexo e ejaculação.* São Paulo: Iglu, 2006.

OLIVEIRA, Jussania. *Amor...Próprio.* São Paulo: All Print Editora, 2017.

Rodrigues, Oswaldo M. Jr. *Aprimorando a saúde sexual: manual de técnicas de terapia sexual.* São Paulo: Summus, 2001.

O grande livro do amor e do sexo

CAPÍTULO 16

EDUCAÇÃO SEXUAL: DO BÁSICO AO SINGULAR

Irei abordar nas próximas páginas a minha visão sobre a educação sexual, trazendo aos leitores uma abordagem que vai desde o básico do funcionamento do corpo até a singularidade de cada um, tentando englobar o sujeito, o desenvolvimento sexual e pessoal

Lael Borba

O grande livro do amor e do sexo

Lael Borba

Psicólogo Clínico formado pela Faculdade Pernambucana de Saúde – FPS (2015), especialização em sexualidade humana pela Faculdade Brasileira de Ensino Pesquisa e Extensão – FABEX (2018). Formação em Terapia Cognitivo Sexual (2018) e *Coach* de Relacionamento e Sexualidade (2017).

Contatos
Instagram: laelborbapsicologo
facebook: laelborbapsicologo
(81) 99968-1676

Lael Borba

CAPÍTULO 16

O tema educação sexual, mesmo com todo o desenvolvimento e acesso às informações que se tem atualmente, ainda é cercado de vários tabus e preconceitos, que estão diretamente ligados à falta de conhecimento sobre o assunto. O fato de não saberem exatamente do que se trata e o que é abordado na educação sexual, faz com que haja uma redução do conhecimento ao ato sexual e também uma fixação, em outras palavras, erroneamente, se acha que falar sobre esse assunto é ensinar a fazer sexo.

Claro que o ato sexual é abordado, sim, dentro deste tema, mas não se começa desse ponto e muito menos se tem como objetivo final a construção do mesmo, para termos uma ideia da estrutura da educação sexual, no livro, *Desnudando a educação sexual* é dito que "Educação sexual é, antes de tudo, uma prática ou ação de transmissão de conhecimentos, representações, valores e práticas..."(BONFIM,2012, P.33), essa educação sexual tem como objetivo primordial a educação propriamente dita, um ensino que visa construir conhecimento e fundamentos, leva o estudante a estruturar suas bases a respeito do seu corpo e da sua sexualidade, para alcançar um nível de autonomia em que ele pode exercer sua sexualidade livremente.

O grande livro do amor e do sexo

Ainda sobre o livro mencionado temos "A educação sexual é um processo educativo que possibilita a formação de valores e atitudes referentes à forma como vivemos nossa sexualidade."(BONFIM, 2012, p.33), podemos dizer, ainda, que um conhecimento básico a respeito da sexualidade deve ser construído, partindo do funcionamento natural do corpo e os sistemas reprodutores sabendo que, se descartando a hipótese de doenças e más formações, todos os seres humanos têm um sistema reprodutor funcional, e seguindo até como funcionam os mecanismos da atração sexual e dando continuidade sobre os próprios desejos e sentimentos.

> Há todo um tabu ligado à orientação (atração) sexual e, por isso mesmo, há também muita hipocrisia ligada ao comportamento afetivo sexual. Por isso mesmo, é muito importante sabermos os verdadeiros mecanismos desse processo. (ANDERSEN, 2007, p.74).

Outro ponto polêmico que temos é onde deve ocorrer essa educação sexual, pois existe ainda uma disputa entre pais e professores a respeito de quem é a responsabilidade de educar, evitando o debate que certamente aconteceria. Devemos entender que essa é uma construção de nível social e, consequentemente, deve envolver tudo que está ligado a ela, dizendo, diretamente, que é dever das duas instituições educar sexualmente as crianças, jovens e adolescentes e, ainda, porque não, adultos e idosos.

Quirino e Rocham, no artigo *Sexualidade e educação sexual na percepção do docente*, destacam "Indicaram que o tema sexualidade era muito importante e necessário para os/as estudantes, pois nele se concentravam as maiores dúvidas, e que deveria ser um assunto abordado em sala de aula".

Para um melhor entendimento, podemos associar um primeiro contato ao corpo nu e suas partes, durante toda a infância, banhos e trocas de fraldas, carinhos e beijos trocados pelos pais, tudo isso mesmo que não seja levado a sério, vai servir de base para a construção do conhecimento sobre a sexualidade, entretanto, na escola é onde há o contato direto com os pares, onde se insere e se convive com o meio social externo e todas as diferenças que aparecem por consequência disso, além do que naturalmente é o ambiente onde surgem as primeiras atrações afetivas.

Parafraseando Celso Antunes, sobre educação:

> O primeiro problema com esses procedimentos é que na maior parte das vezes são fáceis de serem aceitos e compreendidos pelos pais, mas difíceis de acontecer na prática cotidiana. "Eu sei como deveria agir, mas não sei por que não ajo assim" são confissões frequentes e que expressam a imensa dificuldade de fazer da teoria uma prática. (2013 p. 83)

Educação sexual

A sexualidade é um conjunto de atos e comportamentos que referem-se a tudo que envolve a prática sexual, passando por pontos como conhecimento do próprio corpo, mecanismos de excitação, zonas erógenas, atração sexual, orientação sexual, identidade de gênero, flerte, ato sexual, orgasmos... enfim, percebe-se que a sexualidade envolve muito mais do que apenas o ato sexual. Existem duas formas de se abordar a educação sexual, direta e indireta, ambas podem ser usadas tanto no meio familiar quanto no meio escolar, desde que se tenha o preparo adequado para lidar com tema, os tipos de abordagem podem ser usados sempre que for oportuno.

A forma direta num primeiro momento, pode ser mais associada ao meio escolar, pois normalmente é uma aula ou exposição planejada para abordar determinado tema, por exemplo: uma aula sobre ist's (infecções sexualmente transmissíveis), que já foram chamadas de dst's, nitidamente parece ser uma função e construção escolar, mas quando um pai ou mãe resolve sentar com sua filha(o) para falar sobre puberdade por exemplo, abordar a menstruação e conversas desse tema e, também, experiência e vivência a respeito do mesmo é uma forma importantíssima de se abordar a educação sexual de forma direta, além de, claramente, fortalecer os laços entre pais e filhos.

Nas abordagens da educação sexual, temos também a forma indireta que é, de certa forma, um mecanismo com movimento contrário à forma direta, não sendo contrário referente a ser do contra, mas que a busca parte do jovem ou criança de forma espontânea, em outras palavras, quando surge alguma dúvida, por exemplo, uma criança que pergunta de onde vem os bebês, nota-se aqui uma delicada sensação de medos e ansiedade, pois é exatamente nesse ponto que se constrói uma relação de confiança e abertura

O grande livro do amor e do sexo

ao tema proposto, tanto no ambiente familiar quanto escolar, a criança vai procurar a informação numa fonte que ela entende como segura e que vai sanar suas dúvidas, quando não há o preparo adequado parar lidar com a educação sexual, pode-se perder ou quebrar uma relação de confiança nesse ponto, correndo um risco desse cenário refletir por toda uma vida.

Quando se diz "maneira adequada" não é referente à formação e à capacitação na área, mas à capacidade de lidar com essa temática da maneira mais natural possível, claro que os professores devem ser preparados de uma forma diferente, mas de nada adianta se esse indivíduo absorver toda a teoria, mas não agir com naturalidade em relação à construção da sexualidade.

Gaiarsa, no seu livro *Sexo: tudo que ninguém fala sobre o tema*, relata a importância de haver uma expressão facial natural, embora seja difícil conseguir esse tipo de postura, se o próprio adulto não absorveu, nem pratica esses conhecimentos a respeito da sexualidade.

Fácil de falar, dificílimo de fazer, eu sei. Venho tentando há oitenta anos e ainda escorrego. (GAIARSA, 2005, p.50)

Mas, de certa forma, ele tira um peso das nossas costas, certo? Afinal, se ele mesmo, um especialista na sexualidade e praticante assíduo, ainda dá suas "escorregadas", também temos todo o direito de errar, o importante mesmo é não desistir, não parar e tentar continuar sempre se lapidando e aprendendo sobre a sexualidade e as relações interpessoais.

A base da educação sexual

Primeiramente, temos que entender a naturalidade da sexualidade de uma forma geral, todos os seres humanos nascem com potencial pleno para desenvolverem seus sistemas reprodutores e juntamente a isso os mecanismos de excitação e todas as zonas que permeiam essas questões, a dita sexualidade é uma questão de espécie e vai acontecer com todos que passam pelos processos naturais de desenvolvimento (desde a gestação).

Segundo Gaiarsa "A ultrassonografia de alta resolução veio a demonstrar que desde o sétimo mês da gestação o feto masculino exibe (!) – ou apenas experimenta! – uma ereção a cada hora e meia". (2005, p.35)

Isso representa a naturalidade do funcionamento orgânico sobre o desenvolvimento da sexualidade, ou seja, antes da maturidade orgânica da reprodução pelo ato sexual, inevitavelmente o corpo vai se preparando e "treinando" aquele sistema, para que ele funcione da forma que deveria. Podemos identificar claramente como esse processo é natural para o corpo, que vai aos poucos fazendo aproximações e testes do próprio funcionamento.

Outro ponto a ser abordado aqui, ainda transpassando a mesma lógica de funcionamento do corpo, é da constituição dos órgãos sexuais, eles são constituídos de terminações nervosas, que têm como objetivo proporcionar prazer, isso quer dizer que, mesmo sem a noção de para que serve aquela região do corpo, a criança ainda é capaz de sentir prazer naquela área, chegamos novamente na naturalidade dessas questões e podemos compreender a importância de uma educação voltada para a sexualidade.

Educação sexual singular

Este termo refere-se à individualidade sexual de cada um, parte das bases do conhecimento fisiológico e sexual para que o indivíduo tenha plena capacidade de descobrir sua sexualidade e construir seu conhecimento a respeito dela, para que, assim, possa interagir de uma forma mais completa e verdadeira com o demais. Esse processo é individual e se dá de forma singular para cada pessoa, não podendo existir modelos prontos nem guias definitivos, há, sim, uma orientação, mas, acima de tudo, uma capacitação para a autonomia.

Dessa forma, as barreiras dos preconceitos irão sendo derrubadas, pois não se espera do outro o domínio sobre o conhecimento do prazer e da sexualidade, entende-se que cada um é diferente e responsável por construir sua própria sexualidade, chegando num ponto em que o preconceito (conceito pré-formado) não construirá o conhecimento sobre a realidade. Esse conhecimento a respeito da realidade será vivenciado e assimilado pelo estudante da melhor forma possível.

Vale destacar também a formação de uma autoconfiança e autoestima acerca de si mesmo, e do valor que a pessoa dará a si mesma, existem dados que mostram o quanto vêm crescendo a violência doméstica e os relacionamentos abusivos, costumeiramente essas pessoas "vítimas" não possuem coragem de sair dessa realidade, nem combatê-la, pois não se

O grande livro do amor e do sexo

acham valiosos nem merecedores de algo melhor e até mesmo acham que não conseguirão nada melhor do que a realidade que estão vivenciando. Um indivíduo, que sabe sua capacidade e conhece seu valor, dificilmente aceitaria vivenciar esse tipo de prática e sequer aceitaria entrar em um relacionamento com essa configuração.

Consciência de corresponsabilidade

Significa que toda pessoa tem responsabilidade por tudo que acontece com ela e, também, pelas coisas em que pode interferir num relacionamento amoroso, por exemplo. O indivíduo é responsável pela manutenção do mesmo tal qual seu parceiro, podendo haver diferenças em determinadas situações em que um tenha mais responsabilidade do que o outro, mas a relação é construída e vivenciada pelos dois, sendo eles corresponsáveis pela sua existência e manutenção.

Como abordado anteriormente, um sujeito que vive um relacionamento abusivo, obviamente, é vítima daqueles maus tratos. Muitas vezes, não conhecia a realidade do parceiro até entrar de cabeça naquele relacionamento, mas quando a verdade se mostra como ela é, o sujeito deve ter a iniciativa de se retirar daquele ambiente, pois a permanência nessa situação o torna diretamente responsável por construir a realidade e não apenas vítima. Por mais difícil que seja, somente ele é responsável por tomar a decisão de deixar de fazer parte do relacionamento hostil que vai prejudicar sua saúde mental, física e sexual.

Referências

ANDERSEN, Roberto. *Sexo: a escolha é sua*. São Paulo: All Print, 2014.

ANTUNES, Celso. *A prática dos quatro pilares da educação na sala de aula*. Petrópolis, RJ: Vozes, 2010.

BONFIM, Cláudia. *Desnudando a educação sexual*. Campinas: Papirus, 2012.

GAIARSA, J. A. *Sexo: tudo que ninguém fala sobre o tema*. São Paulo: Ágora, 2005.

O grande livro do amor e do sexo

CAPÍTULO 17

AMOR, SEXO, SEXUALIDADE, EROTISMO... IGUAIS, MAS DIFERENTES!

Este artigo fala do sexo e do amor e das relações interpessoais, como aumentar seu desempenho sexual e ter uma vida mais saudável e ativa. Esclarece a diferença entre sexo, sexualidade e erotismo. Leva o(a) leitor(a) a refletir sobre sua vida e a qualidade do sexo que pratica. Além de mostrar os benefícios que o sexo traz para o corpo

Leila Cristina

O grande livro do amor e do sexo

Leila Cristina

Escritora, terapeuta sexual, além de hipnoterapeuta ericksoniana e clássica pela OMN. **Life coach** e PNL. Seu amor por ajudar e trabalhar com pessoas a motivou a começar sua formação em biologia. Tornou-se pesquisadora, mestre (MSc) (Universidade Federal Fluminense), foi professora universitária e é palestrante. Nos últimos dez anos dedicou-se ao estudo de disciplinas e terapias sobre desenvolvimento pessoal e humano, curando-as de doenças psicossomáticas, traumas, disfunções e inadequações sexuais, trazendo clareza aos objetivos que pretendem conquistar. Faz trabalhos voluntários de atendimento em várias instituições.

Contatos
contato@leilacristinalifecoach.com.br
Skype: Cristinabiorj
(21) 97977-7766 (WhatsApp)

Leila Cristina

CAPÍTULO 17

A língua lambe

A língua lambe as pétalas vermelhas
da rosa pluriaberta; a língua lavra
certo oculto botão, e vai tecendo
lépidas variações de leves ritmos.

E lambe, lambilonga, lambilenta,
a licorina gruta cabeluda,
e, quanto mais lambente, mais ativa,
atinge o céu do céu, entre gemidos,
entre gritos, balidos e rugidos
de leões na floresta, enfurecidos.

(Carlos Drummond de Andrade)

Erotismo é um substantivo masculino que expressa o caráter ou tendência do que é erótico. Também pode significar uma representação explícita da sexualidade, podendo ser relacionado ao amor lascivo. O erotismo é uma manifestação da sexualidade, cujas características variam segundo a sociedade que tomamos como modelo.

Embora definido num primeiro instante como "paixão de amor", é necessário salientar o seu caráter revalorizador das formas próprias da sexualidade, tanto na vida pessoal e social como nas manifestações culturais.

Ahhhhh, o amor! Etimologicamente, o termo "amor" surgiu a partir do latim "amor", palavra que tinha justamente o mesmo significado que

O grande livro do amor e do sexo

atualmente: sentimento de afeição, paixão e grande desejo. Amor é um sentimento de carinho e demonstração de afeto que se desenvolve entre seres que possuem a capacidade de o demonstrar.

O amor motiva a necessidade de proteção e pode se manifestar de diferentes formas: amor materno ou paterno, amor entre irmãos (fraterno), amor físico, amor platônico, amor à vida, amor pela natureza, amor pelos animais, amor altruísta, amor próprio etc.

Esse sentimento, que é capaz de transformar vidas, traz consigo uma explosão de sensações como euforia, desejos, confiança, contentamento, prazer, angústia, tristeza e tantas outras emoções que nos fazem, muitas vezes, até mesmo agir como tolos! Quando estamos apaixonados acontecem inúmeras explosões químicas dentro de nosso corpo. O beijo, o cheiro, o ciúme, o carinho, a primeira relação sexual; para todos esses momentos a ciência tem uma explicação e revelações espantosas.

O "amor" não é um simples sentimento, mas, sim, um complexo fenômeno neurobiológico, baseado em atividades cerebrais e sinapses que incluem moléculas conhecidas como hormônios. Esse nome é de origem grega, significando "incitar", isso porque os hormônios têm a função de levar mensagens químicas, coordenando as atividades de diferentes células em organismos multicelulares, com o é o nosso caso.

E o sexo? O sexo é uma palavra que pode ser facilmente usada para distinguir um homem de uma mulher, ou seja, sexo masculino e sexo feminino, no entanto, tal palavra também pode ser usada quando se trata de órgãos sexuais, ou a prática de atividades sexuais. (HOUAISS, 2009).

O sexo é o ato, a parte física, e precisa ser visto como uma atividade que pode proporcionar muitos benefícios à saúde. Porém, é importante saber que ele não se resume apenas ao ato sexual propriamente dito. É muito mais do que isso. Envolve carícias, afeto, respeito às individualidades e gostos do(a) parceiro(a).

Mas, o que acontece durante o sexo? O cérebro é o maior responsável por todo o processo. Ele regula a produção de adrenalina, hormônio que faz aumentar a frequência dos batimentos cardíacos, e também manda produzir dopamina, que é o neurotransmissor associado aos desejos de uma forma geral, como a vontade de comer, de beber e de fazer sexo.

Os órgãos sexuais estimulados pelos hormônios produzidos começam a receber uma maior quantidade de sangue, assim como os músculos de todo o corpo. Os pulmões precisam mandar mais oxigênio para as células. Por isso o número de inspirações sobe de 14 para 20 por minuto. Com o maior bombeamento de sangue, a circulação periférica nos vasos mais próximos da pele se dilata, deixando a pele rosada e quente. Nessa hora, transpiramos. E o coração, estimulado pela adrenalina, dobra o número de batimentos, a fim de suprir os músculos do corpo com mais oxigênio.

Agora que você já sabe o que acontece com seu corpo durante o ato sexual, confira os benefícios:

Aumenta seu sistema imunológico, evitando, assim, gripes e outras infecções;

Fortalece a circulação sanguínea e o músculo cardíaco, deixando seu coração mais resistente a infartos;

Queima calorias. Pesquisadores canadenses provaram que 25 minutos de sexo gastam tanta caloria quanto uma caminhada leve;

Melhora a memória. Uma pesquisa da Universidade de Maryland, Estados Unidos, constatou que o sexo pode transformar a pessoa em mais inteligente, com melhora da memória de longo prazo;

Diminui o estresse. Caem os níveis elevados de cortisol, hormônio que provoca o estresse e que pode acarretar muitos problemas de saúde, como altas taxas de açúcar no sangue, e aumento do peso. O sexo pode ser uma boa opção para reverter esse processo, pois as endorfinas liberadas durante a atividade sexual auxiliam a aliviar tensão e a abandonar momentos negativos do dia;

Melhora o humor. Na pesquisa feita no Brasil pela psiquiatra Carmita Abdo, coordenadora do Programa de Estudos em Sexualidade do Instituto de Psiquiatria do Hospital das Clínicas da Universidade de São Paulo, ProSex, aponta que o sexo melhora o humor para 63% dos homens e 72% das mulheres;

A vida sexual ativa também pode aumentar a longevidade. O sexo aumenta a expectativa de vida das pessoas na medida em que oferece benefícios à saúde e promove a tonificação de vários músculos do corpo humano, como pélvis, abdômen, braços, pernas, coração e cérebro.

Melhora a ansiedade. O sexo funciona como um eficiente calmante. Durante o ato sexual, ocorre a liberação da oxitocina, um importante hormônio que ajuda a relaxar. A tranquilidade e a relação de segurança que se formam no ato sexual contribuem para reduzir a ansiedade;

Alivia as crises de enxaqueca. De acordo com o médico Neucenir Gallani, o orgasmo libera substâncias, como as endorfinas, que atuam no sistema nervoso: "Elas diminuem a sensibilidade à dor, relaxando a musculatura e melhorando o humor".

O carinho dado pelo toque é algo que também nos dá muito prazer, pois debaixo da pele, 1,5 milhão de receptores registram as sensações

O grande livro do amor e do sexo

que são transmitidas para milhares de terminações nervosas. O contato desencadeia uma corrente elétrica que viaja através da medula espinhal e chega ao cérebro, liberando mais endorfina. A endorfina atua no sistema límbico, que é a área do cérebro responsável pelo prazer.

A atração sexual nada mais é do que o desejo sexual por outra pessoa e pode estar relacionada, segundo alguns estudos, com os nossos genes. Esse desejo, diferentemente do que muitos pensam, vai além do simples fato da outra pessoa obedecer aos padrões de beleza da sociedade. Geralmente, fatores psicológicos, sociais, econômicos e, até mesmo, genéticos podem influenciar nossas escolhas que nem sempre são conscientes como pensamos.

Amor e sexo não têm que andar juntos necessariamente! Podemos fazer sexo sem amor e amar alguém, sem que façamos sexo com essa pessoa. Mas, quando fazemos sexo com quem amamos... Ahhh! É maravilhoso!

Penso que você também não conheça nada mais chato e desinteressante que aquele sexo cheio de regras, de cobranças, preocupações e pensamentos de isso é "certo ou errado", não é mesmo? A responsabilidade por um sexo bom e gostoso é dos dois e se a sintonia, a dedicação e a cumplicidade estiverem equilibradas entre ambos, as chances de terem relações muito prazerosas é maior.

Um bom sexo é aquele que a gente se perde nas emoções, deixa de pensar e começa a sentir. Porque, afinal, não existe certo, errado, perfeito, bonito ou feio, quando se trata de sexo. Tem que haver, sim, o consenso. Ambos precisam estar de acordo em todos os aspectos, sem que algo ou alguma atitude seja forçada.

A atividade sexual tem que ser consensual para ser boa. Você precisa estar desejando fazer sexo e deve respeitar sua vontade ou a falta dela. Por exemplo, se não lhe agrada o sexo anal, ou o oral, ou seja lá o que for, você precisa comunicar ao seu parceiro(a) e respeitar seus próprios limites. Não pratique alguma modalidade sexual agressora. O fundamental para sentir prazer é estar confortável, só assim você consegue se entregar totalmente ao sexo e desfrutar desses momentos de prazer.

Um fator que atrapalha muito o desempenho sexual de mulheres, mas, muitas vezes, também o de homens é o tabu! A marginalização da sexualidade tem raízes firmadas na história somos educados por mulheres, numa sociedade em que a virilidade e o prestígio do macho estão longe de serem apagados, enquanto as mulheres são educadas para agirem como filhas e mães, sem passar pelo estágio de mulher.

Existe muito preconceito em torno do assunto, o que ajuda a piorar ainda mais a situação, pois nos foi passado por meio das gerações muitas crenças a respeito do tema, ou mesmo relacionando a sexualidade à religião. Dessa forma, sexo deve ser mantido em segredo, entre quatro paredes e, ainda assim, muitas vezes, carregado de pecado, ou visto como algo sujo, aonde explorar o corpo do outro ou o seu próprio pode condená-lo ao inferno. Daí tanto desconhecimento e tantas relações mal sucedidas.

Até hoje esses conceitos estão arraigados dentro da educação de milhares de pessoas, e mudar esse processo pode ser difícil em alguns casos, mas atualmente vemos que para as novas gerações é muito mais fácil quebrar esses tabus e explorar o prazer que o corpo proporciona.

Uma grande pesquisa, realizada em 2002, constatou que é possível uma pessoa trabalhar no sentido de ser sexualmente mais inteligente e, assim, trilhar uma vida sexual mais satisfatória. Dentre os requisitos apontados pela pesquisa, ficou muito claro o quanto estamos distantes de uma sexualidade inteligente e, consequentemente, mais feliz.

Hoje, a poderosa rede de comunicação, que envolve todo o mundo, disponibiliza informação para todas as idades permitindo a reedição dos vários fatores que interferem com a resposta sexual, tais como os mitos, os valores, a religião e as questões de gênero. Além disso, promove em tempo recorde a mudança de atitude baseada na maior liberdade de expressão sexual que motiva uma iniciação sexual cada vez mais cedo, sem que sejam disponibilizados meios que promovam a vivência sexual saudável.

Hoje, temos disponíveis vários recursos como filmes eróticos, livros explicativos, *sex shops*, cursos sobre sexualidade e sensualidade, mas o ingrediente mais importante na busca dessas mudanças é a disposição, o desejo de se conhecer, de conhecer o desejo do outro, preocupar-se com a satisfação do parceiro.

Atualmente, vemos as mulheres mais empenhadas nessa tarefa, mais motivadas a cuidar do próprio prazer, mas muito decepcionadas com a falta de interesse do parceiro em mudar o comportamento.

O estímulo masculino é bem diferente do feminino, ele é totalmente visual, por isso bem mais simples. Basta pensar ou ver uma mulher usando uma linda e sensual *lingerie*, um vestido mais ousado, ou uma camisola *sexy* e ele já está pronto para o sexo.

A mulher precisa de outros estímulos, não é um homem com uma cueca bonita que irá encher a mulher de tesão... seja ela nova ou velha! A mulher precisa ser seduzida, conquistada ou convencida de que está com vontade de fazer sexo!

Cuidar da sexualidade é um investimento tanto pessoal quanto para o casal, que felizes com seus parceiros sentem-se mais seguros e amados.

Quebrar paradigmas, ousar, mudar essa forma de se relacionar com você mesmo e com o outro, nada poderia ser tão prazeroso e estimulante.

Afinal, a sexualidade faz parte da vida, assim não há como negar que o prazer também, e cuidar desse aspecto só trará vantagens a você e ao seu parceiro(a), deixando para trás os problemas que podem estar afetando o casal, nutrindo uma vida de mais satisfação.

Tenho ajudado muitas pessoas e casais a terem uma vida sexual mais plena e feliz, às vezes, com pequenos ajustes de sintonia. O que percebo nos meus atendimentos é que o principal fator influenciador de casos de descontentamentos é a falta de diálogo. Falar com o parceiro(a) é fundamental, e algumas práticas como:

– Autoconhecimento, autoaceitação e autoconfiança.

– Sentir que existe uma integração de todo o ser (físico, psicológico, espiritual).

– Compreender e se libertar da vergonha sexual.

– Aprender que a sexualidade e a sensualidade podem ser integradas com naturalidade à sua vida diária.

– Abertura à parceria íntima saudável e íntegra – ou seja, a verdadeira intimidade.

Com essas práticas, você estará no caminho da felicidade e um sexo prazeroso.

"Amor é um fogo arde sem se ver, é ferida que dói, e não se sente; é um contentamento descontente, é dor que desatina, ferida sem doer."

(Camões)

O grande livro do amor e do sexo

CAPÍTULO 18

TRÊS TÉCNICAS E ESTRATÉGIAS SEXUAIS PARA VOCÊ SABER O QUE FAZER ANTES, DURANTE E DEPOIS DO SEXO

Amo cada momento único que tenho com uma mulher, desde o primeiro olhar, até a primeira conversa sincera. O primeiro abraço envolvente, o primeiro beijo marcante, o momento de entrega, as conversas safadas e a intensidade de um encontro sexual cheio de prazer

Lucas Adriano

O grande livro do amor e do sexo

Lucas Adriano

Formação em *coaching* pelo IBC com José Roberto Marques. *Master Practitioner* em PNL pela SIPNL com Claudio Lara. Professor de dança de salão há mais de onze anos, sempre trabalhou com o público e agora atua como *coach* de relacionamentos, especialista em sedução, palestrante e escritor. Tem o objetivo de agregar valor e transformação às pessoas, por meio do autoconhecimento e desenvolvimento pessoal. Escritor do livro: *Sedução – Domine a arte e a técnica: os 7 passos para conquistar a mulher que você deseja*, pela Editora Literare Books.

Contatos
www.sejadiferenciado.com
coachlucasadriano@gmail.com
Instagram: @sejadiferenciado
(12) 98108-7400

CAPÍTULO 18

1. Como conquistar a confiança e saber seduzir a mulher a ponto de conseguir levá-la para cama e como proporcionar a ela uma noite sexual completa!

Como conquistar a confiança e saber seduzir a mulher a ponto de conseguir levá-la para cama e como proporcionar a ela uma noite sexual completa, se mostrando um homem com pegada e domínio do momento, sabendo ser safado e carinhoso ao mesmo tempo, fazendo a mulher sentir-se desejada e cuidada, sabendo proporcionar uma transa com muito prazer para ela, antes, durante e depois.

Na hora do sexo, as mulheres são diferentes de nós, homens, por isso, você não pode achar que o que te proporciona prazer também vai dar prazer para ela. Nós, homens, ficamos excitados só de ver a mulher tirando a roupa, só de tocá-la, ou sermos tocados em algum lugar mais sensível.

As mulheres também sentem tesão pelo toque e até visualmente, mas elas gostam de ir com mais calma e precisam se sentir seguras, à vontade e confortáveis para poder se despir e se entregar para o momento sexual, principalmente na primeira transa, quando ainda não tem tanta intimidade.

Os homens têm que compreender esse comportamento das mulheres, caso contrário, pode ser um momento constrangedor ou desagradável. Muitos amigos, alunos e mentorados reclamam sobre as vezes que levaram a mulher para casa ou foram na casa dela e não conseguiram ter um momento sexual.

O grande livro do amor e do sexo

Quando conseguem, não é do jeito que gostariam ou esperavam. Muitos reclamam que ocorre um joguinho quando o cara tenta avançar o sinal tocando a mulher em algum lugar e ela o corta, ou pior, quando ele tenta despi-la e ela não deixa.

Tudo isso acontece, porque a mulher está na dúvida se deve ou não se entregar. Porém, às vezes, pelo jeito ansioso e afobado dele, por querer que role o sexo, ela tem a sensação de que está sendo usada e, assim, não se sente valorizada por esse homem que só quer penetrar e gozar.

Fora que mulheres têm muitos receios e crenças negativas sobre se entregar para um homem, sobre transar de primeira ou sobre achar que o homem vai sumir depois de conseguir o que quer. Essas crenças foram colocadas por mulheres mais velhas ou outras amigas, dando conselhos ou se lamentando por terem passado por esse tipo de situação negativa, ou por elas mesmas terem passado por experiências em que o cara só as usou ou simplesmente só quis se satisfazer e depois mudou o jeito romântico e carinhoso que a tratava.

Muitas mulheres se envolvem, se entregam e depois se decepcionam. Seja porque os homens não querem algo sério ou pelo fato de mudarem a forma de tratá-las, por achar que já não precisam mais de tanta atenção, carinho e romantismo.

Mas, é aí que os homens erram, pois estão causando dor, frustração, decepção e até um certo trauma em algumas mulheres.

Sexo oral e outros lugares para deixar ela louca de tesão:
Sexo oral é algo que eu considero essencial! Você faz a mulher sentir prazer e a deixa mais molhada, para depois penetrá-la com mais facilidade, mais conforto e menos dor. Às vezes, pode ser incômodo para você ou para ela na hora de penetrar, não é legal penetrar a mulher sem estimular e deixá-la excitada antes.

Você também pode estimulá-la com seu dedo (não se esqueça de molhá-lo antes, essencial para o clitóris), sempre com jeito e carinho para não demonstrar afobação e nem deixá-la desconfortável. Você começa só passando os dedos e depois pode penetrá-la com apenas um, assim a acaricia e começa a penetrar, fazendo ela sentir prazer e, também, percebendo se está gostando, pela sua expressão.

Se ela estiver demonstrando bastante prazer e ficando bem molhada, você pode colocar o dedo mais fundo e mais intensamente, aumentar a velocidade e até colocar mais um ou dois, mas precisa estar sempre olhando e observando se ela está gostando. Perceba sua expressão facial, gemidos e até comandos para continuar e intensificar. Observe se ela está se contorcendo e demonstrando prazer e excitação.

Eu, particularmente, gosto de estimular bastante as mulheres antes de penetrá-las, isso as excita e também me excita.

Você pode vendá-la e estimular todo seu corpo por meio de carícias, beijando e lambendo partes do corpo dela, causando sensações onde ela menos espera, pode falar algo no ouvido ou deixar musica rolando enquanto a estimula de diversas formas.

Lucas Adriano

Há um ponto dentro da vagina da mulher que, na massagem tântrica, é considerado o ponto sagrado. É como se fosse uma bolinha ou algo parecido, cada homem pode interpretar de um jeito, mas você precisa enfiar o dedo lá no fundo para atingir esse ponto. Em algumas mulheres é mais raso, em outras não, e você deve estimular bastante, pois é um local que pode gerar múltiplos orgasmos.

Você pode estimular esse ponto deixando a mulher deitada de frente para você, penetrando o dedo, enquanto procura esse ponto de prazer. Olhe para os olhos dela, observe sua expressão e veja se ela está gostando. Você deve passar o dedo em volta desse ponto e, quando a penetrar com seu pênis, procurar atingir esse ponto. Isso, muitas vezes, provoca o orgasmo nas mulheres.

Para provocar o orgasmo você precisa fazer com que ela se sinta excitada, segura, confortável e à vontade. Além disso, sempre perceber quais as posições ela gosta mais e sente mais prazer com você. Às vezes, mudar de posição a corta no auge da excitação, às vezes, para chegar ao auge do prazer, você precisa mudar de posição.

Outra dica importante para conseguir atingir esse ponto de prazer é deixar a mulher em cima de você, de frente ou de costas, depende do jeito que você perceber que ela gosta mais.

Ela se conhecendo, vai rebolar, mexer, agachar e ficar num movimento de entra e quase sai, vai aumentar ou diminuir a velocidade, se esfregar ou sentir o seu corpo todo, pode até arranhar, gemer, gritar, dar comandos, bater, dar tapas, tudo isso para expressar que está aproveitando o momento e sentindo prazer, talvez chegando perto de gozar ou gozando.

Mas, nesse momento tão único como a entrega sexual, várias coisas dependem da pessoa, da experiência sexual, do comportamento tímido ou mais safado, de estar bem ou não sentimental ou mentalmente naquele momento, de estar sendo sincera ou mentindo. Então, quanto mais você procurar identificar todos os detalhes e sempre pensar que cada mulher é uma mulher diferente, quanto mais você procurar conhecê-la e, conforme for tendo mais transas com ela, melhor vai ficar a relação sexual de vocês.

Não existe um passo a passo padrão para o sexo, não existe esse papo de mulheres gostarem, especificamente, disso ou daquilo. Todas gostam de carinho e se souber estimular, acariciar, beijar, lamber e chupar de uma forma natural, muitas irão gostar, algumas não, mas o ideal é você conseguir perceber do que ela está gostando e, principalmente, do que não está gostando.

É legal você conhecer a mulher que está saindo e seduzindo, ter conversas mais quentes e sem vergonha, descobrir as estratégias amorosas e como aguçar os sentidos para proporcionar atração, tesão, excitação e prazer.

Também propor coisas diferentes depois de certa intimidade sexual, como por exemplo, realizar fantasias sexuais e fetiches. Converse bastante sobre isso e não tenha receios ou tabus de falar sobre sexo com sua mulher.

O grande livro do amor e do sexo

2. Gerando atração sexual por meio de presentes e atitudes

Dar presentes sugestivos. Faço isso há muito tempo.

Quando brigava com a namorada e queria fazer as pazes com carinho e um bom sexo, eu comprava uma lingerie bem sexy, camisolinha, conjuntos cheios de renda e outros detalhes, espartilhos ou só uma calcinha bem pequena. Às vezes, eu viajava para São Paulo e ia para uma feirinha que acontece na madrugada.

Eu tinha 19 anos e estava lá, comprando lingerie no meio da feira. Algumas mulheres riam de mim, outras ficavam curiosas e outras impressionadas, pois eu tinha um pouco de timidez, mas falava que estava comprando para minha namorada. Eu perguntava qual ficaria melhor para o tom de pele dela, quais os tipos de lingerie que as mulheres compravam para uma noite mais *caliente* e fazia bastantes perguntas para as vendedoras para, assim, eu poder comprar uma lingerie que surpreendesse minha namorada.

Todas as vezes que fiz isso, valeu a pena, pois as mulheres adoram receber esse tipo de presente. Você pode comprar para uma data especial, desde aniversário dela, até aniversário de um mês que estão juntos. Se já tem namorada e quer dar uma esquentada na relação, pode dar um presente assim.

No geral, as mulheres simplesmente adoram. Claro que têm algumas que são mais recatadas e podem achar que você está indo rápido demais, por isso, sempre analise se já tem intimidade suficiente para presenteá-la assim, e se a mulher seria receptiva a esse tipo de presente. Eu posso dizer que fiquei viciado em dar esse tipo de presente.

Depois de 2012/2013, comecei a comprar muitas lingeries. Achei um site internacional muito bom, que tinha várias peças incríveis, sexy e muito baratas. Assim, comecei a comprar várias peças e modelos, já deixava guardado em casa, esperando uma data ou momento especial. As cores que eu mais compro são: vermelhas, pretas, roxas e brancas, muitas são de apenas uma cor, com alguns detalhes de uma segunda cor.

Quando você dá um presente desses, além de surpreender a mulher, causando uma emoção relacionada ao sexo, o presente está sendo mais para você, do que para ela.

Só tem um lado negativo que pode ocorrer, se não tiver certeza de que ela vai se entregar. Se por algum motivo você suspeitar que ela está se relacionando com outro ou se não tem muita convivência e contato pessoal com ela, aí é melhor não dar esse tipo de presente, pois ela pode acabar usando com um outro cara e isso é o mesmo que dar um tiro no pé.

3. Sedução erótica e sedução intensa:
Aguçando os sentidos por meio de textos ou conversas ricas em detalhes do que quer fazer, do que já fez e do que irá fazer

Essa é uma técnica que pode ser usada com a mulher que você está seduzindo, já seduziu ou virá a seduzir.

Esse é um método mais avançado, mas quando você conseguir dominá-lo, fará a mulher gozar, sem ao menos tocá-la. Eu, particularmente, já consegui seduzir mulheres com isso, sem nem ter contato pessoal ou intimidade. Também consegui reconquistar mulheres que eu havia ficado há mais de seis ou sete anos usando esse tipo de sedução.

Considero essa forma de sedução a mais intensa e poderosa, pois, se você fizer isso com a mulher e ela se entregar, você pode até nem ter ficado com ela ainda, mas isso fará com que vocês pulem todo o lance de se conhecer devagar, sedução, primeiro beijo, porque, depois de chegar nesse ponto, o que ela mais vai querer é se entregar loucamente para o ato sexual, sem joguinhos de enrolação ou sem se preocupar com o que você vai pensar sobre ela transar logo de primeira.

Então, tenha cuidado ao usar essa técnica, mas não tenha medo de arriscar e colocar em prática, pois como todos os métodos, estratégias e dicas que eu ensino, você só vai obter sucesso e dominar o conhecimento adquirido a partir do momento que colocá-lo em prática.

Também é uma boa técnica para apimentar a relação sexual do casal, sair da rotina e surpreender a mulher, lembrando que a mulher precisa de um motivo, se você não deixar claro que quer tentar algo novo, ela pode desconfiar ou não gostar. Procure mexer com os sentidos dela, mulheres são imaginativas, se você souber preparar a mente dela para esse tipo de sedução erótica, ela vai adorar entrar nessa com você.

A ideia agora é proporcionar atração sexual por histórias e detalhes, conversas mais quentes, em que você conta o que já fez ou faz com uma mulher na cama. Para conversas com mulheres que você já ficou a um tempo e quer voltar a seduzir, pode lembrar o que faziam e o que deseja fazer ou que ela faça novamente com você.

Aqui, você aproveita muito para aguçar os sentidos da mulher, falando o que a envolve e a deixa excitada. Você falará o que quer fazer com ela em detalhes quando se encontrarem ou, se já teve uma relação sexual com ela, você conta em detalhes o que fará na próxima vez que se encontrarem para uma transa prazerosa.

Você pode ter esse tipo de conversa pessoalmente ou pelo *WhatsApp*. A ideia principal é aguçar os sentidos e seduzi-la com histórias e detalhes.

Eu, que sou escritor e tenho muita experiência sexual, acabei me especializando nessa técnica de sedução intensa de uma forma natural e viciante. O segredo para executar essa ferramenta de forma efetiva é perceber se ela está gostando e sendo recíproca a conversas mais intensas. Pois têm mulheres que não gostam desse tipo de sedução.

Também precisa perceber quais as palavras que ela dá ênfase e, assim, modelar e usá-las para deixá-la mais excitada quando a conversa estiver bem quente. Quanto mais você conseguir aguçar e fazer com que ela sinta, veja e ouça tudo que você quer fazer e quer que ela faça, mais vocês sentirão o prazer da sedução erótica. Quando se encontrarem vai ser uma entrega sexual diferenciada.

O grande livro do amor e do sexo

CAPÍTULO 19

DESCULPE O TRANSTORNO, PRECISAMOS FALAR SOBRE PRÁTICAS SEXUAIS ANAIS

A prática do intercurso anal independentemente da orientação afetivo-sexual atravessa a história da humanidade, sendo cultuada em algumas civilizações antigas e expressamente proibida em outras. Em muitas dessas civilizações, as práticas sexuais anais eram majoritariamente associadas ao exercício da sexualidade entre dois homens, embora relatos dessas práticas entre heterossexuais e lésbicas fossem frequentes também. Neste capítulo, falaremos sobre os tipos de práticas sexuais anais mais comumente abordados pela sexologia brasileira

Mahmoud Baydoun

O grande livro do amor e do sexo

Mahmoud Baydoun

Psicólogo Clínico, sexólogo, palestrante e *YouTuber*. Mestre em psicologia pela Universidade Federal de Rondônia (UNIR) com ênfase em saúde e processos psicossociais (2017). Especialista em Terapia Sexual pela Sociedade Brasileira de Estudos em Sexualidade Humana (2017). Especialista em Sexologia pelo Programa de Estudos em Sexualidade da Faculdade de Medicina da Universidade de São Paulo (2016). Especialista em Clínica Psicanalítica pela Faculdade do Santo André (2016). Licenciatura e Bacharelado em psicologia pela Fundação Universidade Federal de Rondônia (2014). Membro do Centro de Estudos e Pesquisas da Subjetividade na Amazônia (CEPSAM). Membro da Sociedade Brasileira de Estudos em Sexualidade Humana (SBRASH). Áreas de interesse: sexualidade humana. Psicologia da Saúde. Teoria Queer. Estudos de Gênero. Psicanálise. Arte. Saúde Mental.

Contato
mahmoud.terapiasexual@gmail.com

Mahmoud Baydoun

Capítulo 19

É consenso entre estudiosos da sexualidade humana que existem diferentes formas para a excitação e a obtenção do prazer sexual. Apesar da pluralidade de práticas sexuais que levam à experiência do prazer, "qualquer 'desvio' do desejo sexual para outro objeto que não o coito heterossexual intravaginal (...) já foi, é ou será considerado desvio sexual, perversão, minoria erótica, variação sexual ou parafilia" (Rodrigues Junior, 2012, p. 142). Nesse sentido, compreende-se que as práticas sexuais anais, por não exercerem um papel reprodutivo, foram historicamente condenadas pela sociedade e negligenciadas pelo meio científico. Sendo assim, embora o erotismo anal pervagasse muitas, senão todas as sociedades e subculturas, pouco tem sido escrito sobre os percalços e meandros das práticas sexuais anais.

São consideradas como práticas sexuais anais os estímulos, os contatos e as atividades sexuais desenvolvidas pelas pessoas e que envolvem as nádegas, a região perianal e/ou o canal anorretal. Vários autores apontam que o intercurso anal tem sido socialmente associado apenas à homossexualidade masculina por muito tempo, sendo visto como de homens homossexuais e outros homens que fazem sexo com homens (HSH) (ROSSER et al, 1998; DAMON E ROSSER, 2005; HOLLOWS, 2007; STULHOFER E AJDUKOVIC, 2011; VANSINTEJAN et al, 2013). Não obstante, sabe-se que as práticas sexuais anais independem da orientação afetivo-sexual do praticante, seja homem ou mulher, seja anoinsertivo ou anorreceptivo.

O grande livro do amor e do sexo

Além disso, devido ao reducionismo histórico das práticas sexuais ao ato de penetração, muitos acreditam que as práticas sexuais anais se resumem à penetração ou ao intercurso peno-anal por meio do qual uma pessoa ano-insertiva (homem ou mulher com pênis de borracha) penetra em outra pessoa ano-receptiva (homem ou mulher). No entanto, sabe-se que existe uma miríade de atividades sexuais e de tipos de contatos e de estímulos que se caracterizam como práticas sexuais anais e que podem gerar experiências de prazer e até orgasmos por parte dos praticantes. O uso dos termos "intercurso peno-anal insertivo" e "intercurso peno-anal receptivo" é recente e ainda se restringe aos meios acadêmicos e científicos. Em termos coloquiais no Brasil, ainda se refere à prática do intercurso peno-anal como "sexo anal". Além disso, uma série de gírias e algumas formas populares de expressar o intercurso/penetração peno-anal são destacadas, por exemplo: "queimar a rosca", "levar atrás", "dar o rabinho", "virar o lado B", "engatar a ré", dentre outras. Dentre homens homossexuais e outros homens que fazem sexo com homens (HSH), aquele que pratica o intercurso peno-anal insertivo (penetrador) é conhecido como "ativo" ou "*top*", ao passo que aquele que pratica o intercurso peno-anal receptivo (penetrado) é descrito como "passivo" ou "*bottom*". Os termos "*versatile*", "versátil", " *top versatile*", "*bottom versatile*", "versátil ativo", "versátil passivo", "*vers*" ou "*flex*" são comumente utilizados para se referir àqueles que praticam o intercurso peno-anal tanto receptivo quanto insertivo. Recentemente, evidencia-se uma recusa, em meios científicos e em acadêmicos, referente ao uso dessas nomenclaturas devido aos estereótipos nelas latentes. Sendo assim, privilegia-se o uso dos adjetivos "insertivo", "anoinsertivo" e "penetrativo" para se referir a quem penetra, bem como "receptivo" ou "anoreceptivo" para se referir a quem é penetrado.

A prática do intercurso anal tanto entre dois homens como entre um homem e uma mulher atravessa a história da humanidade, sendo cultuada em algumas civilizações antigas e expressamente proibida em outras. Em muitas dessas civilizações, a prática do intercurso/penetração anal era majoritariamente associada às relações sexuais entre dois homens, embora relatos de práticas sexuais anais "heterossexuais" fossem frequentes também.

Os gregos consideravam a prática sexual como uma atividade humana inerente e atribuíam grande importância à beleza, à harmonia, à arte e à idealização do corpo (ARAUJO, 1977; CARELLI, 2013). "Aristófanes, dramaturgo cômico grego dos séculos IV e V a.C, mencionou o sexo anal em duas de suas obras - *A paz* e *Lysistrata*" (NUNES, 2007, p. 26). Na Grécia Antiga, exaltavam-se as relações amorosas/sexuais entre um homem adulto (mestre) e "[...] um jovem do sexo masculino que já tivesse passado pela puberdade, mas que não tivesse ainda atingido a maturidade [...]" (CARELLI, 2013, p.3). Esse fenômeno é conhecido como pederastia, que, conforme Shakti

Mahmoud Baydoun

(2008), se define como a "atração sexual do homem de idade avançada por sexo anal com adolescentes homens" (p. 92). Acreditava-se, então, que o homem mais velho passaria o conhecimento ao jovem por meio do sêmen. A prática do intercurso anal, todavia, não era bem vista entre dois homens velhos ou da mesma idade. Por outro lado, "os gregos admiravam a beleza das nádegas femininas. Eles promoviam concursos públicos nos quais as garotas revelavam os seus traseiros para um grupo de juízes" (NUNES, 2007, p. 26). Portanto, é mister apontar que a prática do intercurso anal não se restringia à pederastia, ou seja, às relações sexuais entre um homem mais velho e um jovem rapaz. Nesse sentido, Nunes (2007) aponta:

> Entre os séculos VIII e II a.C., na Grécia Antiga, o sexo anal heterossexual já era praticado. Há relatos e cenas descritos em poesias e vasos ornamentais. O sexo anal heterossexual é retratado na pintura de vasos com a figura de uma mulher com o corpo curvado em direção aos pés, com as nádegas para cima, enquanto o homem, de pé, a penetra por trás, deixando explícita a penetração anal. Representações claras de penetração vaginal por detrás são mais raras. Há relatos na literatura de que nos prostíbulos quando chegava um cliente rico, imediatamente elas viravam o seu traseiro para ele, o que sugere que talvez elas insistissem no sexo anal. Outro relato encontrado refere-se aos preparativos para o casamento, situação em que o escravo anuncia: ' a noiva (na verdade, uma menina) acaba de tomar banho e seu traseiro está adorável! ' Também existe pintura em vasos daquela época que representa uma fantasia que é comum tanto na pornografia moderna quanto na antiga: a figura de dois homens e uma mulher, sendo que ela está sendo penetrada, simultaneamente, na vagina por um e no ânus por outro (p. 25).

Os antigos gregos não eram os únicos que cultuavam a pederastia e a prática do intercurso anal em geral. Stearns (2010) aponta que "alguns grupos de sacerdotes - dentre os mesopotâmicos, por exemplo, usavam o sexo anal como meio de conexão com os deuses[...]" (p.39). Os hindus, além disso, se debruçam sobre o intercurso anal no famoso *kama sutra*, descrevendo-o como "[...] 'união inferior', pois para realizá-lo a mulher se colocava em posição de quatro" (NUNES, 2007, p. 28).

Ao contrário dos gregos, mesopotâmicos, hindus e até romanos, os antigos judeus condenavam as relações sexuais entre dois homens, e, consequentemente, o intercurso anal cujos praticantes eram passíveis de morte (CARELLI, 2013). Uma condenação semelhante é evidenciada no Antigo Testamento. Nesse sentido, Joannides (2005) brinca que "(...)

O grande livro do amor e do sexo

uma das primeiras pragas bíblicas a atingir os egípcios aparentemente incluía hemorroidas". (p. 326).

Destaca-se, nesse sentido, a história de Ló, que é tanto um personagem bíblico do Antigo Testamento (HORNSBY et al, 2009), tal como um personagem do Alcorão - livro sagrado dos muçulmanos. Tanto o Antigo Testamento quanto o Alcorão relatam a saga da destruição das cidades de Sodoma e Gomorra. Conforme os relatos da Bíblia e do Alcorão, as cidades teriam sido destruídas por Deus ou Allah devido à prática de atos imorais que incluíam a prática do intercurso anal entre homens, vista como perversa, abominável e pecaminosa. Apesar dos constantes avisos e das mensagens de Ló, os homens de Sodoma e Gomorra persistiam nas práticas, e, portanto, relata-se que as duas cidades foram devastadas com fogo e enxofre caídos do céu, salvando apenas Ló e as suas quatro filhas. É justamente desses relatos da bíblia e do alcorão que surgem algumas nomenclaturas por muito tempo atribuídas à prática do intercurso anal e às relações sexuais entre dois homens tanto no Ocidente como no Oriente Médio. Por exemplo, em árabe, a língua do Alcorão, a língua falada no Oriente Médio, destacam-se as expressões: "*al-liwat*", originada do nome do profeta Ló para se referir às relações sexuais entre dois homens, e " *al-sadomiah*", originada do nome da cidade de Sodoma para se referir à prática do intercurso anal ou às práticas sexuais com animais. No Ocidente, por outro lado, evidenciam-se diferentes expressões originadas do nome da cidade fictícia "Sodoma"; *Sodomy*, em inglês; *Sodomie*, em francês; *Sodomia*, em espanhol e em português. Na língua portuguesa, a saber, também se usa a forma adjetivada "sodomita" ou verbal "sodomizar". Marzano (2008) destaca que:

> O termo Sodomia foi usado no passado para qualquer ato sexual 'não natural' porque não levava à procriação. Essa mesma linha de pensamento incluía o sexo oral e a bestialidade ou zoofilia, sendo a palavra sodomia na maioria das vezes ligada ao sexo anal (p. 157).

Nesse sentido, durante a idade média, a igreja católica fazia referência ao intercurso peno-anal como sodomia e o descrevia como sendo antinatural, impedindo a procriação (NUNES, 2007). Assim, observa-se que tanto o judaísmo quanto o cristianismo e o islã condenavam e ainda condenam a prática do intercurso sexual anal, especialmente por associá-la às relações sexuais entre dois homens. Tal condenação religiosa secular provocou o surgimento de uma cornucópia de leis contra a sodomia- intercurso peno-anal- que ainda prevalece em alguns países do Oriente, apesar da eclosão dos movimentos ativistas a partir da segunda metade do século XX e dos avanços nos direitos humanos, civis e sexuais. Não obstante, nem a condenação religiosa, nem as restrições legais, foram suficientes para inibir tanto homens como as mulheres de terem interesse por e estarem engajados

Mahmoud Baydoun

na prática do intercurso peno-vaginal e em outras práticas sexuais anais. Em pesquisa realizada na Croácia, Stulhofer e Ajdukovic (2011) demonstraram um aumento significativo na prevalência do intercurso anal entre casais heterossexuais, sendo a mulher a parceira anoreceptiva. Conforme os autores (2011), a popularização da pornografia *online*, que frequentemente retrata cenas de intercurso anal, contribuiu para a erotização da prática e encorajou casais heterossexuais a se engajarem em diferentes práticas sexuais anais. Conforme Nunes (2007), "sua prática sempre esteve ligada ou ao prazer ou como forma de evitar gravidez ou para evitar o rompimento do hímen em virgens ou ainda para demonstrar domínio sobre a outra pessoa" (p. 32). Dessa forma, pode-se afirmar que o intercurso anal ocupa parte da vida sexual de casais de diferentes orientações afetivo-sexuais por diversos motivos.

No estudo da vida sexual do brasileiro, Abdo (2004) demonstra que o intercurso anal faz parte do ato sexual de 15% e 28,4% de mulheres e de homens brasileiros respectivamente. Por outro lado, Herbenick et al. (2010), demonstraram em um estudo estadunidense nacionalmente representativo que 40% das mulheres entre 20-24 anos já se engajaram em experiências de intercurso anal receptivo, prevalência conspicuamente superior às detectadas em estudos realizados no mesmo país em 1990 (6,5% das mulheres entre 16 e 44) e em 2000 (11,3% de mulheres entre 16 e 44) (JOHNSON ET AL, 2001; HOLLOWS, 2007), o que vem ao encontro com o aumento significativo das experiências sexuais anoreceptivas dentre mulheres heterossexuais, destacado por Stulhofer e Ajdukovic (2011).

Além disso, Damons e Rosser (2005) apontam que estudos transversais realizados na década de 90 com HSH nos Estados Unidos estimaram que 75-80% desses já praticaram o intercurso anal (COMMUNICATION TECHNOLOGIES, 1990; ROSSER, 1991; LAUMANN ET AL, 1994). Em uma pesquisa mais recente realizada com 14,477 homens gays ingleses, 70% relataram experiências com intercurso anal insertivo e 65,5% experiências com intercurso anal receptivo com outro parceiro do sexo masculino no último ano (SIGMA RESEARCH, 2006). Pouco tem sido estudado sobre a prevalência de intercurso anal receptivo entre homens heterossexuais sendo penetrados por uma mulher usando um dildo.

Apesar de raro, a prática do intercurso peno-anal nem sempre necessita de duas pessoas: uma insertiva e uma receptiva. Nesse sentido, Rodrigues Júnior (2012) destaca a prática da autopederastia na qual o homem se excita ao introduzir o pênis no próprio ânus. Entre o rol de práticas sexuais anais que englobam o intercurso peno-anal na atualidade, destaca-se o *barebacking* - a prática intencional desse tipo de intercurso com um desconhecido e sem o uso de preservativos, principalmente dentre homens homossexuais e outros homens que fazem sexo com homens (HSH).

É mister destacar que a prática de *barebacking*, seja entre dois desconhecidos ou numa festa de *barebacking* (*barebacking parties* ou *barebacking gangbangs*), não é necessariamente associada à transmissão do

O grande livro do amor e do sexo

HIV. Muitos *barebackers* optam por essa prática devido ao contato direto com o sêmen, à erotização dos fluidos seminais, à recusa completa por qualquer limite ao prazer sexual e à ânsia por vivenciar situações de risco que estimulam a adrenalina. No entanto, quando se opta por essa modalidade do intercurso peno-anal em busca da soroconversão, surgem duas outras nomenclaturas comuns entre os praticantes de *barebacking*: *bugchasing* e *giftgiving*.

Bugchasing é a prática do *barebacking* anoreceptivo em busca da própria contaminação pelo HIV. Nesse caso, o praticante é denominado de *bugchaser*. Por outro lado, a prática do *barebacking* insertivo para a transmissão do HIV para outrem, geralmente com o seu conhecimento prévio, é conhecida como *giftgiving*. Nesse caso, os praticantes são conhecidos como *giftgivers*. As *barebacking parties* ou *barebacking gangbangs* passam a ser conhecidas como *conversion parties*. *Dean* (2008) utiliza a expressão *breeding culture* para intitular as práticas de *barebacking*, *bugchasing* e *giftgiving*.

Como destacado, as práticas sexuais anais envolvem não só o ânus, mas, também, a região perianal como um todo, o canal anorretal e as nádegas. A pigofilia, por exemplo, é uma excitação sexual intensa obtida por meio do contato com as nádegas (RODRIGUES JÚNIOR, 2012). "Ver uma bela bunda passando ou rebolando já é motivo para se excitar. E se (...) pensa que é algo apenas masculino, engana-se: algumas mulheres são fissuradas em bundas"(SHAKTI, 2008, p. 92). Rodrigues Júnior (2012) distingue a pigofilia da pigotripsia que per si se define como uma "excitação sexual obtida com o acariciar nádegas (o popular 'passar a mão na bunda')". (p. 151). O *spanking*, por outro lado, é uma expressão muito utilizada entre os adeptos de BDSM e tem origem na língua inglesa. A prática de *spanking* se designa como "(...) o ato de dar palmadas nas nádegas com a possibilidade de usar cintos, luvas, régua, escova de cabelos, palmatórias, vara, cane ou chinelos". (SHAKTI, 2008, p. 99). Uma toalha molhada também pode ser utilizada para a prática do espancamento ou *spanking* de nádegas. É bastante dolorosa e não deixa marcas.

Por outro lado, a fixação nas condições anais ou analismo é denominada de proctofilia (RODRIGUES JÚNIOR, 2012). A região perianal, e, especificamente, o ânus, pode ser estimulada de diferentes formas por meio do contato pênis-ânus, como já destacado, do contato boca-ânus e o do contato dedos-ânus.

O contato boca-ânus engloba a estimulação do ânus pela boca e/ou língua. A prática sexual oral no ânus é comum tanto entre casais heterossexuais como entre casais homossexuais e possui diferentes nomenclaturas. Joannides (2005) destaca que o "*rimming* é uma gíria americana que significa beijar o ânus. O parceiro estica a língua e toca dentro ou em torno do ânus do outro" (p. 333).

Mahmoud Baydoun

> Para o homem, chega a ser muito mais prazeroso que o peniano (...). Também é altamente prazeroso para a mulher. O ideal é que o ânus esteja bem limpo para evitar surpresas desagradáveis, e um ânus bem depilado é bastante prazeroso. Mas há quem aprecie pelos e também o gosto de fezes [...] (SHAKTI, 2008, p. 97).

Em termos científicos, *anilingus* é o termo designado a essa prática, ao passo que *cunilingus* é o termo designado para a prática sexual oral na vagina, bem como que fellatio é o termo designado para a prática sexual oral no pênis.

> *Anilingus* significa literalmente o intercurso da língua de alguém com o ânus de outrem. Na prática, o *anilingus* (também conhecido por botão de rosa, tulipa roxa, beijo negro, beijo grego, cunete, cuzete, beijo allanistico, laminha, e *rimming*) consiste em lamber e beijar o ânus, como preliminar para o sexo anal, pois o toque ágil, doce, mas semiáspero da língua relaxa o esfíncter e propicia uma melhor abertura do ânus. Esse é provido de terminações nervosas constituindo uma zona erógena particularmente sensível a qualquer estimulação. *Anilingus* envolve uma variedade de técnicas para estimular o ânus, incluindo beijando, lambendo e deslizando a língua dentro e fora do ânus. O prazer para o receptor vem das terminações nervosas sensíveis em torno da abertura anal, que normalmente são estimuladas pela língua e dos lábios. (MARZANO, 2008, p. 156).

A prática do *anilingus* é considerada uma preliminar importante para a penetração/intercurso peno-anal. Dessa forma, o *anilingus* permite a lubrificação do ânus pela saliva facilitando a posterior penetração. *Butler et al* (2009), em uma pesquisa realizada em São Francisco, destacam que o uso da saliva como lubrificante é comum em práticas sexuais anais entre homens que fazem sexo com homens (HSH). Essa lubrificação pode ocorrer de forma indireta e sem englobar o contato direto boca-ânus: o parceiro insertivo lubrifica os dedos com a própria saliva ou com a saliva do parceiro receptivo para depois lubrificar o ânus.

Existem outras práticas menos comuns em que o *anilingus* engloba

O grande livro do amor e do sexo

o contato boca-ânus, seja direta ou indiretamente. Por exemplo, a prática de *anus to mouth* (ATM) engloba um contato indireto boca-ânus e consiste na prática de *fellatio* no pênis do parceiro ano-insertivo, a entender, imediatamente após a retirada do pênis no ânus.

Outra prática sexual anal que engloba o contato boca-ânus é a prática de *felching*. Klein (2012) define o *felching* como o ato de sugar e/ou comer o sêmen de dentro do ânus do parceiro ou da parceira ano-receptiva após a ejaculação. Essa prática é comum entre *barebackers* e homens que fazem sexo com homens (HSH) em busca de comportamentos sexuais de risco. A mesma terminologia, não obstante, é utilizada por Pasini (1999) e Lachcar (2004) para se referir à introdução anal ou à vaginal de pequenos animais vivos, como rãs e pequenos peixes, no intuito de buscar a excitação pelos movimentos.

A estimulação anal com o dedo ou com os dedos é denominada de socratismo e popularmente conhecida como "fio terra". Trata-se de uma prática que geralmente gera experiências de prazer "(...), levando-se em conta que o ânus é uma área de grande sensibilidade erógena" (SHAKTI, 2008, p. 99).

O socratismo faz parte de um rol de práticas sexuais anais intitulado de *buttplay*, que é um termo genérico que resume diferentes formas de "brincar" com o ânus do parceiro ou da parceira usando dedos, mãos, braços, consolos, pepinos, nabos, *plagues*, dentre outras. Sendo assim, a estimulação digital do ânus pode ultrapassar os dedos englobando a mão inteira até o pulso. Nesse caso, é operacionalizada a prática de *braquiproctossigmoidismo* ou braquifilia, comumente conhecida como: *fisting*, *fist-fucking*, *fist-play* ou *hand-balling*. O neologismo *fisting* é originado do substantivo inglês "*fist*", por sua vez significando pulso. Nesse sentido, a prática de *fisting* anal é caracterizada com a exploração manual do reto ou trato digestivo do parceiro ou da parceira com a mão até o pulso, o antebraço ou até mais. "A expressão inglesa *hard hands* também tem sido usada para designar a prática de introduzir a mão na vagina ou no ânus" (RODRIGUES JUNIOR, 2012, p. 45). Por outro lado, a expressão aportuguesada "foda de punho" é comumente utilizada no Brasil e em outros países lusófonos. O termo *elbowfist* é cunhado para a exploração manual do ânus e do canal retal e a inserção do braço até o cotovelo.

A prática de *fisting* anal é descrita como uma experiência no extremo do sexo (*extreme-sex*). A pessoa que estimula manualmente o ânus/canal retal do parceiro ou da parceira é conhecida como fister, ao passo que a pessoa cujo ânus/canal retal é estimulado é conhecida como fistee. O neologismo "fistar" é utilizado no Brasil como sinônimo de "penetrar com as mãos". Algumas pessoas se fistam, ou seja, praticam o *fisting* nelas mesmas. Nesse caso, a prática é conhecida como *self-fisting* ou *auto-fisting*. A dupla inserção das mãos da mesma pessoa ou de duas pessoas diferentes no ânus de um *fistee* é conhecida como *doublefist*, ao passo que o termo biga é cunhado para descrever uma situação na qual um *fister* enfia cada mão no ânus de um ou de uma *fistee* diferente. Quando dois/duas ou mais *fistees* inserem as mãos uns nos ânus dos outros, simultaneamente, a prática é conhecida como *chain* ou corrente, pois os praticantes se encadeiam. O termo *feetfuck* é cunhado para designar a prática do *fisting* usando um dos pés, em vez das mãos.

Embora a anatomia da caixa retal do *fistee* interfira no sucesso da prática, esse depende principalmente da vontade do ou da *fistee* em explorar o próprio corpo e dos cuidados e das técnicas de relaxamento, de preparação e de dilatação utilizados. Existem várias técnicas preliminares de relaxamento aplicadas ao ânus e ao reto, facilitando a exploração manual do ânus. Dentre essas técnicas, inclui-se o uso de dildos, *plugs* anais, espéculos e diferentes tipos de alargadores no intuito de promover a dilatação do canal anal e a diminuição da dor. Para muitos e muitas praticantes do *fisting*, a estimulação digital prévia do ânus do *fistee*, denominada por eles de *fingerfuck*, é essencial para a posterior inserção da mão e/ou braço e conta como uma preliminar para o *fistfuck*. Essa exploração digital do ânus pode ser feita pelo próprio *fistee* como uma forma de preparo conhecida como exercício grego. Assim, o *fistee* pode sentir e conhecer a própria dilatação, inserindo dedo após dedo, chegando às vezes à inserção da mão inteira.

Cadeiras ginecológicas são geralmente utilizadas para permitir aos *fistees* uma posição confortável durante a prática. Outra espécie de cama utilizada pelos praticantes do *fisting* é a "*sling*" ou cama de gato na qual o/a *fistee* pode ficar numa posição solta, relaxada e praticamente suspensa no ar. Luvas de látex são geralmente utilizadas para a inserção da mão no ânus do *fistee*, no intuito de evitar riscos de infecção e/ou contaminação com DSTs/HIV, contato direto com fezes ou com restos de enema (chuca) e riscos de fissuras e de ferimentos no tecido anal ou nos esfíncteres internos e externos. As luvas de látex são consideradas acessórios importantes para a prática de *fisting* anal e descritas como "as camisinhas das mãos".

Quando a profundidade da penetração ultrapassa as mãos com luvas, os *fisters* praticantes costumam forrar os braços com filme tipo *magic-pac* utilizado em cozinhas. No caso da prática do *feetfuck*, pode-se usar uma camisinha feminina ou então forrar o pé com filme plástico. A prática de *fisting* sem o uso de luvas de látex é conhecida como *barefist* e engloba todos os riscos já destacados.

O treino antes da prática e a penetração anal manual lenta e gradual são de extrema importância para a proteção dos esfíncteres tanto

O grande livro do amor e do sexo

internos como externos. Para isso, é necessário usar lubrificantes que não destroem as luvas de látex e que não sejam à base de água, pois ressecam rapidamente. Um dos principais lubrificantes utilizados pelos praticantes do *fist-fucking* é o Crisco- grande marca de lubrificante americana que é oferecida em grandes potes. No Brasil, muitas vezes, é utilizada banha hidrogenada, que, embora esterilizada, pode atacar o látex das luvas. Essa gordura de ordem vegetal é disponível em supermercados para o uso culinário. Para a remoção do mau cheiro após *fist-plays* com o uso de banha hidrogenada, muitos adeptos utilizam um creme/condicionador chamado *tricofil*, disponível em farmácias. Por outro lado, muitos adeptos usam alguns tipos de lubrificantes utilizados para o uso veterinário em gado durante o *fist-play*.

É de extrema importância também que o *fister* corte e lixe as unhas para evitar machucar o tecido anal ou os esfíncteres.

> Os praticantes de *fisting* esperam que a pessoa que vai fazer a introdução deva preparar as mãos com muito cuidado. O corte e o lixamento das unhas devem ser feitos de forma que não reste unha que possa arranhar ou raspar os tecidos. As pontas dos dedos com as unhas devem ficar bem lisas. Os cantos das unhas precisam receber mais atenção, pois é muito fácil que geralmente sobre cantos que possam causar machucado. (RODRIGUES JÚNIOR, 2012, p. 47).

Outro aspecto importante na prática do *fisting* é a preparação ou limpeza retal e intestinal por parte do *fistee*. Rodrigues Júnior (2012) destaca que:

> Todos preferem fazer uma limpeza intestinal prévia às introduções. O uso de supositórios tem sido continuadamente tentado, mas os métodos usando a introdução de uma mangueira com água ou algum enema (...), ligado a uma bolsa de látex e consequente evacuação no vaso sanitário têm sido os mais reconhecidos como adequados e úteis. Supositórios de CO_2 são considerados adequados para auxiliar na limpeza do reto, mas o uso de mangueiras permite a limpeza completa e profunda para a prática do *fistfucking*. O ânus/reto com fezes, sem a limpeza, só é adequado aos adeptos da coprofilia, quando o contato com fezes é que é o estimulante. Em geral, a limpeza é muito valorizada dentre os praticantes do *fistfucking*. (p. 45).

Mahmoud Baydoun

A preparação *pré-fisting* envolve não só a lavagem retal e intestinal, mas, também, um regime alimentar. Regime alimentar engloba comer batatas e massas, para as fezes ficarem mais pastosas e fáceis de serem eliminadas, bem como não consumir folhas cruas ou carne, para evitar digestões demoradas e gases, e consumir isotônicos para recompor a perda de sais juntamente com a água, durante a sessão de *fisting*. Os *fistees* que não se preparam bem, sejam homens ou mulheres, são conhecidos como "*pigs*", ou seja, "porcos" ou "porcas". É preciso, também, levar em consideração a saúde do intestino, do reto e do canal anal do *fistee* e evitar a prática em caso de presença de hemorroidas, fissuras, pólipos, fístulas, dentre outras patologias intestinais, retais e anais.

Imediatamente, após o *fist-play*, o ânus do *fistee* demonstra ser mais dilatado, vermelho e geralmente ocorre um prolapso descrito como o "troféu do empenho" e denominado de budrose. Em alguns sites de pornografia, existe uma categoria de filmes denominada "prolapso" na qual aparecem vídeos de *fistees* com o ânus em estado de prolapso sendo penetrados pelo *fister*.

Além do pênis, dos dedos e das mãos, existem outros objetos pelos quais o ânus pode ser penetrado. Nesse sentido, Pasini (1999) e Lachcar (2004) destacam a prática do *stuffing*, caracterizada pelo uso de vibradores, de pepinos, de cenouras, de bananas, dentre outros elementos para a penetração do ânus. Assim, existem práticas sexuais anais que não englobam necessariamente o contato boca-ânus, dedos-ânus ou pênis-ânus, como a clismafilia, por exemplo. "A clismafilia é o uso erótico de enemas, ou seja, a aplicação de líquidos e de óleos perfumados ou não geralmente aquecidos no reto por meio do ânus" (RODRIGUES JÚNIOR, 2012, P. 18). O prazer, nesse caso, é obtido mediante a inserção, o enchimento e a expulsão de um líquido dentro do ânus. Outra forma de estimular o ânus com um líquido é a prática do "*golden shower*" (urinar na parceira para a obtenção de gratificação sexual) cuja modalidade engloba urinar diretamente no ânus do parceiro ou da parceira.

Evidenciam-se, além disso, práticas sexuais relacionadas a gases ou a sólidos (fezes) expulsados pelo ânus, pois não se pode olvidar de que a principal função da região anorretal é a retenção e a expulsão de fezes (sejam gasosas, líquidas ou sólidas). Esse equilíbrio entre retenção e expulsão promovido pelo controle dos esfíncteres pode, também, ser associado ao prazer, o que já foi destacado por Freud (1905/2006) ao se debruçar sobre a fase anal em sua teoria do desenvolvimento psicossexual. Assim, Rodrigues Júnior (2012) designa os termos flatofilia, eproctolagnia e eproctofilia para se referir à excitação sexual pela eliminação de gases intestinais pela parceria sexual. "Recentemente, no Brasil, a expressão "dar um *poppers*" tem sido usada para conferir esse significado durante o sexo" (RODRIGUES JÚNIOR, 2012, p. 146-147). Quanto aos excrementos sólidos (fezes) da região anorretal, associa-se à prática de

O grande livro do amor e do sexo

coprofilia. "A coprofilia, também denominada coprolagnia, significa a excitação erótica motivada pelo cheiro, pela visão ou pelo contato com excrementos, geralmente humanos". (RODRIGUES JÚNIOR, 2012, p. 22). No Brasil, são utilizadas as expressões "dar um *crockers*" e "passar um cheque" para se referir ao ato de defecar, principalmente durante o intercurso/penetração peno-anal. Outro termo que foi utilizado historicamente para se referir a esse tipo de prática é escatofilia. A prática de comer, mastigar e engolir as próprias fezes ou as fezes de outrem é conhecida como coprofagia. É mister destacar que as fezes envolvidas tanto no ato da coprolagnia, bem como no ato da coprofagia não são sempre necessariamente as do praticante ou de sua parceira sexual.

> A coleta de fezes em situações públicas tem sido tentada. Na *Internet* existe um texto (em inglês) que descreve formas e meios de se obter fezes em banheiros públicos, inclusive fazendo 'armadilhas' nos vasos sanitários para se coletar pedaços íntegros de fezes, pelos quais precisam ser coletados logo após a saída de seu produtor. Para essa prática, o termo em inglês *farming* tem sido usado cujo significado é semelhante ao de 'cultivar a fazenda' (RODRIGUES JÚNIOR, 2012, p. 24).

Trata-se, portanto, de uma miríade de práticas sexuais anais que fazem parte do repertório sexual de homens e de mulheres, independentemente da orientação sexual. Todavia, a frequência e a pluralidade das práticas sexuais anais, dentre outras práticas sexuais que ultrapassam a penetração peno-vaginal hegemônica, não são levadas em consideração em meios científicos e acadêmicos e em manuais de diagnóstico de transtornos sexuais.

A "vigência hegemônica" do intercurso vaginal entre homens e mulheres heterossexuais e a centralização da sexualidade em prol desse aparecem de forma evidente nos manuais internacionais de diagnóstico, como a Classificação Internacional de Doenças (Versão 10)- CID 10 (1993) e o Manual Diagnóstico e Estatístico de Transtornos Mentais- DSM-5 (2013). Além dos transtornos de desejo (hipoativo e hiperativo), esses manuais apenas estipulam critérios diagnósticos para transtornos psicossexuais que se associam necessariamente ao órgão sexual masculino (pênis) ou feminino (vagina), enfatizando dificuldades que impedem o intercurso peno-vaginal ou que reduzem a sua qualidade, negligenciando outras partes do corpo e outras formas de contato sexual que podem ser partes frequentes do repertório sexual de um casal heterossexual ou homossexual, como as práticas sexuais anais nas quais se inclui a penetração/intercurso peno-anal.

Mahmoud Baydoun

Apesar do erotismo anal que pervaga muitas, senão todas as sociedades e subculturas, pouco tem sido escrito sobre a origem, os percalços e as possíveis complicações e dificuldades relacionadas à prática do intercurso peno-anal. *Vasintejein et al* (2013) criticam que quase todos os estudos se debruçam somente acerca da correlação entre o intercurso anal praticado por HSH e o aumento do risco de contaminação pelo vírus da imunodeficiência humana (HIV) (COMMUNICATION TECHNOLOGIES, 1990; CHAE et al, 2008; BRIGNOL E DOURADO, 2011; FIELDS et al, 2012; PARSONS et al, 2014; FRYE et al, 2015). Apesar de sua inestimável qualidade, a maioria desses estudos enfatiza apenas os fatores biológicos associados à penetração anal que implicam maior risco de contaminação por HIV e negligenciam outros aspectos atrelados à prática do intercurso anal, como o princípio prazer/dor, o erotismo anal e as dificuldades e complicações sexuais enfrentadas principalmente por mulheres e por homens anoreceptivos.

O grande livro do amor e do sexo

CAPÍTULO 20

FAÇA O AMOR ACONTECER

E se você pudesse, finalmente, entender que o amor acontece sim, mas somente para quem o faz acontecer? Seria incrível, não é mesmo? Bora ser feliz, *Chiquita*!

Márcio Câmara

O grande livro do amor e do sexo

Márcio Câmara

Especialista em relacionamento para Chiquitas, como gosto de chamar as mulheres, transformo você em uma mulher segura e que toma decisões acertadas, para viver feliz no amor, sem medo de ficar sozinha.

Contatos
www.sentimentocoaching.com
info@sentimentocoaching.com
Facebook: Sentimento Coaching
Instagram: sentimentocoaching
Youtube: Sentimento Coaching

CAPÍTULO 20

Você acredita que é uma mulher "inamorável"? Que o amor não é para você? Pensa que os homens são todos iguais e nenhum deles quer um relacionamento sério? Pensa que é melhor desistir de tudo, já que não há mais salvação? Acredita que você é o patinho feio entre as suas amigas? Pensa que os homens não olham para você e só olham para as outras mulheres?

Chiquita de mi *corazón*, neste artigo, você vai entender que qualquer que seja sua resposta, ela está certa. E vamos além, você vai aprender por que o amor não tem acontecido em sua vida e vai entender como começar, a partir de agora, a fazê-lo acontecer. Bora lá, Chiquita!

Por que o amor não acontece em sua vida

Tomando como base os pensamentos acima, e que todos eles são verdadeiros para você, então, vamos começar pelo final. O amor não acontece em sua vida. E por que o amor não acontece em sua vida, Chiquita? Por acreditar em todas essas coisas, você não faz muitas coisas em sua vida para que o amor aconteça. Talvez, acredite que o amor deva acontecer como em histórias de cinema, ou ainda tem guardada aquela história do príncipe encantando.

É claro que ele não vai aparecer em um cavalo branco, mas pode acreditar que ele irá aparecer com muito amor e carinho em sua vida, para deixar você em um estado de pura alegria, amor e felicidade. E, por estar

O grande livro do amor e do sexo

sempre esperando que o amor aconteça, sem fazer nada, é exatamente por isso que não acontece. Por que você não faz nada? Porque seus sentimentos em relação ao amor estão do lado de lá.

Aquilo que você sente diz que o amor deve acontecer e não fazer acontecer. E, por que você sente que o amor deve acontecer de lá para cá e não fazer o amor acontecer? Agora, voltamos ao ponto de partida do artigo. Durante toda a sua vida, você viu, ouviu, leu e viveu experiências relacionadas a isso, de que o amor deve acontecer sem que se faça nada. Seja em filmes que mostravam que a mulher seria feliz no amor por encontrar o cara mais descolado de maneira casual, no corredor de uma de uma escola ou de uma faculdade. E tudo isso aconteceria com uma troca de olhares intensa e profunda, em questão de segundos. Ali, o amor começaria a acontecer. E o que você teria feito? Nada. O amor simplesmente aconteceria.

Todos os seus pensamentos são e foram moldados por você. Lembra quando era pequena e ouvia alguém dizendo que o amor não valia a pena? Lembra quando cresceu e viu um homem maltratando uma mulher? Lembra que cresceu e aquele amor do colégio não vingou? Lembra que você lia todas as histórias em que o amor acontecia, justamente dessa forma imaginada? Pois é, tudo aquilo que alimentou você durante toda a vida, é hoje, tudo o que você acredita.

São essas coisas que fazem você pensar o que pensa. É isso que dita o seu pensamento e crenças. Então, para concluir a razão de amor não acontecer em sua vida, é justamente por acreditar que o amor não vai acontecer, ou simplesmente que deve acontecer sem fazer absolutamente nada, que você não faz o amor acontecer.

Eu quero deixar isso o mais claro possível, para que você possa entender, exatamente, onde quero chegar e como você pode fazer o amor acontecer em sua vida a partir de agora, Chiquita.

Se a gente seguir a linha de pensamento descrita acima, podemos simplificar de uma forma muito simples. Qual essa forma?

Amor não acontece >> não faço nada >> sentimento de desesperança >> penso que ninguém me percebe >> acredito que os homens não são caras legais >> toda minha experiência negativa com os homens.

Agora, você deve estar se perguntando:

"Márcio, já entendi a razão de o amor não acontecer. Mas, como faço para o amor acontecer, então?".

Bora lá, Chiquita!

Como fazer o amor acontecer

Chiquita de mi *corazón*, o segredo está aí acima. Sim, esse é o segredo e a razão de tudo acontecer como acontece em sua vida. Ainda assim, quero contar da melhor forma possível, Chiquita!

Márcio Câmara

Vamos mudar um pouco a historinha contada anteriormente.

Imagine a seguinte situação:

Quando você era pequena, seus pais foram casados e o casamento deles foi perfeito. Eles tinham um relacionamento baseado em amor, confiança, respeito, alegria, felicidade e todos esses ingredientes que são a marca da família feliz. Vocês viviam bem e não faltava nada. Quando algumas amigas visitavam sua mãe, você a ouvia falando muito bem do seu pai e que seu ele era um homem muito bom, não somente para ela, como para toda a família. Ou seja, sua experiência de vida seria muito diferente daquela apresentada em um primeiro momento.

Olhando dessa forma, pode parecer que estou querendo dizer que a culpa toda está em seu aprendizado e em como se desenvolveu sua vida, durante todos esses anos.

E, é isso mesmo que eu estou querendo dizer. Porém – e aqui cabe um grande "porém" – sua vida era assim até hoje. A partir de agora, você vai aprender que isso não precisa ser sempre assim. Vamos tornar a sua experiência de vida, seja ela qual for, em algo positivo.

Vamos colocar aquela linha de pensamento na ordem como ela realmente acontece.

Minha experiência de vida >> as coisas que acredito >> as coisas que penso >> os sentimentos que tenho >> as atitudes que tomo, ou não, para o amor acontecer >> a amor acontece (ou não).

Suas experiências de vida ditam a forma como você vê o mundo. A forma como você vê o mundo dita seus pensamentos. Seus pensamentos ditam seus sentimentos. E seus sentimentos ditam como você vai agir, ou reagir, diante de uma situação determinada para fazer com que o amor aconteça ou não em sua vida.

Agora, vamos entender o passo a passo de maneira sofisticada e simples.

Por que você acredita nas coisas que acredita?

Toda crença está formada por um fato e um julgamento. Gosto de usar este exemplo, imagine que eu mando a seguinte mensagem para você: "Chiquita, encontrei o seu namorado com uma mulher na rua". Se você é como 95% das Chiquitas, você deve ter imaginado que ele estava traindo você, ou fazendo alguma coisa de errado com essa mulher.

Fato é que ele estava com uma mulher na rua. Julgamento é você presumir que ele estava traindo você ou fazendo algo de errado. Quando você, simplesmente, começa a mudar seus julgamentos ou deixa de julgar as pessoas por aquilo que vê, ouve, lê ou vive, e entende o outro lado, sua vida muda. Você começa a dar chance para fazer o amor acontecer. Já parou para pensar que ele poderia estar ajudando uma senhora a atravessar a rua? Acompanhado pela mãe, irmã, prima, ou passeando com a filha? Ou você vive a vida de uma forma plena, ou dá voz aos seus julgamentos e permite que eles controlem sua vida. É uma escolha diária e constante que você faz.

O grande livro do amor e do sexo

Por que você pensa o que pensa?

Vamos supor, então, que você resolveu não julgar. Quando recebe minha mensagem, seus pensamentos não são julgadores e você não vai entrar em parafuso. Vai continuar vivendo sua vida de forma tranquila, sem pensamentos que mais atrapalham o seu relacionamento.

Por que você sente o que sente?

Agora, que os seus pensamentos são seus aliados, suas emoções são ainda mais suas amigas. Você não estará cheia de ira, raiva, ciúmes ou qualquer outro sentimento que a faça se sentir enganada. Se não consegue entender a ligação entre pensamento e sentimento, permita-me explicar. Quando você está apaixonada, pensa muito no cara por quem está apaixonada, certo? E quanto mais você pensa nele, mais apaixonada você fica. Em outras palavras, seus pensamentos alimentam seus sentimentos e seus sentimentos alimentam seus pensamentos. E, é por isso que quando você está apaixonada, você faz todas as loucuras que faz.

Como assim, Márcio?

Suas emoções e seus sentimentos afetam, diretamente, o seu comportamento, seus costumes, seus hábitos e ações. Não é a sua capacidade que determina se você será ou não feliz no amor, Chiquita. O que determina sua capacidade de fazer o amor acontecer é somente como você se sente. Suas emoções ditam aquilo que você irá ou não fazer.

Portanto, é a forma como se sente que irá dizer se você fará o amor acontecer ou não. Como você tem se sentido ultimamente, Chiquita? Como anda sua autoestima? Você gosta do que vê no espelho? E se não gosta, tem feito algo para mudar? Você é uma mulher confiante, que acredita em suas capacidades, ou tem deixado a vida levar você sem eira, nem beira?

Agora que já entendeu como fazer o amor acontecer, você pode estar se perguntando:

"Márcio, mas eu ainda vivi tudo o que vivi. Minha experiência de vida continua sendo a mesma. Como faço para o amor acontecer, Márcio?".

Chiquita de mi *corazón*, o primeiro passo para o amor acontecer é saber onde mudar. E sabe qual o lado bom disso? Você pode escolher exatamente onde quer mudar.

Digamos, por exemplo, que você queira mudar sua forma de pensar sobre os homens. Como você faz? Mude seus sentimentos, suas emoções. E como você muda seus sentimentos, suas emoções? Mudando seu humor. Já parou para pensar que quando você está triste, tende a ter pensamentos tristes? E que quando está com raiva tem pensamentos mais violentos? Pois é, quando você está feliz, seus pensamentos também são mais belos.

Márcio Câmara

Mude o seu humor, Chiquita, e seus pensamentos mudarão. Para mudar sua energia, seu humor, basta você redirecionar a atenção da sua vida. Quais são as coisas que você dá mais atenção, Chiquita? Observe, e mude sua atenção. Outra dica valiosa para mudar seu humor é a música. A música tem o poder de mudar seu estado de ânimo em instantes. Perceba que quando você está na *bad*, ouve músicas "deprê". Quando está feliz, ouve músicas alegres. Portanto, mude suas músicas e ouça sempre músicas que dão animo e felicidade para você, Chiquita.

Outra forma de mudar e fazer o amor acontecer é começar a fazer. Você já deve ter ouvido a frase que diz "Comece a fazer que a vontade vem". É justamente isso. Quando você começa a fazer alguma coisa, seu cérebro assimila a tarefa e começa a desenvolver, logo você se sente melhor, muda seus pensamentos e suas crenças irão se moldando a sua nova atividade.

É tudo uma questão de acreditar que você pode, verdadeiramente, fazer o amor acontecer, Chiquita!

Tenha em mente que quando alguém diz que é impossível, é somente a verdade daquela pessoa. Para aquela pessoa é impossível. A parte boa disso? Não precisa ser impossível para você. Você pode fazer o amor acontecer, Chiquita!

Portanto, faça. Faça acontecer o amor. Faça o amor acontecer.

Bora ser feliz!

O grande livro do amor e do sexo

Capítulo 21

O EMPODERAMENTO FEMININO E A FORÇA DO SAGRADO

Ser mulher na atualidade é um grande desafio, em decorrência das exigências em que se vive, principalmente as que ainda não sentiram a força do sagrado que trazem dentro si e que expande sua espiritualidade profunda, ligada à energia arquetípica do princípio criador feminino. O empoderamento feminino desperta o que há de mais verdadeiro e puro no coração, mente e emoções de cada mulher ativando, assim, sua intuição em sintonia com a deusa, que ensina a mulher a resgatar seu saber interior

Marilza Rosalen

O grande livro do amor e do sexo

Marilza Rozalen

Contatos
www.suryaluzeconsciencia.com
mrozolen1977@gmail.com
(11) 94232-6996

Formada em Psicologia (1999) pela Unisantos, com vasta experiência em atendimento a crianças, adolescentes e adultos atuando há quase 20 anos em clínica psicológica. Com especialização em Arteterapeuta pela Fizo e *Alquimy Art* (2009), atuando com grupos terapêuticos em instituições de ensino e Distúrbios de Aprendizagem pela CRDA (2006). Minha atuação sempre esteve pautada na integração psicofísica, tendo cursado Cinesiologia Psicológica pelo Instituto Sedes Sapientiae (2002) e desde então busco integrar o equilíbrio bioenergético em minhas praticas profissionais. No presente momento, venho desenvolvendo, além da psicoterapia, atendimentos em *Reiki*, Barras de *Access* e outras terapias integrativas, cursos, palestras e *workshops* em desenvolvimento humano. E, como parte muito importante da minha missão pessoal, conduzo grupos de meditação e estudos, autoconhecimento e metafísica, além do Projeto "Círculo de mulheres Fênix", com encontros e vivência dentro do caminho de tradição da Deusa, em conexão ao feminino sagrado, como grupos de mulheres em busca da sua espiritualidade mais profunda.

Marilza Rosalen

Capítulo 21

Este presente artigo refere-se a um movimento silencioso e revolucionário que vem ocorrendo em nosso mundo atual e que, por meio de minha vivência pessoal conduzindo círculo de mulheres há pelo menos cinco anos, observo o quão importante e necessário se faz o empoderamento feminino por meio da reconexão à sagrada tradição da deusa.

O movimento do sagrado feminino não é apenas um fenômeno social ou histórico de luta das mulheres por uma condição de respeito e igualdade, mas antes de tudo um retorno ao estado natural de ser, de uma espiritualidade mais profunda e ligada à mãe natureza e à nossa natureza interior, rica em símbolos, imagens e expressões sagradas, ligadas ao arquétipo da deusa, aspecto criador feminino de Deus.

Toda a humanidade vem passando por inúmeras transformações, e um profundo despertar dessa força amorosa e sábia, que irrompe no íntimo de cada ser humano em busca de uma nova consciência solidária às dores que vivenciamos no momento atual. O retorno ao sagrado feminino não está localizado apenas ao movimento social do feminismo, mas antes como uma conexão mais profunda, segundo Faur, com "a Grande Mãe Cósmica, Celeste, Telúrica e Ctônica que dá e tira a vida, eterna Criadora, mas também Ceifadora, que entrelaça e conduz todas as forças da Terra e do Cosmos", que promove a integração entre os povos, desperta a consciência e renovar as esperanças para a construção de uma nova realidade.

O grande livro do amor e do sexo

A verdadeira espiritualidade feminina nos conduz a uma sintonia profunda com essa presença silenciosa da deusa e um reconhecimento da mãe Terra e das mulheres como Sua representante, imbuídas de sacralidade, força e poder criador, vividas em culturas matrifocais e antigas tradições, que a honravam como a Grande mãe de tudo. A energia desta grande força benevolente e criativa que fortalece e sustenta tanto as mulheres quanto aos homens, exortam-nos a entrarmos em sintonia com nosso eu interior, a força do sagrado, que impulsiona às mudanças e melhorias necessárias em todos os sentidos da vida.

O empoderamento feminino leva à mulher a viver genuinamente, sustentada pela busca de um propósito maior para sua existência, assumindo escolhas mais conscientes e concisas, guiadas por ações libertadoras. De acordo com Mirella Faur:

Na tradição da deusa, a liberdade de escolha é um tema central, mas essa liberdade deve ser acompanhada da conscientização das responsabilidades que decorrem das ações e escolhas pessoais. A mulher consciente da sua essência sagrada irá agir e escolher aquilo que precisa ou deseja guiada pela sua consciência, sem ter a ameaça do 'pecado', ou do 'castigo' como freio do seu comportamento. Ao se perceber como uma representante da deusa na terra, ela se preocupa com o bem-estar alheio, pois sabe que sua liberdade termina onde começa a do próximo e que a lei universal de ação e reação é o único constrangimento espiritual, moral e ético que deve nortear seu comportamento.

No que concerne a este aspecto, a mulher que pratica esse ensinamento, traz em si a semente das transformações, necessárias no mundo por, naturalmente, expressar as qualidades da deusa, ou arquétipo do sagrado feminino, tendo a possibilidade de contribuir para o restabelecimento do equilíbrio, preservação da vida e harmonia com o mundo natural.

O que favorece a expansão da consciência do sagrado no íntimo de cada mulher, é o resgate de sua própria sabedoria ancestral, que fornece imagens femininas sagradas, rituais e símbolos adequados, que permitem unificar na totalidade de seu ser a conexão permanente com a fonte criadora, em círculos de irmandade solidária e amorosa. A conexão com o próprio corpo permite à mulher vivenciar os mistérios do sangue, resgatando a sacralidade da vida em sua essência, o que promove saúde plena, bem-estar e equilíbrio emocional, de modo a curar antigas dores e feridas guardadas no íntimo de cada mulher em todas as épocas e lugares.

O empoderamento feminino e a força do sagrado se manifesta na mulher por meio da linguagem do coração, da coragem em agir de acordo com a própria verdade, que vibra interiormente e se expande como uma diáfana energia de pura luz e amor cristalino, "contagiando" positiva-mente a todos que a cercam. Neste caminho de busca e crescimento na senda da tradição da deusa, a mulher vivencia seus ritos de passagem nos níveis espirituais e psicológicos, mesmo já tendo biologicamente passado por eles em cada fase de sua vida, criando dessa maneira uma sincronia entre o tempo interno, da alma, com o tempo cronológico da mulher, resgatando sua sacralidade e sintonizando-a com o tempo natural, como ocorria com suas ancestrais.

As mulheres sempre estiveram ligadas ao tempo lunar e suas fases, em decorrência da natureza cíclica da menstruação, vivendo em harmonia com toda a natureza ao seu redor e também honrando com amorosidade suas relações. Com o distanciamento da mulher, cerceada em seu direito em honrar a mãe Terra com seu sangue menstrual, gradativamente a mulher também afastou se de si mesma e de seu próprio corpo, desenvolvendo os inúmeros distúrbios e desequilíbrios hoje muito comuns, e que tem cresci-do de maneira assustadora em nossa sociedade, seja como transtornos de ordem mental ou doenças psicossomáticas como câncer, depressão, cistos ovarianos, endometriose, miomas entre muitos outros não tão visíveis e que afeta sobremaneira a vida da mulher.

Círculos do feminino sagrado e sua importância no momento atual

Dessa forma, os círculos de mulheres que honram o sagrado feminino, tão em evidência em nosso momento atual, vêm sanar esses desequilíbrios de ordem psicológica e espiritual, promovendo transformações da cons-ciência de toda mulher que for tocada em seu coração pela deusa. Segun-do a autora Jean Shinoda Bolen, uma referência no estudo da psicologia feminina, "nos círculos integramos a força assertiva do yang com o coração compassivo do *yin* no vale das possibilidades femininas. Renovamos nosso espírito e celebramos o poder da mulher que, enraizada em seus mistérios, sana sem mais demora as feridas da Terra, promove a igualdade entre os povos e a paz por meio da cultura".

Dentro dessa visão, observamos que a mulher sempre foi movida a mudanças e transformações, por sua natureza cíclica e lunar. Desse modo, sua identidade passa de fato por fases e seu empoderamento se afirma na apropriação de todos os conhecimentos adquiridos, vivenciados em círculos sagrados em conexão com a profunda energia arquetípica da deusa, e que pode vir a se transformar em sabedoria, dentro dessa experiência sagrada de conexão com o princípio feminino da criação, vivendo plenamente suas transformações, como um processo que não pode ser revertido ou detido, uma vez que se iniciou. (Gould)

O grande livro do amor e do sexo

As verdadeiras transformações ocorridas o tempo todo na vida da mulher, e que podem ser vivenciadas de forma consciente e compartilhada com outras irmãs do círculo, permitem a mesma um trânsito constante do conhecido para o desconhecido, da vida-morte-vida em cada etapa de transição, desde o momento em que, quando meninas nos transformamos em mulher, ao menstruar pela primeira vez, ou como mãe ao engravidar (seja de um filho biológico ou projeto criativo) e ainda como na fase da mulher sábia que já vivenciou seus ciclos biológicos e trouxe novamente para dentro de si a criação sem a procriação como ponto central de suas lunações.

Todos esses processos fisiológicos trazem mudanças significativas a vida de todas nós, mas não garantem a transformação inerente e necessária a cada fase de vida, sendo que nem todas as mulheres conseguem atravessar com maturidade, realmente evoluindo de uma fase a outra em graça e sabedoria. Mas, com a vivência colaborativa e fraterna com outras irmãs, vivenciando a simbologia da deusa, podem resgatar sua verdadeira e profunda identidade, empoderando a mulher, sacralizando o corpo, sanando mente e coração, por meio dos ritos de passagem naturais e vivenciados em meditações, danças sagradas e conexão com a grande mãe.

Círculo de mulheres fênix

Em minha experiência com círculos de mulheres, por meio de um projeto de minha autoria intitulado *Círculo de mulheres fênix*, ao qual este artigo tem como base de estudo e vivência, observo inúmeras transformações nas mulheres que participam destes encontros, assim como em mim mesma. Tais transformações trazem autoconhecimento, empoderamento, equilíbrio e harmonia, devolvendo gradativamente a todas nós a força Interior necessária para cumprirmos nossos papéis na sociedade, como mulheres mais fortalecidas e conscientes de co-criadoras de uma nova realidade em nosso amado planeta, promovendo a cultura da paz e da igualdade entre todas as nações.

Desse modo, ao mobilizar por meio de atitudes renovadas tanto outras mulheres, como homens para também se conscientizarem da importância da igualdade, fraternidade e amor por si mesma por meio da sintonia estabelecida com a deusa interior (aspecto da deusa que mais está em evidência em cada uma das mulheres), cada mulher, se essa for realmente sua escolha, assume o verdadeiro papel como "tecelã" de novas realidades de sua própria vida, para, então, ser multiplicadora dessa poderosa energia de cura: a força sagrada do amor, criando, assim, a possibilidade de manifestar um mundo realmente mais justo e fraterno.

A consciência que se resgata nos círculos de mulheres que despertaram sua espiritualidade feminina é a consciência das leis cosmológicas da criação. Nenhum processo vivenciado pela mulher é aleatório, mas profundamente significativo, pois ao sintonizarem com a energia da Deusa, vivenciam a consciência do Sagrado, que se expressa na "harmonia entre a natureza manifestada na dimensão da Terra, e a natureza manifestada nos planos sutis (...) As frequências geradoras contínuas da vida em todas as dimensões, na unicidade da sua origem, nesta dimensão também se manifestavam por meio da consciência do ser feminino e masculino, e viviam em harmonia, na sustentação das energias entre si e na plenitude da unicidade da consciência." (Arany, 2006)

A consciência cósmica traduz se em uma consciência mais plena dos potenciais criadores que cada uma de nós carregamos em nosso íntimo. Ao vivenciar no *Círculo de mulheres fênix*, em um percurso de treze encontros, cada mulher trilha sua própria jornada de empoderamento e conexão com o princípio criador feminino, encontrando em si mesma a força necessária para enfrentar seus desafios pessoais e, por meio da intuição, da criatividade e da ousadia, manifestar a força do sagrado e a vida que deseja criar para si.

Referências

ARANY, Ramy. *Eternamente Ísis – o retorno do feminino ao Sagrado*. São Paulo: KVT editora e livraria, 2006. pp. 84-5.

BOLEN, Jean Shinoda. *O milionésimo círculo*. São Paulo: Ed Taygeta, 2011. pp. 8-9.

FAUR, Mirella. *Círculos sagrados para mulheres contemporâneas*. São Paulo: Ed Pensamento, 2011. pp.7-26.

O grande livro do amor e do sexo

CAPÍTULO 22

MINDFUL SEX

Mindful sex vai prepará-lo para que todas as relações sexuais sejam intensas e com o máximo prazer possível. Você descobrirá a diferença entre sexo e sexo

Maurício Sita

O grande livro do amor e do sexo

É mestre em Psicanálise Clínica e Escritor. Tem também formação nas áreas de Ciências Jurídicas e Sociais, Filosofia e Neurofisiologia da Meditação. Autor dos livros *Como levar um homem à loucura na cama* best-seller na 8ª edição; *Vida amorosa 100 monotonia*; *NeoMindfulness*; *O que Freud não explicou* e do romance *A casa dos desejos*. É coautor do romance *Reciclando vidas* e de diversos livros e coordenador editorial de mais de 100 livros. É o criador do método de meditação chamado *NeoMindfulness* e ministra cursos de meditação *mindfulness*. É Presidente da editora Literare Books International e diretor editorial das revistas *Coaching e Gestão&Performance*. Mantém no *YouTube* o canal Consultório Sexual.

Contato
mauricio@literarebooks.com.br

CAPÍTULO 22

P ode dar a impressão de que é difícil associar meditação e sexo, afinal a meditação é praticada individualmente e a busca é pela calma, tranquilidade, equilíbrio e pela aquietação da mente. Ou seja, tudo inverso ao sexo, onde o que mais se deseja é agitação, grandes emoções, atividade intensa e muito prazer. E o sexo, quase sempre, envolve duas pessoas.

Refiro-me à meditação, mais como meio de se atingir o *mindfulness*, ou seja, o estado de atenção plena. Trato neste texto do *mindful sex*, que é a forma específica de levar a vivência do *mindfulness* para a prática sexual.

A boa notícia, portanto, é que a meditação *mindfulness* ativa, apura os sentidos e permite melhorar muito a experiência sexual. Quando isso acontece está iniciada a prática do *mindful sex*.

A pessoa em *mindful sex* prepara a mente e o corpo para ter mais conexão com o parceiro, aproveitar as sensações, as percepções e todo o prazer que a atividade sexual pode dar. Descobre a diferença entre sexo e sexo. Sabe separar desejo, que pode ser um gerador de ansiedade, do momento presente.

Há relações sexuais que são fracas, outras são médias e as intensas, que por se diferenciarem, são inesquecíveis. *Mindful sex* prepara as pessoas para que todas as relações sexuais sejam intensas e com o máximo prazer possível.

Como me referi acima, *mindfulness* é também chamado de Estado de Atenção Plena. *Mindfulness* deixa de ser resultado apenas da prática

O grande livro do amor e do sexo

diária de alguns minutos de meditação e passa a ser um novo estado de consciência, uma nova experiência de vida. E no *mindful sex*, ou seja, no sexo atento, a mente e o corpo estão presentes em tudo o que está acontecendo, sem julgamento, sem críticas, com o piloto automático desligado, sem preocupação com as próximas posições ou se o orgasmo está demorando para acontecer. Sem julgar se o parceiro está gostando ou não. É estar presente enquanto está vivendo o sexo. As pessoas são praticamente um só corpo. A sintonia é perfeita.

A prática do sexo para quem está em *mindful sex* faz, naturalmente, com que todas as sensações sejam percebidas.

As expressões, alterações na respiração, e até os gemidos do parceiro ampliam os efeitos entre ambos. A "loucura de um" contamina o outro, que é sentida pelo outro, e excita cada vez mais a ambos. Todas as sensações inundam a consciência e são percebidas e curtidas pelos parceiros. A integração de corpo e sensações é tão grande e perfeita, que chega a ser difícil entender quem está fazendo o que, ou quem está excitando quem.

O sexo em *mindful sex* não é apenas um ato, é uma interação profundamente emocional que pode aumentar a percepção de amor entre os parceiros, e proporcionar longos períodos de extremo prazer. Dá mais liberdade à mente e acesso ao corpo. Faz com que a prática prazerosa se inicie horas, ou até mesmo dias, antes do contato físico. Nele, não se troca longos momentos de muito prazer, por alguns segundos de orgasmo. Esse é o prazer almejado por todos que se amam e por todos os que têm uma relação sexual. Deveria ser a realidade na vida das pessoas. É a realização de todos os sonhos. Mas, por que é tão difícil de acontecer?

O mais comum é usar o piloto automático, fazer sempre o mesmo, com previsibilidade total e duração suficiente para que o orgasmo de um ou de ambos seja atingido. A monotonia está instalada na vida do casal.

Há até ocasiões, entretanto, que os mais preocupados, normalmente o parceiro que percebe que está no piloto automático e, por entender a premência de alguma mudança, sugere a inclusão de jantares românticos ou até mesmo estímulos sexuais motivados por filmes pornográficos. Esse parceiro propõe preliminares diferentes e mais longas e dá algumas outras sugestões para mudar o estado das coisas.

Essas ações, ainda que interessantes e importantes, permeiam a cabeça por alguns momentos, mas não se integram à mente e ao corpo. São insuficientes para proporcionar o grande prazer almejado.

Mentes estressadas, com pensamentos fixos "em todas as coisas e preocupações da vida", mentes perturbadas pela rotina não têm espaço para o prazer pleno. O mais comum é dissociar o amor e o prazer na hora do sexo, deixando a mente vagar pelos problemas no trabalho, com a falta da empregada doméstica, com o combustível que subiu o preço, com a fatura do cartão de crédito, com o desejo de dormir bem para enfrentar os problemas do dia, e até mesmo com as dificuldades em continuar praticando sexo a ponto de surpreender e impressionar o parceiro ou a parceira.

Maurício Sita

Engana-se quem pensa que sexo em *mindful sex* tem de ser feito com preocupação em todos os detalhes e que, por isso, pode até se tornar chato e por que não dizer integrante de uma nova rotina. Nada disso. Estará presente nas sensações do parceiro, ativa a presença nas próprias sensações, e isso pode e deve ser atingido no sexo com boa pegada, agressivo, divertido, variado e cheio de novidades ou até mesmo mais selvagem.

O ideal a ser atingido com o *mindful sex* é que cada relação sexual seja percebida e curtida como sendo sempre a primeira. E isso faz com que os benefícios da novidade estejam sempre presentes. O sexo poderá ser praticado de olhos abertos e chegar ao orgasmo idealizado por todos.

Comento no meu livro *Como levar um homem à loucura na cama*, que após uma noite de sexo espetacular, o casal acorda mais carinhoso e o amor está à flor da pele. O contrário infelizmente é verdadeiro. Quando apenas um deseja sexo e o outro praticamente "se nega", o clima fica pesado por horas e até dias seguidos. A parte física é importante no sexo. Ela é responsável em grande parte pelo prazer sexual, mas a mental é que completa a experiência sexual. Quanto melhor for a atividade sexual, mais força terá a chama da paixão.

Apesar deste ser o primeiro texto sobre *Mindful sex* publicado no Brasil, algumas instituições acadêmicas e médicas, principalmente dos USA e Canadá, têm se dedicado às pesquisas mais profundas. Uma delas é o Centro de Medicina Sexual da University of British Columbia. O objetivo é o de medir o efeito do *mindfulness*, ou seja, da atenção plena na função sexual. Os participantes fizeram testes de padrões das funções sexuais e, durante três meses, realizaram várias sessões de meditação *mindfulness*. Depois disso, retomaram os testes das funções sexuais. As mulheres relataram aumento da libido, mais excitação, lubrificação e maior prazer sexual.

Vivem em *mindful sex* quem aprende a desligar o piloto automático, ou seja, praticar sexo consciente e desenvolvendo a capacidade de observar e descrever o que está acontecendo dentro de seu corpo e mente, sem classificar experiências em "más" e "boas" ou tentar mudar suas percepções.

Imagino que você, caro leitor, já esteja mais ou menos convencido da importância da prática do *mindful sex*, mas quer algo mais. Se você quer saber como é possível vivenciar esse sexo consciente e maravilhoso, dou a seguir algumas orientações.

Aprenda a meditar. Publiquei o livro *NeoMindfulness*, com o método completo para quem quer uma vida mais equilibrada, saudável e feliz. É para quem quer viver em *mindfulness*. Não trato de *mindful sex* no livro, mas lá está a essência e o caminho para desenvolvê-lo.

Adianto que, qualquer tipo de meditação irá ajudá-lo a se tornar mais consciente, diminuindo muito a distração, ou seja, trazendo mais foco naquilo

O grande livro do amor e do sexo

que faz e tirando o piloto automático da sua vida. A prática constante de meditação deverá levá-lo ao estado de atenção plena. Um detalhe importante é que, equilibrado e mais calmo, em razão da meditação, seu organismo produzirá menos cortisol. Esse é o hormônio gerado quando estamos estressados ou com muito medo, por exemplo. Ele nos prepara como resposta para "luta ou fuga" e direciona o sangue mais para os músculos e menos para os órgãos genitais. Está comprovado que o cortisol reduz a libido. Isso significa que se você estiver em *mindfulness*, seu cérebro gerará menos cortisol e sua libido aumentará. Aproveite os benefícios proporcionados pelo *mindfulness* e não permita que distrações estraguem tudo. Deixe longe o celular, desligue a televisão, não passe frio ou calor excessivos. Desligue o piloto automático e aprenda a estar presente e despertar a consciência.

Tenho insistido, ao logo da minha vida, que a rotina prejudica sobremaneira nosso comportamento e nossos relacionamentos. Uma vida plena também está relacionada à qualidade do relacionamento amoroso. Casais, com o passar do tempo, começam a entrar na rotina e perdem um pouco, senão grande parte, do que os mantinha apaixonados e literalmente nas nuvens. No começo há a descoberta do outro e tudo que é novidade leva a vida a dois adiante com muito amor.

E no amadurecimento da relação, a rotina toma conta, tudo se torna repetitivo e o casal perde lentamente a fonte que alimentava ambos e os unia. Não há nada para se envergonhar se isso está acontecendo com você, mas o relacionamento precisa ser alimentado e também reinventado. Essa é a única forma de manter o amor sempre vivo, agradável e forte. Ao praticar o *mindful sex*, você naturalmente procurará novas formas de se relacionar social e sexualmente com seu parceiro. As relações sexuais serão criativas em dias e horas diferentes, com posições diferentes e o mais importante, você estará totalmente presente na relação. Não desviará seus pensamentos e curtirá intensamente tudo que acontecer.

Mindful sex não é solução apenas para longos relacionamentos, muito pelo contrário, seu praticante beneficia-se desde o primeiro contato. Ao conhecer uma pessoa terá a imediata percepção da imagem completa, dos detalhes como o cuidado com os cabelos, com a roupa que veste, com seus toques e cheiros, sorriso, tom de voz, trejeitos etc. E, já no primeiro contato sexual, estará plenamente presente, sem preocupações com o passado amoroso dele ou dela, e sem expectativas com o desenrolar da relação.

Em *mindful sex* não há julgamentos e nem pressão para fazer sexo perfeito, como dos artistas dos filmes pornográficos, por exemplo. Não se tiram conclusões sobre o comportamento do outro e sua *performance*. Os corpos nus são apreciados e o ideal é um estar conectado ao corpo do outro. Ambos estão em atenção plena, com a mente presente, vivendo intensamente o momento. Sem julgamentos, mergulhados nas sensações e sem medo de ser feliz.

Mindful sex é também eficaz quando nos referimos ao orgasmo. Em uma relação sexual não basta a penetração ou toques, para que ambos cheguem ao orgasmo. Se um dos dois não está presente no ato, se a sua mente está vagando, pode não acontecer o orgasmo. Distrações poderão sempre ocorrer, mas você precisa aprender a trazer sua mente de volta para o aqui agora. Nem o sexo oral de boa qualidade contribui para o orgasmo, quando a mente não está presente. Se você já passou por isso, sabe bem do que estou tratando.

Tratei anteriormente sobre os resultados das pesquisas realizadas pela University of British Columbia. O tema *mindfulness*, aplicado ao sexo, com certeza, vai ser estudado rapidamente por outros grandes centros científicos.

Dois interessantes pensamentos do Osho sobre a meditação e o orgasmo:

"Segurando a mão da sua mulher ou do seu homem, por que não sentar em silêncio? Por que não fechar os olhos e sentir? Sinta a presença do outro, entre na presença do outro, deixe a presença do outro entrar em você; vibrem juntos, balancem juntos; se de repente uma grande energia possuí-los, dancem juntos – e vocês alcançarão tamanhos picos orgásticos de alegria como nunca conheceram antes. Esses picos orgásticos não têm nada a ver com sexo, na verdade têm muito a ver com silêncio. E se você também conseguir ficar meditativo na sua vida sexual, se você conseguir estar em silêncio enquanto estiver fazendo amor, numa espécie de dança, você ficará surpreso. Você tem um processo embutido para levá-lo para a costa mais distante."

"O orgasmo é o envolvimento do corpo total: mente, corpo, alma, tudo junto. Você vibra, o seu ser completo vibra, dos pés à cabeça. Você já não está no controle; a existência tomou posse de você e você não sabe quem é. É como uma loucura, é como o sono, é como meditação, é como a morte."

O grande livro do amor e do sexo

Espero ter despertado em você o interesse tanto pelo *mindfulness*, quanto pelo *mindful sex*. A ciência já identificou que quem pratica meditação vive mais. Eu afirmo que, em *mindful sex*, você viverá mais e com muito mais qualidade de vida. Terá prazeres completos e será muito mais feliz.

O grande livro do amor e do sexo

Capítulo 23

A EXPANSÃO DO PRAZER

Falar de sexo é mexer na ferida. É sair da hipocrisia. É falar sobre ciúmes, rejeição, fantasias e desejo por outras pessoas. Mas, é nessa fala também que existe a possibilidade de transformações, de dissoluções do ego, da abertura para a vulnerabilidade, afetividade e amor

Neise Galego

O grande livro do amor e do sexo

Pedagoga pela FMU. Sexóloga formada pela CEFATEF. Formação em Terapeuta Tântrica por Paula Fernanda. Educadora Sexual Somática pelo *Instituto Latino Americano de Sexological Bodywork*. Diretora da TalkB4, colunista do site *O Futuro do Sexo* e associada da Abrasex. Autora do *Tratamento Somático para Mulheres com Disfunções Sexuais Decorrentes de Traumas Sexuais*.

Contatos
www.noquartocomneise.com
neisegalego@gmail.com
Instagram: noquartocomneise
Facebook: @noquartocomneise
(11) 98141-7092 (WhatsApp)

CAPÍTULO 23

Por que é tão difícil falar de sexo se ele faz parte da vida?

Por que só conseguimos conversar de sexo contando vantagens nos botecos entre amigos? Por que ainda existem mulheres que nunca tiveram um orgasmo e homens com ejaculação precoce que sofrem no silêncio? Por que as pessoas não assumem sua insatisfação sexual? Por que cresce o número de traições e a masturbação ainda é um grande tabu?

A palavra sexo incomoda porque temos vergonha de nossos corpos e culpa em sentir prazer. Porque o abuso sexual acontece diariamente. Porque pais não aceitam a orientação sexual de seus filhos e jovens estão tomando estimulantes para melhorar seu desempenho sexual. E tão difícil falar de sexo porque o excesso de pornografia está estimulando a violência, enfraquecendo relacionamentos.

Falar de sexo é mexer na ferida. É sair da hipocrisia. É falar sobre ciúmes, rejeição, fantasias e desejo por outras pessoas. Mas, é nessa fala também que existe a possibilidade de transformações, de dissoluções do ego, da abertura para a vulnerabilidade, afetividade e amor.

A consciência do corpo para o aprendizado do prazer

Educação sexual é uma ação ensino/aprendizado que acontece de maneira formal/informal, direta/indireta, consciente/inconsciente, desde o nosso nascimento. É mais do que ensinar os aspectos fisiológicos. É olhar para as

O grande livro do amor e do sexo

influências culturais, sociais e religiosas nesse processo contínuo da vida pessoal. A educação sexual acontece diariamente em nossa casa. Por meio da TV, música, *Internet*, com os amigos ou no silencio dos pais e educadores.

— Mas, amiga, conta aí... você de novo não gozou?
— Não!
— E ele não percebeu?
— Também não!
— E você não falou nada? Vocês estão juntos há meses. Precisa falar, mostrar, desenhar, sei lá!
— Eu tenho vergonha, me sinto culpada e não quero que ele fique triste. E o que ele vai pensar se eu falar que nunca tive um orgasmo? Vai achar que não gosto dele.
— De onde está tirando essas ideias? Você tá com vergonha de falar e está alimentando uma situação que pode gerar um conflito, talvez até uma traição de sua parte. Se vocês estão se curtindo, precisa conversar. Quanto mais tempo demorar pra falar, mais difícil vai ficar.
— Você acha?
— Acho não, tenho certeza!

Como define a Organização Mundial da Saúde, "sexualidade é a energia que nos motiva a procurar o amor. Ela diz muito mais do que um coito e não se limita a um orgasmo. É uma necessidade básica do ser humano que não pode ser desassociado de outros aspectos da vida".

A sexualidade influencia nossos pensamentos, sentimentos, ações e vivemos neste mundo por meio dos corpos, que são sexuados, por isso a importância de uma educação que acontece por meio do corpo. Imaginemos que o corpo humano tem uma grande memória e foi capaz de arquivar todas as experiências, interferindo na formação do indivíduo, podendo causar problemas de ordem emocional e física.

— Oi cara, blz? Dá pra falar?
— Rapidão. Minha mãe já chamou pro jantar.
— Blz mano, mas tô mal.
— O que rolou?
— Como você se masturba?
— Tá me estranhando?
— Não, de boa. A coisa aqui em casa tá difícil.
— Antes aproveitava pra tocar uma quando ia pro banho. Mas, agora, minha mãe tá trampando em casa e pega no meu pé se eu demoro no banho. Outro dia, eu tava na hora "H" e ela surtou batendo tanto na porta que broxei. Será que vai fazer mal por que não saiu?
— Faz no quarto, como eu.
— Tá de gozação? Você tem um quarto só seu. Esqueceu que divido com minha irmã? Não tem como.
— Putzzzzz....foi mal.

— Li na *net* que a gente não pode se masturbar correndo. Precisa ser tranquilo, treinar com camisinha pra na hora do vamos ver com a gata, já tá tudo certo, entende?

— E aí? Me dá uma ideia. A prof vive falando que você é muito criativo.

— Já sei! Na garagem, dentro do carro da sua mãe. Só que toma cuidado pra saber onde vai parar o jato, valeu?

O processo terapêutico voltado para a sexualidade atua na falta de desejo sexual, dores na região pélvica, ejaculação precoce, disfunção erétil, falta de intimidade entre casal, vergonha, excesso de pornografia, culpa, entre outros, criando consciência e mostrando a importância do contato físico, do afeto, sempre abordados com base no respeito e limites individuais, independente de gênero, orientação sexual, cor, raça e religião.

— Gu, que bom que você atendeu celular. Preciso tirar uma dúvida e achei que você era o amigo mais adequado.

— Por que amor?

— Porque você é *gay*, ou seja, têm um pênis como todo homem, mas saca uma mulher.

— Kkkkk. Sem comentários. Pergunta. O que tu queres saber?

— O Rick, meu ficante, lembra que te falei dele?

— Lembro sim.

— Então, ele tá querendo... hummmm, deixa eu falar de maneira adequada. Ele quer fazer sexo anal comigo. To morrendo de medo.

— Tá bom, mas qual a pergunta Taty?

— Dói dá o cu? Você é *gay*, já deve ter dado muito. kkkkkk

— Não sei. Nunca dei.

— Que maluquice é essa? Você é *gay* e nunca deu o cu?

— Não. A transa de um casal *gay* não necessariamente tem penetração.

— Não? E vocês fazem o que então?

— Ahhh, pessoas "normais", vocês têm muito a aprender... fui amiga!

À medida que um corpo é tocado por meio de diversos estímulos, começa-se a criar novas sinapses, transferindo informações de um neurônio para outro, reequilibrando o sistema nervoso simpático e o parassimpático, construindo uma nova forma de ver e interagir com o corpo, saindo dos padrões que até então estavam presos.

A qualidade sexual reflete na vida

Observando que somos seres biopsicossociais e que nossa sexualidade se encontra na intercessão do biológico, psicológico e do cultural, e está em constante mudança, podemos por meio do conhecimento adquirido gerar nova consciência e desconstruir padrões que nos impedem de viver uma sexualidade mais libertária.

O grande livro do amor e do sexo

— *Chopp* bem tirado. Gostei. Não conhecia esse boteco.

— Venho sempre aqui com o Pedrão.

— Você convidou ele?

— Claro que não, cara. Você me disse que precisava falar em particular. Fiquei preocupado. Foi despedido, Tom?

— Não. Teve algumas demissões, mas tô tranquilo na empresa.

— E as meninas? Estão bem?

— Maravilhosas. Meu problema está com a Carol.

— Como assim? Você e Carol sempre se curtiram muito.

— Ela não me deseja mais. Faz mais de três meses que não fazemos sexo.

— Não acredito. Carol sempre foi apaixonada por você.

— Era. Sei lá o que está rolando.

— E vocês conversaram? O que ela disse?

— Sempre mesma conversa. Quando vamos para a cama e começo a chegar junto ela se afasta, diz que está cansada, vira de lado e dorme.

— E você já pensou que essa frase pode ser exatamente o motivo real? Carol voltou a trabalhar. Pelo que sei, por meio da Bia, sai cedo, deixa as crianças na escola, pega elas quando sai do trabalho, prepara jantar, dá banho, dá de comer, arruma as meninas pra dormir. E você, faz o que?

— Ah! Eu ajudo de vez em quando com algumas coisinhas.

— Tom, diga pra mim... Qual foi a última vez que estiveram sozinhos? E o mais importante, desde quando você "ajuda só de vez em quando"? Não to acreditando. Não percebe que Carol está exausta? Que precisa de carinho, atenção, cuidado e de sua parceria? Depois de tudo o que me contou, ainda quer uma noite de sexo? Se liga! Quer moleza, Tom? Namora um homem.

Considerando que OMS entende que a sexualidade é parte integrante da qualidade de vida, interferindo diretamente no seu direito de ser feliz, que mais do que uma função biológica e reprodutiva, o sexo está engajado com o prazer, entrega, afeto, autoestima, atenção e cuidado com o outro, deveríamos dar mais atenção a ele.

Quando uma pessoa tem uma relação sexual insatisfatória, gerando problemas fisiológicos ou emocionais que lhe causam sofrimento, persistente e recorrente por mais de seis meses, podemos dizer que essa pessoa apresenta uma disfunção sexual. Estas podem ser classificadas em três categorias: primária, secundária ou situacional. Como profissional da área faço esse acolhimento e entro com um processo terapêutico, quando o mesmo for de ordem psicossomática. Para tal, o cliente deverá ter passado por um ginecologista ou urologista, feito os exames e constatado que não há um problema fisiológico.

A intervenção terapêutica ressignificando a sexualidade

• **Culpa/vergonha:** são crenças inibidoras do prazer e resultam em falta de sensação física, ausência durante o ato sexual, necessidade de fantasias para excitação. Se a mulher corporificou o prazer como pecaminoso, pode

Neise Galego

acontecer o congelamento, trazendo um entorpecimento da neurologia dos órgãos sexuais. A renúncia ao prazer gera inconscientemente uma autopunição e a vagina pode transformar-se em uma área anestesiada.

Atuação: dar suporte para estar presente no corpo, mantendo o nível de excitação por meio de práticas como *Yoga orgástica*, *coaching* de masturbação. Considerando que a vergonha se alimenta do silêncio, é considerável o desenvolvimento da capacidade para descrever com palavras os sentimentos e emoções.

• **Trauma sexual:** o abuso sexual é um trauma mais comum do que se imagina e acontece por fatores culturais, socioeconômicos, religiosos ou familiares. Este pode envolver a manipulação dos genitais, exibicionismo, voyeurismo, contato físico e relações sexuais. Quando falamos trauma sexual, normalmente consideramos apenas estupro ou abuso, mas eles ocorrem também de forma verbal ou agressão física, devido a uma educação machista e ameaçadora, principalmente na educação da mulher, onde o ato sexual era permitido apenas para procriação e o prazer feminino era pecado. Segundo a ABT "o que gera o trauma não é o evento em si, mas a energia residual que ficou acumulada no corpo devido à impossibilidade de uma resposta biológica de luta, fuga ou congelamento".

Atuação: embora não tratemos de traumas, oferece uma educação resgatando o amor próprio, alegria e perdão. Conectando o órgão genital com o coração e cérebro, por meio da presença e do prazer, proporcionando essa ressignificação. Por meio da respiração, som, movimento e de exercícios de liberação essa energia que estava estagnada passa a circular por todo o corpo.

• **Dificuldade no orgasmo/dor na relação:** anorgasmia é a dificuldade de sentir orgasmo após estímulos adequados de excitação. Já a dispareunia está relacionada à dor durante a relação sexual com penetração e o vaginismo é a contração involuntária da musculatura vaginal impedindo a penetração.

Atuação: gerar segurança, conhecer o corpo e a presença é o primeiro caminho. Por meio do mapeamento vulvovaginal, a mulher tem a capacidade de tomar consciência da sua vagina permitindo acordar seu tecido erétil, relaxar sua musculatura e despertar sua área G.

• **Ejaculação precoce:** pesquisas mostram que o tempo médio para a ejaculação, considerando a penetração vaginal é entre sete a treze minutos. A palavra precoce quer dizer, antes do tempo. Sendo assim, sob meu prisma, qualquer ejaculação que aconteça sem o homem desejar, é precoce. 90% dos casos ocorrem por ansiedade ou por consequência de uma masturbação rápida, silenciosa e com base na vergonha que foi aprendida na adolescência e se estendeu na vida adulta.

Atuação: para o controle ejaculatório é considerável o aprendizado da

O grande livro do amor e do sexo

regulação da energia sexual, nomear o nível de excitação por meio da percepção corporal e estar presente exercitando o *mindfulness* sexual.

• **Pornografia:** sempre fez parte da sexualidade, porém o acesso ficou muito facilitado com os celulares e hoje está literalmente ao alcance de nossas mãos, inclusive a crianças e jovens. Positivamente, a pornografia ajuda na desconstrução de crenças limitantes.

Torna-se negativa quando o uso inadequado gera prejuízos na vida social, profissional e afetiva. Quando é procurada como "aprendizado", já que a realidade sexual é bem diferente. Como consequência, criam-se expectativas irreais e experiências frustrantes, principalmente para os jovens. Perda de interesse pela parceira, baixa autoestima e disfunções sexuais são preocupações decorrentes desse hábito. Assim como a mente afeta o corpo, o corpo afeta a mente. Tira o indivíduo da realidade somática e o corpo começa a "não sentir", ignorando a importância do contato físico, do carinho e do afeto.

Atuação: trazer a conscientização em relação à pornografia por meio do Pornô *Yoga*. Essa é uma excelente ferramenta para as pessoas que amam pornografia, mas que já sentem sua sexualidade limitada. O objetivo é levar para o corpo toda a energia erótica que os genitais estão carregados, porque o sexo é muito mais abrangente do que um pênis e uma vagina.

Sua potencialidade orgástica é muito maior que você imagina

Vamos começar quebrando paradigmas? Tire o foco dos genitais e coloque no corpo todo, entendendo, assim, a diferença entre ejaculação e orgasmo. Comece a explorar a pele, seu maior órgão sexual, sem pressa. Durante o ato sexual esteja presente, estimulando todos os sentidos. Permita-se estar vulnerável e alegre. Respire consciente para que a energia gerada por meio do prazer circule e seja absorvida por todo corpo. Quando conseguir expandir sua potencialidade orgástica, você terá uma nova compreensão da vida e do sexo. Você expandirá também sua consciência e internalizará como é poderosa e espiritualizada a energia sexual, a energia de vida, a energia do amor.

O grande livro do amor e do sexo

CAPÍTULO 24

BISSEXUALIDADE PSÍQUICA: A MUDANÇA DO HOMEM NA ATUALIDADE E A NOVA IDENTIDADE MASCULINA

Formação do sujeito, vida conjugal, paternidade e outras contribuições sobre o homem contemporâneo

Renan Regueiro da Silva

O grande livro do amor e do sexo

Renan Regueiro da Silva

Psicólogo e psicoterapeuta. Estudioso da teoria psicanalítica, psicologia clínica, organizacional e do trabalho. Formado em psicoterapia psicanalítica de casais pelo Instituto Sedes Sapientiae e pós-graduado em psicologia organizacional e do trabalho pela Universidade Presbiteriana Mackenzie. Coautor da *Revista Psicologia*, edição especial nº 39: *mulher, feminilidade e feminismo*, Editora Mythos (agosto, 2017). Atua em consultório particular no atendimento de adolescentes, adultos e casais, e supervisiona psicólogos recém-formados nos atendimentos iniciais após a formação. Trabalhou durante sete anos na área de Recursos Humanos, com foco em treinamento e desenvolvimento e recrutamento e seleção. Estudou e permanece se aprimorando nos assuntos da psicoterapia breve psicanalítica, psicanálise, filosofia e saúde mental.

Contatos
www.psicologorenan.com.br
regueiro.psico@gmail.com
(11) 98986-0046

Capítulo 24

O que é ser homem hoje em dia? Sem dúvidas, não é retornar ao passado machista e misógino que vivemos por séculos em nossa cultura. Também não parece ser a repressão dos próprios sentimentos.

Nas últimas décadas, o homem passou a conhecer a mulher como alguém que possui desejos e que pode ser mais bem-sucedida do que ele, na vida amorosa e no mercado de trabalho.

Com o crescimento da mulher, muitas perguntas parecem circular na mente do homem atual sobre como ele deve ser, falar e agir. A noção de empatia pelo sexo oposto e a abertura para os próprios sentimentos têm se tornado essencial para que o homem tenha relações mais harmoniosas no seu convívio diário.

Embora alguns se questionem, existem muitos homens que não conseguem falar de suas angústias. Acreditam, fielmente, que conversar sobre seus sentimentos seja uma tremenda perda de tempo, e se utilizam de um momento de embriaguez para deixar aflorar o seu lado mais sensível.

O sujeito em formação

Serge Refez (2013), psicanalista francês, nos diz que a criança durante os dois ou três primeiros anos de vida, ordena o mundo quase sempre de forma binária. O dia e a noite; o frio e o calor; o claro e o escuro; abrir e fechar... Assim, procura organizar-se internamente e se apropriar do mundo ao seu redor.

O grande livro do amor e do sexo

Nessa fase do desenvolvimento sexual infantil, que Freud (1905-2016) designou de sádico-anal, já se encontrava um antagonismo entre os dois sexos, porém, não por meio de um masculino e feminino e, sim, na distinção de um ativo e passivo.

Por esse caminho, a criança começa a organizar seu mundo interno e identificar as características de ambos os sexos, pois o objeto externo já pode ser constatado, por meio do tom de voz, dos afetos e da presença física de cada um. Nesse contato com as características dos sexos, abre-se caminho para uma outra organização interna: a bissexualidade psíquica.

A bissexualidade psíquica consiste em incorporar as características das pessoas dos dois sexos, homem e mulher.

Até agora, a criança já identificou, discriminou e incorporou as características dos pais. Pensemos, então, de que forma tudo isso se relaciona com a cultura na qual ela está inserida e com os opostos masculino e feminino.

Ao nascer, o bebê já é posto em cheque quanto a sua sexualidade. Se for menino, o macacão deve ser azul, se for menina, deve ser rosa ou florido.

Ele cresce mais um pouco e não muda muita coisa. Se o menino cair no chão e chorar, o pai dirá para ele se levantar, mas se a menina cair, o carinho e o afeto dos pais farão parte do acolhimento da criança.

Quando criança, o menino precisa acreditar que pode vencer qualquer obstáculo e que nada o deterá. Ele internaliza as crenças populares de que "macho que é macho não chora" e começa a viver uma castração de sua sensibilidade.

Essa opressão familiar é responsável pela imposição de uma agressividade que ele custa a conviver, porque precisa negar suas emoções, que ele identificou como sendo feminino, e, portanto, precisa expulsar de si.

Na adolescência, ele vive um conflito entre o deixar de ser criança e o desejo pela vida adulta; reproduz o modelo da cultura que separa as características do homem e da mulher, e luta, constantemente, para se tornar um rapaz forte e maduro. O temor pela homossexualidade também surge nessas fases anteriores à vida adulta.

A diferenciação de sexos, instalada em seu psiquismo e sustentada pela cultura, é o que instiga os medos e as angústias dos meninos. Esse processo vivido desde pequeno o coloca em conflitos internos e perigosos, como medo, aversão e rejeição à homossexualidade.

É, portanto, nos fantasmas construídos culturalmente, que as confusões em seu psiquismo se espalham. Nota-se que indivíduos mais preconceituosos temem ainda mais a homossexualidade. Isso tem relação com a falta de orientação sexual ao longo de sua infância e adolescência.

E quando chega a vida adulta, o homem tem de garantir essa masculinidade construída e imposta pela família, sendo o "chefe" da casa e o responsável por garantir as finanças do lar. Além de não ser ele o responsável pelas atividades domésticas, esse adulto luta para não demonstrar suas emoções e garantir que o relacionamento afetivo com os filhos seja responsabilidade da mulher.

Vida conjugal

O homem desenvolveu habilidades para ganhar dinheiro, construiu milhares de possibilidades para ser bem-sucedido e revolucionou a tecnologia, mas esqueceu de olhar seus recursos para o amor.

Esse fechamento para suas emoções, ao contrário do que ele acredita, é o que fragiliza o contato com seus sentimentos e a própria vida conjugal.

Muitos casais levam anos para se separar. Relacionam-se de forma fria e danosa para sua saúde física e mental. Por vezes, a própria relação sexual está voltada apenas a suprir as questões biológicas ou de reprodução. As fantasias sexuais não são compartilhadas de forma sadia, e o não reconhecimento da sensibilidade do homem, sua falta de empatia, implica em relações abusivas e perversas com a mulher.

A reprodução do casamento dos pais é um mecanismo bastante comum na relação conjugal. Percebe-se que muitos casamentos se mantiveram por longos anos e se sustentaram devido a uma série de motivações, mas não o amor.

A separação é vista como algo impensável, por vezes, pelo medo da solidão.

O referencial para esse casal, e, portanto, para esse homem, na maioria das vezes, será o modelo que enxergou na relação de seus pais. Se esse pai foi o famoso "machão" da relação, é possível que reproduza esse modelo.

Isolamento dentro de si

Nota-se no desenvolvimento do homem em sociedade, que sua personalidade é desenvolvida e construída culturalmente, para anular seus medos, conflitos, angústias e quaisquer sentimentos que o faça parecer fraco e sensível demais para "aguentar o tranco".

Esse isolamento dentro de si, causado por essa repressão de sentimentos e emoções pode ser o despertar de sintomas neuróticos e patologias de ordem psicossomáticas.

A busca pelo sucesso profissional e a forte disputa no mercado de trabalho pelos melhores e maiores resultados o aproximam de um estresse cotidiano. Esse estresse não é, contudo, exclusivo da vida adulta e de sua preocupação com os resultados profissionais.

Ele tem sua origem na infância e adolescência, e na relação que estabelece com o pai, com os amigos e familiares, como apontado anteriormente. Ou seja, a pressão e o estresse são anteriores às responsabilidades da vida adulta.

O grande livro do amor e do sexo

Esse estresse na vida do homem adulto carrega ainda um outro vilão – a impotência sexual. Ora, se falamos que esse homem sofre pressões desde criança e reprime seus sentimentos, fato é que ele precisará atingir os melhores resultados em sua vida sexual também, pois, afinal, macho que é macho tem um excelente desempenho na cama e não falha nunca.

É, portanto, o homem que não revela seus sentimentos e preocupações que se torna reprimido.

A repressão, para Freud, de acordo com Laplanche (2001), quando se referiu à bissexualidade psíquica, fundamenta-se no recalque das representações do sexo oposto, ou seja, manter inconsciente aquilo que o indivíduo não considera (racionalmente) como características de si mesmo.

Para o pai da psicanálise, todo ser humano teria disposições sexuais masculinas e femininas que surgem em seus conflitos para assumir o próprio sexo.

Nessa perspectiva, todo homem, ao nascer, poderia desenvolver o seu lado masculino e feminino – sua agressividade e sensibilidade. No entanto, devido a padrões culturais que separam os valores e atribuições dos homens e das mulheres, nossos pequenos bebês meninos parecem já sofrer com esse conflito interno gerado pelos seus próprios pais.

Contribuições finais

Para entender o presente, é necessário retornar ao modo como funcionamos nas relações de um passado não tão distante (e presente), pois a desconstrução de ideias tão enraizadas leva tempo, mas precisa começar de alguma forma.

Tenho notado muitos pais falando sobre paternidade, em desconstruir um paradigma patriarcal e se aproximar de um modo afetivo de seus filhos e filhas.

Recordo-me de um paciente que tinha sérios problemas para lidar com seu filho de cinco anos. Queixava-se de que o filho não gostava dele, mas que alimentava um forte vínculo com a mãe. Em meio a tantas reflexões e ressignificações, restou-me pensar de que maneira mais cabível esse pai poderia se aproximar de sua cria, a não ser, por meio dos afetos, tão rejeitados devido a seus conflitos internos.

Pois, então, é claro que não se pode dizer qual a maneira correta de se portar diante de tantas mudanças que envolvem o relacionamento humano, entretanto, parece-me que a noção de empatia dos afetos e a sensibilidade permitida (e não reprimida) possibilita ao homem, retornar ao feminino recalcado nos primórdios de sua vida.

A percepção que tenho é de que o homem está mudando e permitindo sentir e expressar suas emoções. Para Refez (2013), as emoções seriam originárias da bissexualidade psíquica, e deveríamos, então, permitir a liberdade para que nossas crianças vivessem suas características masculinas e femininas.

A noção de paternidade expressou grandes mudanças de uns tempos para cá. Os pais tornaram mais fortes seus laços e o convívio com os filhos. Pode-se perceber, inclusive, que a relação corporal do pai com o bebê é mais presente, portanto, no desenvolvimento da criança, a incorporação dos sexos é menos binária, e mais triangular – entre pai, mãe e filho, o que abre espaço para uma integração da bissexualidade mais harmoniosa, seguindo o pensamento de Refez (2013).

Acrescento que o brincar da criança faz parte dessas mudanças, pois brincar de boneca me parece saudável ao menino.

O que é o famoso instinto materno, senão, boa parte da vivência das meninas com as bonecas desde os seus primeiros anos de vida? Quero dizer que esse instinto é aprendido, introjetado a partir de suas experiências, e formado, portanto, em seu psiquismo.

Se, um dia, falarmos deveras em instinto paterno, precisaremos ponderar sobre o que foi permitido ao menino em sua tenra infância.

Agora, pois, avancemos para a adolescência, pois é no apaixonamento que o adolescente permite o retorno à feminilidade de criança. Essa é a possibilidade de um garoto projetar naquela pessoa por quem se apaixonou, o seu "lado feminino". Por meio desse apaixonamento, do amor, esse garoto pode, então, ter empatia pelo outro.

E quanto aos adultos, estou certo de que observar um homem trocar as fraldas de seus filhos ou uma mulher sendo responsável pelas finanças da casa são indícios de que nossas questões internas, que fundamentam nossa personalidade, estão se tornando conscientes e possibilitando o amadurecimento de nossas relações.

São esses movimentos que mostram um sentido na evolução do homem em sociedade, o que se constata como uma grande transformação na relação do sujeito com seu mundo interno e externo. Transformação que contribuirá para a relação com seu par, no sexo e no amor, sendo assim, na possibilidade da manifestação sexual de suas próprias fantasias e do reconhecimento do desejo do outro.

Em suma, acredito que essa mudança de uma brutalidade do homem para uma identidade que também compõe sensibilidade e empatia, esteja vinculada ao reconhecimento de sua bissexualidade psíquica. Afinal, classificar um homem como "mulherzinha" já se tornou um ato bastante obsoleto, que nos remete aos conflitos internos daquele que ainda o faz.

O grande livro do amor e do sexo

"Ser um homem feminino
não fere o meu lado masculino
se Deus é menina e menino
sou masculino e feminino."
(Pepeu Gomes)

Referências
COSTA, Moacir. *Sexo: o dilema do homem*. São Paulo: Gente, 1993.
FREUD, Sigmund, 1856-1939. *Obras completas, volume VI: Três ensaios sobre a teoria da sexualidade, análise fragmentária de uma histeria ("O caso Dora") e outros textos* (1901-1905). São Paulo: Companhia das Letras, 2016.
HEFEZ, Serge. *Homens no divã*. São Paulo: Benvirá, 2013.
LAPLANCHE, Jean. *Vocabulário da psicanálise*. São Paulo: Martins Fontes, 2001.
LIMA, Claudia de Castro. *Papo reto: o livro – Entrevistas sobre temas essenciais para o homem*. São Paulo: Editora Abril, 2018.

O grande livro do amor e do sexo

CAPÍTULO 25

DO AMOR E DO SEXO: VAMOS FALAR SOBRE ISSO?

Em minha experiência com atendimentos, percebi que algumas pessoas têm muita dificuldade de falar do que realmente importa. Sexo e amor são exemplos de temas extensos e complexos, ou seja, coisas importantes precisam ser ditas a respeito deles. Como terapeuta e professor de *yoga*, espero contribuir para o debate e suscitar algumas questões a pensar e a pesquisar

Renilson Alves Durães

O grande livro do amor e do sexo

Renilson Alves Durães

Terapeuta corporal sistêmico e professor de *yoga* há mais de 30 anos. Filósofo, palestrante interativo, consultor nas áreas de terapias corporais e *yoga*, *coach* mentor ISOR (Instituto Holos), *practitioner* em PNL, poeta e *performer*. Coautor dos livros: *Coaching esportivo e saúde*, pela editora Literare, com o texto "Yoga – Para Vencer nos Esportes e na Vida"; "Trinta Anos-Luz" e "Pedaladas Poéticas", pela editora Aquarela Brasileira. Ministra oficinas corporais em instituições públicas e privadas. Participante ativo do Psiu Poético. Ministra: curso de massagem terapêutica, *workshops* de respiração, terapias corporais em grupo e palestras interativas (público diverso/ redução estresse). Realiza atendimentos individuais, presenciais ou *online*. Professor pela Associação dos Terapeutas Reikianos do Norte de Minas Gerais.

Contatos
Instagram: renilsonduraes
rduraes68@gmail.com
(38) 99219-4580 (WhatsApp/Tim)
(38) 99102-9063 (Vivo)

CAPÍTULO 25

Há algum tempo temos a impressão de que o sexo deixou de ser tabu. O tema é discutido nas escolas, nas mídias, no trabalho e nos espaços de convivência, o que contribuiu, certamente, para melhorar a informação, a conscientização e a mudança de atitudes, mas não parece o suficiente. Ainda estamos em transição: alguns preconceitos arraigados e orientações superficiais, impossíveis ou distorcidas precisam ser modificadas, por outro lado, alguns valores ficaram "líquidos". Os jovens pensam que sabem e a turma madura também não chegou a um consenso. Apesar da quantidade de informações disponível, os assuntos sexo e amor continuam sendo melindrosos, rodeados de mistérios, de mitos e de reservas, gerando medo, vergonha e dúvidas. Poucos sabem realmente lidar com essas questões.

Que o sexo é biológico, instintivo e uma necessidade fundamental da manutenção da espécie, parece não haver mais dúvida. A dificuldade maior está em compreender que a sexualidade humana, presente em todos os seus aspectos, vai muito além da questão reprodutiva.

Segundo Maslow, dentre as necessidades humanas, os relacionamentos e a satisfação sexual ocupam o segundo grupo (psicológicas), atrás apenas das necessidades básicas: sobrevivência (comida e funcionamento do corpo) e continuidade da espécie (sexo: pura fisiologia).

A atenção da pessoa gira em torno daquilo de que mais precisa no momento. Geralmente, quando está tudo certo em um nível, acalmamos, mudamos o foco e buscamos a satisfação da próxima necessidade ou

O grande livro do amor e do sexo

interesse. Evidentemente, alguns podem inverter um pouco a ordem (ou sublimar algumas necessidades, não se sabe a que preço), estabelecer outras prioridades, buscar antes de tudo a estruturação financeira ou a espiritualidade, e, muitas vezes, fica tudo bem assim. Contudo, com fome, só se pensa no sustento. Salvo a falta de distribuição adequada de recursos, a humanidade tem alimentos suficientes. A manutenção da espécie, por sua vez, não parece correr riscos. Afinal, neste estágio da humanidade, para manter a espécie não é necessário que todos se reproduzam. Há trinta anos, meu pai já dizia: "este mundo tem gente demais".

Então, o homem já pode estar concentrado em algum ponto das necessidades psicológicas. Dentre elas, a prática sexual, essencial à conservação, surge aqui profundamente relacionada à condição da existência humana, agora de forma mais refinada e sofisticada.

De qualquer forma, sexo é assunto de interesse de todo o mundo. Está espontaneamente presente nas rodas de conversa. É tema para boas histórias e para charadas. Alguns até agem como se dominassem a matéria, recriminando certos comportamentos e arriscando alguns conselhos. Sexo é das mais cobiçadas matérias para o humor e para os anúncios comerciais. Até a indústria descobriu que se todo mundo quer ou precisa de qualquer forma, está aí uma grande mina: criam fantasias, prometem a realização sexual e a felicidade, desde que você adquira um produto, um serviço ou um contrato.

Não é o que você está pensando

Mas, pode ser que seja. Como dizia a minha mãe quando fazíamos qualquer coisa errada: está com a cabeça naquele lugar! Ela tinha razão. Se não é fácil dominar o pensamento, imagina ao pensar naquilo! Parece mesmo haver uma busca inconsciente por satisfação ou pelo menos por interesse no assunto.

As pessoas falam e fazem como se fosse fácil, mas não pensam que é. No fundo, sabem. Hodiernamente, houve um aumento da exposição e do exibicionismo, bem como um estímulo para o consumismo e a liberação da prática sexual, mas não houve um investimento na melhoria das relações. A sociedade é civilizada, moderna e dinâmica, mas é neurótica e atormentada pelo sexo. Ou o que significa o sucesso de músicas cujos temas são o sofrimento, a angústia, o abandono, a traição e a perda? O que justificam o vício e a vingança? O que significa essa brutalidade crescente tendo por pano de fundo os relacionamentos? Além do mais, a complexidade das relações é também o principal assunto nos consultórios terapêuticos e psiquiátricos, e, como se não bastasse, talvez seja o maior determinante da violência doméstica, portanto, um dos principais casos de polícia.

Na verdade, na maioria das vezes não se fala do que é importante. Penso que nem sabemos como fazê-lo. Sexo é o início da vida, está presente em todas as etapas e a ele fazem referência de forma pejorativa: "estão com safadeza, são imorais". Gaiarsa já dizia que falamos tanto nisso porque estamos incomodados, porque está em falta, carência. Estamos todos voltados para isso "em pensamentos, palavras e ações", mas há algo muito mal compreendido e não realizado nesse meio. O sexo está no centro da política, da economia, da polícia, da família e da religião, e, embora muitas vezes as questões não sejam diretamente tocadas, perguntadas, compartilhadas, de alguma forma, elas estão presentes em tudo o que se faz e que se fala – quem sabe de uma piada, de um comentário ou de uma fofoca, surja uma instrução, um jeito de agir.

Está certo que quando o assunto é reprodução, a sexualidade humana não é tão diferente dos outros animais, pois todos já sabem mais ou menos como funciona. Mas, não é tudo igual. No humano, é muito marcante a questão da afetividade que determina e caracteriza os comportamentos e as suas relações extremamente complexas. E não sabemos lidar com afetos, uma vez que não nos ensinaram sobre o relacionar, nem mesmo se importaram em nos instruir sobre o autovalor, individualidades e peculiaridades do ser, muito menos a levarmos em conta o que, de verdade, é bom para nós. Crescemos e precisamos de terapias, quando não de medicamentos psicotrópicos.

A própria OMS reconhece que a sexualidade humana é muito vasta. Sexo bom é sensualidade para a vida e para as coisas da vida, gerando estados de alegria, condição essencial para a boa saúde.

Segundo alguns pensadores, o sexo é a expressão da maior energia do ser, a mesma força que ilumina a nossa consciência. É o que Reich chamou de orgônio. Freud, de libido. Os orientais, de *kundalini*. Para Jung, "A energia Sexual é a energia criativa que move a vida, nossas vontades e desejos". Segundo Reich, essa energia é força que percorre todo o corpo, gerando pulsão de ação, personalidade, criatividade e contato com o astral. Sua profusão determina a condição de pensamentos e até a cura. A energia é neutra, tornando-se amiga ou inimiga. Penso ser como o dinheiro, qual seja, uma energia de troca que precisa ser bem utilizada.

O prazer sexual gera uma energia mais poderosa do que outras distrações, como, por exemplo, viajar, comer, dançar e ler. Todo ser humano é portador desse recurso energético, só precisa acessá-lo diretamente. Se não puder, buscar-se-á, dia e noite, a realização em outras coisas e somente encontrará picos de prazer e novos vazios – já se sabe que o Brasil é um dos maiores consumidores de antidepressivos. Somos muito angustiados – talvez por isso boteco, farmácia e igreja proliferam tanto. Em quaisquer desses casos,

O grande livro do amor e do sexo

estão buscando o prazer máximo – o "sentimento oceânico", talvez da forma errada, nos lugares errados. Tudo isso é fuga. Freud detectou que a repressão causa o trauma, o adoecimento mental ou o comportamento desviado. Reich dizia que a energia reprimida criava a couraça muscular, o que dificulta as relações e causa as doenças no corpo, inclusive a destruição da psique.

E por que se sofre tanto por uma coisa que poderia ser tão boa, que poderia ser prazerosa da única forma que deveria ser – natural e fluida?

Está certo que temos problemas, mas o avanço é impressionante. Impossível ignorar os efeitos da repressão na humanidade: criou-se um calo cultural difícil de extrair. Se a criança é modelada pela cultura – Deus é do jeito que ensinam para ela. E na cultura cristã, sexo é tão imoral que Maria concebeu sem pecado e Jesus foi exemplo de celibato. Do outro lado, Krishna casou, teve filhos e é sempre rodeado de mulheres. Há vários livros hindus que falam do tantra, da importância do corpo, do toque e do prazer. Os cristãos camuflaram ensinamentos sobre o corpo e os seus instintos naturais, pois até batiam em si mesmos. Passamos a ser vigiados, por nós e por outros, e a nos punir caso cedamos aos impulsos de uma sexualidade livre. Pontos de vista. Qual é a verdade?

Do lado das famílias, a criança fica contaminada pela doença dos pais e dos antepassados, pela neurose deles, o que corta os prazeres e estabelece conflitos. "É feio, é pecado, tira a mão daí, onde já se viu...". Tem adulto que tem medo de qualquer forma de prazer, de distração e de alegria: "felicidade é só no outro mundo." Sabotam os sentimentos, escondem, fazem escondido, têm raiva de si mesmos por seus desejos, fogem e racionalizam. Quem atende a pessoas, depara-se com tudo isso. Os pais transferem os seus valores do seu jeito de ser, com suas dificuldades, tolhidos pela culpa e pelo medo – não é simples mudar e ensinar diferente. Aprenderam que é imoral. Sob esse ponto de vista, tanto homens quanto mulheres estão vivendo algo imoral, ninguém foi treinado a viver livremente.

Dá para ser com amor?

O amor é também muito falado, tornou-se uma palavra corriqueira, banalmente utilizada, e, por isso, desacreditada, ou seja, um ideal pouco provável. O termo acabou assumindo o lugar de expressões como ciúmes, submissão, alienação, paixão e posse. Mas, Osho já dizia: a gente não sabe o que é. É verdade que eu também não sei. E ninguém vai te ensinar o que é. É preciso ter disponibilidade e boa vontade para aprender que o amor não é teoria, que é busca constante de pura experiência, e, quem não o viveu, apenas passou pela vida – ele disse.

Renilson Alves Durães

E como saber se amei, se estou amando?

Vários autores estão de acordo que o caminho é a autoconsciência – mas não é fácil. Talvez seja mais fácil perceber quando não se está amando. Se o amor vai além do sentimento, se é um jeito natural de ser, então, sem amor, a vida não flui, a alma (às vezes até o corpo físico) adoece. Chegam para mim pessoas com situações que você nem imagina, com problemas que você pensa que estão extirpados da sociedade. O bom é que algumas pessoas estão incomodadas, elas querem melhorar – a "santa angústia" que faz mover.

Uma prática sexual, boa ou má, quase todos conhecem. Mas, uma relação sexual com amor poucos a experimentaram.

Acredito que consciente ou inconscientemente, as escolhas sexuais humanas têm grande presença de fatores subjetivos e de ordem emocional, seja o afeto, a conveniência ou o interesse. Para todos os comportamentos, há explicações que cada um considera razoáveis. Há sentimentos e condutas muito confusas, desde culpa, exigências e cobranças, regras que não funcionam e padrões que mais atrapalham do que ajudam. E não há julgamento – no fundo todos querem resolver a profunda solidão, querem relações com amor e vínculo verdadeiros, porém não sabem como construí-las. E "sexo é apenas o começo, mas se você perder o começo, perderá o fim", Osho.

Hoje tem muita liberdade social, aparentemente. Ainda restam muitos resquícios da repressão (velada e sofisticada) nos preconceitos (de ideias e atitudes) e nos padrões mentais. A família atual, fruto de uma geração repressora, também precisa superar desafios emocionais gigantes. Ela imita, reprime, proíbe e esconde – nisso não se mexe, tem coisas de que não se fala. Há pouco tempo, contavam estórias engraçadas. Nasci na zona rural e a minha mãe teve nove filhos. Quando estava prestes a nascer um irmão, ouvíamos dos pais e dos parentes: "seu irmão vai chegar naquele avião". Não se podia falar como nascia uma criança. A sociedade incentiva, mas não ensina a liberdade verdadeira, o respeito e a compreensão. Também é mais uma forma de manter o domínio. Imagina se todos ou pelo menos grande parte das pessoas fosse realizada? Para quem iam vender tanto? No dizer do meu saudoso amigo Elthomar: "É o amor vendendo mais do que Coca-Cola".

O fato de a mulher ter sido moralmente liberada para fazer o que bem quiser e quando bem entender não lhe garantiu aceitação, respeito e segurança. A mulher é mais atenta, buscadora e quer evoluir. Elas vêm às terapias e às vezes arrastam os seus homens. E se repararem bem, há muito sofrimento dentre os homens também... Eles podem estar com a ideia de que se sentem dispensados diante da infinidade de artigos eró-

O grande livro do amor e do sexo

ticos ou do conhecimento das mulheres em busca do próprio prazer. Os homens enfrentam a pressão de um jeito diferente, preocupam-se em continuar como lobos – entre os amigos querem contar vantagem e buscar aprovação, além de colecionar as melhores estratégias de pegar e de sair fora. Eles têm vergonha de falar dos problemas e das possíveis soluções, permanecem escravos do dogma criado por eles – o machismo.

É possível unir o amor e o sexo? É raro, mas não é um milagre e, sim uma conquista, é um sentido para a vida. Richard Bach diz que há amor quando os dois sobem juntos como dois balões, ou seja, um não puxa o outro, um não pesa para o outro. É preciso atingir e permanecer no estado de amor, exercitar, experimentar ser amoroso, alcançar ideal de estado meditativo, porque "o amor não tem outro desejo, senão o de atingir a sua plenitude". (Kail Gilbran)

Dizem que o sexo é usar o corpo do outro como objeto. É mesmo, mas o amor traz delicadeza para esse ato. O amor é a sutileza da gratidão e o profundo respeito pelo outro, permitindo que nos recordemos de que o outro não é uma coisa permanente, mas um parceiro, um ser que merece afeição e alteridade.

O grande livro do amor e do sexo

CAPÍTULO 26

O AMOR DE TRÁS PARA FRENTE OU O AMOR EM QUATRO ATOS

A chegada de Giovanna ao consultório deflagra uma série de inquietações sobre o amor, a fidelidade e a dor. Este cenário nos permitirá pensar os meandros de um dos fenômenos mais difundidos e esmiuçados da dimensão humana: o amor. Em quatro atos, veremos como a ideia consagrada de "eu" e "tu" juntos agora somos um "nós" é um delicioso faz de conta, com base num conceito de felicidade idealizada. Neste interjogo, surge o malicioso e caprichoso cupido, lançando os amantes numa reviravolta, por vezes, dramática

Rogério Fortunato da Rocha

O grande livro do amor e do sexo

Rogério Fortunato da Rocha

Psicólogo, doutorando em psicologia pela UCES, Argentina. Possui mestrado em saúde coletiva pela Faculdade de Medicina da UNESP. Pós-graduação em saúde pública e em EAD - educação a distância, pela Universidade Federal Fluminense. É professor orientador de pós-graduação na Fio Cruz (Fundação Oswaldo Cruz), em cursos voltados à saúde coletiva. Psicanalista, ainda possui especialidade em hipnose e terapia EMDR (dessensibilização e reprocessamento por meio do movimento ocular), com ênfase em traumas. Reconhecido pela Associação de EMDR Brasil. Faz atendimentos de adolescentes, adultos e casais.

Contatos
rogeriofortunato.psc.com.br
psicologorogerio@yahoo.com.br
(11) 99739-7626

Capítulo 26

Primeiro ato – a flechada

Giovanna estava aos gritos, no corredor fora de meu consultório. Não queria estar ali para ver um psicólogo, não queria falar com ninguém. Totalmente fora de si, chorando e lamentando-se, lutava fisicamente para abandonar o prédio. Sua mãe e mais dois amigos conseguiram trazê-la para dentro.

Sua mãe resumiu a história enquanto Giovanna estava sentada estática, agora, paralisada. Tentara suicídio jogando-se na frente de carros, apresentava visíveis arranhões nos braços e na testa, também ingerira toda a medicação encontrada em sua casa e fizera lavagem estomacal. Dizia que iria atirar-se de um viaduto. Fazia três dias que tentavam colocar juízo de volta na cabeça dela, dizia a mãe. Estava medicada e a mantinham sob vigilância.

Quando pôde, Giovanna contou que estava noiva e prestes a se casar dali há três meses e descobriu que seu noivo a traiu com outra mulher. Repetia o quanto aquilo era inconcebível e não conseguia conviver com a ideia da traição, sentia-se intensamente envergonhada por si e pela família.

Para ela, a história de amor possuía um roteiro bem definido. Não havia espaço para transtorno e traições, ademais, ela já havia concebido em seus sonhos e planos todo o trajeto que eles, o casal, iriam percorrer ao longo da vida. Tudo calculado, como uma fórmula matemática.

No entanto, Giovanna desconhecia a visão da psicologia evolutiva sobre a sexualidade humana e nunca ouvira falar das equações matemáticas de Lorenz e de Benoit Mandelbrot, sobre a "Teoria do Caos"

O grande livro do amor e do sexo

ou sobre o "Efeito Borboleta". Que consiste em efeitos imprevisíveis em nosso futuro, a partir de uma minúscula mudança, quase imperceptível, no início de quaisquer situações ou evento.

Do modo que pôde, ela relatou sua sensação de estar vivendo algo irreal, faltava-lhe energia, sentia-se estranha, como se os seus sentidos deparassem com um mundo sem verossimilhança. A mulher que estava passando por aquilo não era ela e o homem que cometera a traição não era seu noivo. Estava dentro de um sonho ou filme, enredada numa trama. Giovanna buscava proteger sua mente, encapsulava o que lhe parecia ser o seu bem maior.

A ciência, na psicologia e psiquiatria, denomina esse quadro de desrealização ou despersonalização. Poetas e escritores poderiam recontar essa história e assentá-la como mais uma lição de amor.

Dos fenômenos sublimes que circula a dimensão humana é o amor, de longe, o sentimento mais difundido, esmiuçado e explicado. Talvez, a dor esteja logo atrás, num *ranking* imaginário. Muito provavelmente, porque dizem que não há amor sem dor, ou da dor se brota o amor.

Vejamos... Nestes poucos parágrafos estão alguns dos elementos que irei discorrer neste pequeno ensaio. Outros, nem tentarei, pois o objetivo é mais fomentar a curiosidade do leitor do que criar um compêndio.

Estão postos, na dimensão humana, dois sentimentos que se interligam, o amor e dor, também, a palavra dita, a palavra que nos permite comunicar, que conta e busca explicar, representada pela dimensão da cultura, sociedade ou da civilização, se preferir. As palavras ganham corpo, viram crenças, valores e normas.

Segundo ato – a eletricidade, o celular e o amor

Imagine você viver sem a eletricidade ou celular, não por horas, mas por dias, semanas e até anos. Pois bem, embora pareçam que sempre existiram, a eletricidade não tem mais do que 139 anos, o celular, 70 anos.

O que isso tem a ver com o amor? A resposta é nada. Mas, a experiência de começar a viver com coisas que antes não existiam e, a partir daí, elas se tornarem indispensáveis é válida. Fiquemos com a ideia de não nos reconhecermos sem a presença de certas coisas. Pois, essas imagens figurativas permitirão compreender como atitudes, comportamentos e entendimentos sobre algo abstrato, como o sentimento de amor, pôde se instalar e ocupar esse lugar tão privilegiado em nosso mundo mental.

O amor, tal como o conhecemos, não possuiu mais do que 300 anos. A história da humanidade é entendida de 25 milhões de anos para cá. É um longo caminho de treinamento amoroso.

Na psicologia, chamamos de enamoramento o estado que ficamos diante de uma paixão. Como uma bolha, as pessoas ficam como que separadas do mundo real. Estão no mundo cotidiano com seus afazeres habituais, mas há algo de surreal acontecendo com elas. É um estado, pois apresenta características próprias. Quando deixam esse estado ou saem da bolha, aquelas características desaparecem.

Lembra um resfriado onde acontecem coisas bem esperadas: espirros, congestão nasal, corrimento nasal. Tudo isso dura de três a cinco dias. O amor, também, possui sua data de validade definida que contrapõem uma das crenças sobre o amor, a de infinitude.

Voltemos ao exemplo da eletricidade e do celular. Mesmo sem a existência deles, o homem buscava se aquecer, controlar o fogo e a se comunicar. Se não havia uma comunicação estruturada como a de hoje, mesmo rudimentar, ela se fazia presente. Assim, tracemos uma linha do tempo e, pouco a pouco, os acréscimos ganhos na comunicação.

Para a evolução da noção de amor, o romance de Goethe, de 1774, em que conta a história de Werther e a jovem Charlotte, que fora prometida a outro homem. Nessa narrativa, estão presentes a paixão e as tramas sociais que se tornam obstáculo na vivência do amor. Na história desse casal, a paixão é consumada às escondidas, com o amor, como justificativa para a infidelidade.

O romance tornou-se um veículo, um meio de propagar no ocidente civilizado uma ideia de amor, um modo de sentir, de agir e de sofrer uma grande paixão. Não obstante, o maior impacto está na repercussão dramática de inúmeros suicídios na Europa do século XIX, a partir da leitura do romance.

Entendida como uma epidemia de suicídios, o romance fora proibido em diversos lugares. Já era tarde, pois o germe do amor romântico já estava sendo incorporado, apresentando em sua temática principal, o tom trágico. Lançando os envolvidos numa trama com obstáculos, às vezes intransponíveis.

Agora, temos um sentimento com nome de amor com "A" maiúsculo, num formato bem reconhecível que traz em seu bojo as expectativas que devem ser vividas por aqueles que amam ou querem ser amados. Tudo muito difundido em filmes, poesias e músicas.

A fonte do amor romântico, e a própria palavra romântico vêm de antes da leva de suicídios da Europa. Costumam-se situá-la pelos séculos X e XI, designando um gênero narrativo das histórias de cavaleiros e donzelas, o chamado amor cortês. Eram narrativas à guisa de entretenimento, sem força e mágica. A frente já ganharia um tom de verdade.

Já sabemos que a história é mais complexa do que pensávamos. Em meio a todos esses interesses de poder masculino, a mulher possuía espaço de livre arbítrio e de papéis sociais reconhecidos e aceitos nas diversas esferas da sociedade, seja nas cidades administrando comércios, no campo, concentrando esforços na manutenção da família, ou nas esferas eclesiásticas, em que encontraríamos, por exemplo, as abadessas.

O grande livro do amor e do sexo

Algumas com grande poder na igreja e verdadeiras senhoras feudais administrando vastos territórios com aldeias e paróquias.

Notem que novos elementos vão se agrupando. Novas ideias e atitudes vão entrando no jogo, sem que outras, muitas vezes contraditórias, deixem de existir. Um exemplo é o tratamento dado às mulheres até os dias de hoje, havendo diferenças de tratamento, de respeito e de consideração, dependendo da região, o país e cultura.

Terceiro ato – Giovanna não fora tratada com tanta devoção...

Mas, o amor cortês surge como promessa de primeiro, uma exposição diferente da mulher e segundo, com a possibilidade de ela experimentar algo totalmente novo. Talvez, o novo estivesse mais no homem. Pois, pela primeira vez. Ele se resigna a uma atitude inferior e restringe sua ânsia e seu desejo diante da figura feminina.

Antes, com uma simples manifestação de seu desejo, ora com imposição de força e poder, pega para si o objeto de seu desejo e paixão. Agora, precisaria de uma nova atitude, que exigia cortejo e disponibilidade de servir, para ser merecedor de seu prêmio.

Você consegue imaginar essa mudança radical no mundo medieval?

Em frente, veremos, ou melhor, para traz, pressentimos que já vimos essas passagens em histórias do Rei Artur e sua esposa Guinnevere e, claro, Sir Lancelot, o pivô do adultério.

Foram provavelmente os trovadores medievais quem propagaram aos quatro cantos do mundo civilizado o germe da visão trágica e fatalista do amor desamado, proibido, que testemunhamos em Lancelot e Guinnevere, Tristão e Isolda, Romeu e Julieta até Giovanna.

Com as palavras, os pensamentos ganham corpo e se transformam em vidas próprias. Distanciam-se do controle de quem as criaram ou pronunciaram pela primeira vez.

De natureza igual, o amor ganhou vida, mas sua verdadeira origem. Assim como paixão vem da palavra latina *passio*, indicando uma ligação entre o amor e o sofrimento, a palavra amor encontra significância em afeição, em variadas modalidades: afeto, amizade, apego, benevolência, afinidade, fraternidade, apreço, carinho etc. Na atração: ardor, chama, desejo. Significância no ato sexual: acasalamento, coito, cópula, copulação etc. Ainda, na dedicação: atenção, cuidado, fidelidade e zelo. Por fim, na ambição: apetite, cobiça, fome, ganância, sede, sofreguidão.

A lista de termos para se referir ao amor pode ser extensa. E não é incomum se ouvir: "estou ardendo por você", "cresceu uma chama em mim quando o conheci", "estou apegado a você e quero fazer amor" e, por aí se segue. Com certeza, um outro se colocará discordante entre o que pode e não pode indicar um amor. Se for erótico não é amor, poderia se dizer. O amor está para além do desejo carnal.

Rogério Fortunato da Rocha

Importante guardar esta última frase. Voltaremos a ela, porque parece haver uma evolução, um tipo de desdobramento sutil do puro ato sexual à uma ideia, com múltiplas variações, que incita um conjunto de outras atitudes. Há uma transcendência aqui, um salto de grau, que sugere uma mudança de algo imperfeito para o mais perfeito, de algo mundano para o sublime.

Nesse ponto, parece, que o animal-homem já se encontraria mais domesticado pela sociedade, como diria Daniel Bergner, em seu livro *O que as mulheres realmente querem?* Agora, seu erotismo estaria mantido entre limites. Embora, não totalmente dominados, sua natureza original se manifestaria, na promiscuidade, na pornografia, ou pelos olhares, nem tanto furtivos, a outras mulheres.

Encontramos no mito de Eros as primeiras referências sobre o amor. A mitologia greco-romana exerceu tamanha influência no mundo ocidental, que podemos senti-la até os dias de hoje. Ela está em nomenclaturas, conceitos, orientações e embutidas na forma de nos relacionar. A partir da mitologia, seguiu-se todo um corolário de interpretações nutrindo e, vez ou outra, revivescendo o imaginário e os ideais do ser humano.

 Vale a pena recordar, pois a cada novo retorno ao mito nos deparamos com os heróis, deuses e deusas que há em cada um de nós.

No poema clássico de Hesíodo, surge Eros, ou Cupido, em seu nome romano. Deus do amor, responsável pela união de todos os seres, possuidor de uma força cósmica, impondo fecundação e multiplicação. Eros permitiu o equilíbrio do Universo.

Em uma das formas que ele foi apresentado, pois há outras variações (Homero, Hesíodo, Parmênides de Eléia, Pindaros, Empédocles e outros) influenciadas por disputas locais, por gerações de estudiosos, poetas e curiosos. Eros é um deus belo que não cresce e enquanto menino, vive só à mercê de sua mãe. Sua mãe, Afrodite, preocupada, se queixa à deusa da sabedoria que o orienta a ter outro filho. Diz, à deusa, que por Eros ser uma criança solitária, nunca havia aprendido a partilhar nada e desconhecia o sentimento de troca, portanto a amizade, a fraternidade. Tudo mudaria se ele aprendesse a compartilhar sua vida com outra pessoa.

Ao leitor, isso talvez esteja soando familiar. A frase "eles são tão infantis e dependentes" ecoa no consultório. A propósito, os homens também possuem suas queixas e Eco era uma deusa grega.

Com o nascimento de Anteros, o deus do amor correspondido, um panorama novo se seguiu. O nome Antero significa o amor voltou, outras traduções possíveis são: o ante amor, contrário do amor, ou o que não há amor. Nessa convivência, Eros começa a crescer e desenvolver-se dividindo a atenção da mãe. Agora, ele vivencia o sentimento de amizade, de compartilhamento de desejos e sensações e tornando-se mais belo.

O grande livro do amor e do sexo

Firma-se, assim, em Eros, e repercute como ensinamento, que o crescimento pessoal e a convivência com um outro torna-se possível com a reciprocidade na relação. Esforço e capacidade de troca de sentimentos, de anseios e desejos. Implica um olhar para fora de si mesmo (de seu desejo cego) e compartilha o bom, o belo, o amor.

Ficamos de voltar à frase "o amor está para além do simplesmente carnal". Aqui parece um bom momento, em razão de descrevermos a transcendência do próprio Eros, de desejo para algo mais elevado e compartilhado.

Em poucas palavras, podemos concluir esse entendimento: o amor não exclui o contato físico, ele sobreleva-se a outros fins, por exemplo: para a cultura, artes e política. Assim, era o entendimento na Grécia antiga, no qual para eles, não havia separação entre corpo e alma, mas a continuidade, não a ruptura.

Mais transparente fica agora, percebermos a força do impulso e a necessidade de sua reorientação, tal como um rio caudaloso que depende de suas margens para direcionar seu caminho, para dar a você continência e permitir sua vazão, sem consequências negativas. Sem esses parâmetros, a força da água demonstraria só sua avidez, sua energia, atropelaria tudo a sua frente. Além de certo controle, estaria ausente qualquer tipo de crítica ou autorreflexão. O impulso sexual é seu equivalente.

Não há mais mistério no fato de que tenhamos dentro de nossa programação genética orientações para a determinação de nossa musculatura, para a criação de ossos, órgãos e tecidos e para o impulso sexual.

Pesquisas já demonstraram o papel da substância ocitocina para a ligação e conexão entre mães e filhos, de vital importância para a sobrevivência e não abandono das crianças. E se começa a descobrir que seu papel se estende a quase toda ligação social e na formação de laços entre os mamíferos. Uma força que nos impõe a buscar um outro, o que é vital para a reprodução e continuidade da espécie.

A incessante busca do ser humano pelo amor nos revela o processo pelo qual um impulso imperativo se lança, buscando seu desenlace e se vê em meio a uma trama. Submete-se a incontáveis situações para alcançar seu fim. Uma verdadeira epopeia de enfrentamentos, dissimulações e sofrimento. Nada lhe parecendo grande demais, tal seu estado colossal, nada lhe mostrando limitado, tal seu apetite infinito.

Eros, com seu arco e flecha parece continuar brincando conosco, mortais, demonstrando sua força e perícia. Afirmando não importar o nível de conhecimento ou cegueira, que possamos alcançar, também não importando as tentativas de controle e submissão diante dos obstáculos pela moral, ética e valores da sociedade. Sua meta é dada a priori, posto que é seu destino.

Quarto ato – a flechada

Fugindo de um caminho mais ou menos razoável, nos restará onde tudo é permissível ou nada é permitido. A civilização possui uma dileção pela classificação. Em cada versão dominante, primeiro na Grécia, depois a influência romana seguida da ordenação cristã tratou de assumir um controle sobre a questão do amor. Pegou para si a responsabilidade de ditar o certo e o errado. Por fim, assumimos como nossos padrões e sofremos por conta das contradições.

Para dar conta dessas diversas experiências humanas, inventamos nomes, administramos prerrogativas às instituições e se algo ainda escapar da normalização, lançamos ao campo da saúde e denominamos de sintomas e doenças nossa infelicidade. Tudo muito bem classificado.

Giovanna não queria morrer, antes queria matar dentro de si a dor e a vergonha. Não queria que seu noivo fosse vítima da ira de sua família. Combinava a ideia que o seu amor a vingaria na morte.

Durante o tempo que passou em psicoterapia, Giovanna foi desconstruindo algumas formulações. Lidando com coragem suas piores e melhores crenças. A força daquele impulso que surgira e se expressava em desejo de morte cedera. Sua vergonha e receios reduziram e não lhe parecia mais tão ameaçador as opiniões de seu meio, de sua família, por decisões que pudesse vir a tomar.

Ainda houve tempo dela descobrir como o afeto afeta a percepção. E a percepção é única e pessoal. Totalmente mutável, uma vez que quando o afeto lhe toca muda sua configuração, altera nosso estado.

Ela estava caminhando e reavendo seu maior bem, que agora era a si mesma. Ela cedeu ao seu impulso de amor e perdoou seu noivo. Concretizou seu sonho com o casamento. Nada de errado nesse sonho. De modo geral, ele é pertinente à máxima de se ter uma vida normal.

Todos querem ser "normais" e, com isso, ter um relacionamento "normal", um companheiro "normal"; uma esposa "normal", filhos "normais", professoras "normais" para nossos filhos, um garçom "normal".

A estabilidade e a tranquilidade são estados idealizados. Um bem aspirado com tanto empenho que, contraditoriamente, nos leva ao desgaste, ao estresse, a um sobre-esforço. Nesse sentido, acreditamos que possa haver algum tipo de vida que o amor se mostre diferente: sem estresse, baseada em acordos rigorosamente cumpridos de parte a parte, no qual o bom senso, a partilha e a compreensão estejam presentes.

Aquela ideia consagrada de que "eu e tu" juntos, agora somos um "nós" é um delicioso faz de conta, inscrito num conceito de felicidade idealizado.

Não gostamos de ouvir tais palavras sobre um dos maiores sonhos da humanidade. Mas, já está dito: é um sonho! Por ser um sonho, não é, necessariamente, algo ruim ou que devemos nos envergonhar disso. Mas, a felicidade é uma idealização, tendo como referência uma época mais feliz

O grande livro do amor e do sexo

da vida, a infância. Essa avaliação, em retrospectiva, é de tal sorte, que muito nos serve como referencial para o futuro que gostaríamos de ter. Mas, o futuro e o passado nada mais são do que uma caricatura consagrada em nossos desejos e sonhos. Sonhar é bom! A realidade pode adoecer.

Por cinco anos, não tive notícias de Giovanna. Localizou meu contato profissional e me procurou. Relatou sobre seu relacionamento e mudanças em sua vida. Apreciando cada palavra que descrevia seus momentos de felicidade, sinais que decretavam que ela havia vencido.

De seu marido, contou-me o quanto ele era próximo e apegado, até demais, disse em forma de queixa. Era mãe de um garoto de quatro anos. Retomou a faculdade que havia abandonado para se dedicar à família.

Pressentindo o término de seu casamento, procurou-me porque estava confusa e sofrendo. A história era outra, confessou, achava-se apaixonada por outro homem. Giovanna se perguntava como deixou isso acontecer?

Por seu turno, Eros, revestido de Cupido, divindade possuidora de força divina, travesso e ardiloso interveio. Sua gargalhada triunfante ressoou mais uma vez.

O grande livro do amor e do sexo

CAPÍTULO 27

SEXO E AMOR: O QUE VOCÊ CONSEGUE SENTIR DA SUA PRÓPRIA SENSAÇÃO?

É fundamental entender uma coisa: o ser humano não pode ser separado do sexo. O sexo é a própria fonte da vida; nascemos do sexo. O ponto de partida do processo da criação. Veja uma flor desabrochando – já lhe ocorreu que o desabrochar de uma flor é um ato sexual? O que acontece quando a flor desabrocha? As borboletas pousam na flor e carregam o seu pólen, seu esperma, para outra flor. Um pavão dança para seduzir a fêmea. Todas essas são expressões da energia sexual. (Osho)

Rosane Rodrigues Marques

O grande livro do amor e do sexo

Rosane Rodrigues Marques

Psicóloga clínica, formada desde 1983. Nascida em Rio Claro – SP. Coautora do livro *Manual de dinâmica de grupos*, pela SBRASH. Cursou especialização em psicoterapia de adolescente pelo Sedes Sapientiae. *Professional self coach*, *generative coach*, *master coach* integrativo, *coach* de constelação familiar e, atualmente, estudando psicanálise com dedicação e afeto. De volta à fonte. Ofereço soluções construídas sob medida para pessoa física e empresas. Treinamentos, palestras e atendimento individual presencial bem como *online*, para pessoas e profissionais que desejam ampliar sua *performance* na vida pessoal e profissional. Nos mais diversos contextos, por meio de sessões customizadas.

Contatos
ronema@terra.com.br
(19) 98156-4388

Rosane Rodrigues Marques

Capítulo 27

A sexualidade forma parte integrante da personalidade de cada um. É uma necessidade básica e um aspecto do ser humano que não pode ser separado dos outros aspectos da vida. Sexualidade não é sinônimo de coito e não se limita a presença ou não do organismo. É muito mais do que isso, é a energia que motiva a encontrar o amor, o contato e a intimidade e se expressa na forma de sentir, na forma de as pessoas tocarem e serem tocadas. A sexualidade influencia pensamentos, sentimentos, ações, interações e tanto a saúde física como a mental. Se a saúde é um direito humano fundamental, a saúde sexual também deveria ser considerada como um direito humano básico. (Segundo a Organização Mundial da Saúde; 1975)

O nascimento da sexualidade:

Acontece desde a infância; segundo a contribuição da psicanálise e de seus diversos autores, passamos a ter o entendimento da energia vital presente nos bebês e já nas mínimas ações e inter-relações estabelecidas entre os pais e a criança. Mais precisamente entre a mãe e o bebê. Freud deu o nome de "a sexualidade pulsional". E que pode ser observada, por exemplo, no olhar da criança, nos gestos, e até mesmo na boca.

O grande livro do amor e do sexo

É uma sexualidade que diz respeito às trocas que esse corpo realiza com o mundo, (trocas afetivas) ao que entra e ao que sai. Todos esses elementos sensoriais que escorrem pelo corpo, que penetram por todos os furos e buracos. Nesse sentido, a criança é o tempo todo impactada e habilitada pela sexualidade.

Por meio dessas inter-relações é que a sua percepção corporal em diferentes fases da vida vai tomando vulto. Ou seja, o corpo da criança é o seu universo sexual, assim, a noção de corpo é essencial para a sexualidade. O "corpo infantil" não deixa de ser manipulável por quem se torna seu "dono", a saber: a mãe ou seu (sua) representante. Esse "sexual" traduz-se na relação entre a mãe e a criança, nos cuidados que essa mãe tem com a criança, na ternura. Ao passar dos anos vai sendo conduzido pelo próprio ser homem ou ser mulher. Será esse um dom? Um projeto ou um empenho?

Freud vai muito mais longe, pois não diz que o sexual jaz na ternura, por exemplo, mas que a própria ternura é em si uma excitação sexual. As relações do filho com sua mãe são, para ele, uma fonte contínua de excitação e satisfação sexual, a qual se intensifica quanto mais ela lhe der provas de sentimentos que derivem sua própria vida sexual, beijá-lo, niná-lo. Considerá-lo substituto de um objeto sexual completo.

Habitualmente, a mãe acha que seus gestos demonstram um amor assexual e puro, em que a sexualidade não desempenha papel algum, uma vez que ela evita excitar os órgãos sexuais do filho mais que o exigido pelos cuidados corporais. Mas, "a pulsão sexual, como sabemos, não é despertada apenas pela excitação da zona genital; a ternura também pode ser muito excitante" (Nasio, 2007 - em seu livro *Édipo: o complexo do qual nenhuma criança escapa*).

O desenvolvimento emocional:

Surge, então, um intercâmbio complexo e singular entre aquilo que é dentro e aquilo que é fora, que continua pela vida do indivíduo, constituindo-se na principal relação que ele tem com o mundo. A relação é mais importante, até mesmo, do que o relacionamento objetal e a gratificação instintual. Esse intercâmbio de mão dupla envolve mecanismos mentais denominados "projeção" e "introjeção". E, então, muita coisa acontece, realmente tudo acontece.

Rosane Rodrigues Marques

A força e a estrutura do ego tornam-se um fato. As relações transformam-se indo do extremo da dependência absoluta até a independência, embora jamais a independência absoluta.

Até chegar um tempo em que a criança se torna uma unidade, torna-se capaz de sentir: "eu sou", tem um interior gerado na realidade psíquica interna. A criança tornou-se capaz de se sentir deprimida. Essa é a aquisição do crescimento individual.

Então, podemos, simbolicamente, dizer que o nosso "primeiro casamento" acontece com a figura materna. Estando ela mais presente ou praticamente ausente. E é essa realidade que merece ser "olhada", encarada, entendida (quanto a presença ou ausência e suas devidas proporções), a fim de que, posteriormente, pela análise pessoal, tenha chance de ser bem elaborada.

Esse é o nosso primeiro vínculo afetivo e que está gravado na memória. E podemos elucidar dizendo que, o nosso segundo casamento (envolvimento emocional) ocorre, justamente, no processo da saída dessa "simbiose com a mãe" e na caminhada para o que a psicanálise aponta como sendo o processo de individualização do sujeito.

Em geral, o que é básico no relacionamento?

Pegando o veio da nossa origem, somos gerados (pelo menos ainda) por meio do ato sexual entre um homem e uma mulher. Os nove meses são vividos na proteção da barriga materna. Vemos dois aspectos importantes nos relacionamentos que se estabelecem: primeiro, uma delas dá apoio à outra e, em segundo, ambas se apoiam reciprocamente.

"O mais íntimo de mim mesmo é você." (Jorge Forbes).

Implicações do tema paixão e amor:

O tema paixão, geralmente, nos revela um envolvimento não só mais intenso, como muitas vezes mais unilateral do que o termo amor.

Na paixão, existe uma frase de um autor desconhecido: "Sou tão você que sinto falta de mim mesmo".

É possível dizer que amor implica um fenômeno mais ameno, mais sereno e, por isso mesmo, mais duradouro do que a paixão, geralmente mais tempestuosa.

"O amor é isso: não prende, não aperta, não sufoca, porque, quando virá nó, já deixou de ser laço." (Maria Beatriz Marinho dos Anjos)

O grande livro do amor e do sexo

Ao apaixonar-se, a pessoa faz um movimento para dentro, em direção a ela própria, e tenta arrastar o outro, o objeto, para lá.

O objeto da paixão é um ser totalmente idealizado, e aquele que se apaixona se sentirá totalmente identificado com ele, por algum tempo ou de modo permanente (até que um analista os separe com uma boa análise pessoal).

Por que o sexo é um assunto que deixa as pessoas tão pouco à vontade?

Por que a nossa sociedade, nossa cultura alimenta os tabus? Faz muito tempo que os nossos corpos são tabus. De alguma forma, a cultura ocidental discrimina, em especial, a mulher. A famosa "caça às bruxas" não é uma lenda, mas, sim, hábito cultural.

Na psicanálise, se trabalha a ideia de uma lógica fálica, do tipo: "olha, um tem e o outro não tem", como bem coloca a psicanalista Dra. Maria Lucia Homem no vídeo da *Casa do Saber*, no *YouTube*, onde trata de temas considerados tabus. É a lógica que governa as nossas relações. Eu posso, você não pode. O conceito de igualdade é muito difícil. É mais uma ideia do que uma vivência de fato.

Somos todos seres sexuados. E queiramos ou não, as pessoas exercem todas as sexualidades. A gente tem medo do sexo, da vida, da morte, de tudo. É preciso encarar essa realidade para que algo nasça ou renasça desde então.

O enigma do nascimento de um ser humano na barriga de uma mulher é o mesmo enigma que move a sexualidade do ser. Puro ato de criação.

Deixar-se penetrar pelo mundo, pela sensação. Deixar-se penetrar por um outro; por um homem, por plástico, por uma mulher, por uma mão.

Penetrar a mulher, penetrar um homem, penetrar a vida, penetrar o desconhecido do outro, penetrar o desconhecido em mim.

Ser homem, ser mulher... É um dom? Projeto? Ou empenho?

Gosto do exemplo taoista que diz que a raiz é parte da árvore. Eu posso não ver porque ela está escondida mas, ela é que dá sustentação para a parte visível da árvore. Quanto mais eu mergulho no profundo do "eu", mais eu me aproximo da raiz, das sutilezas misteriosas e que serão os ingredientes da minha transformação.

Quanto mais atento eu estiver a essa relação, quanto mais conseguir viver "um aqui e agora", pleno do significado e realização, menos sofrimento trarei para mim mesmo e, consequentemente, para os demais a minha volta.

E o que dizer da psicanálise?

A psicanálise continua necessária, contribuindo para o alívio do sofrimento humano, do mal-estar de viver. Continua a ser uma teoria e um método para auxiliar aquele que se dispõe a investigar seu próprio eu, investigar seu inconsciente, podendo estar presente em análise, dispondo-se a "despir-se" de suas amarras. Na busca da própria identidade, da sua singularidade no encontro do outro, nos mais diversos relacionamentos.

A psicanálise do século XXI vem se adequando à globalização. Reexaminando as estruturas que não funcionam mais. Reinventando-se, como tem que ser.

Atenta à ética da consequência; do falar, do não falar, do gostar, do não gostar, do posicionar-se, do não posicionar-se, do abster-se, do não abster-se. Do saber e do não saber...

A psicanálise trata seres humanos ajudando-os no árduo processo do: "vir a ser", "do tornar-se". Na real.

Referências

FORBES, Jorge. *Psicanálise: a clínica do real.* Editora Manole, 2014. p. 33.

J. D, Nasio. *Édipo: o complexo do qual nenhuma criança escapa.* RJ: Jorge Zahar, 2007.

LOUZÃ NETO, Mario / ELKIS, Hélio e colaboradores. *Psiquiatria básica.* Ed. Artmed, 2007 p. 630.

MASHLER, Margaret. *O nascimento psicológico da criança.* Editora Artes Médicas, 1993.

OSHO. *Sexo em busca da plenitude.* Editora Cultrix, 2002. p.18.

SIGMUND, Freud (1905). *Três ensaios sobre a teoria da sexualidade.* Edição Standard.

O grande livro do amor e do sexo

CAPÍTULO 28

AS CONEXÕES DO AMOR E DO SEXO PELA MINHA LENTE

O acaso, o sim, o não e o talvez das conexões de amor e sexo em nossas vidas, Há explicação para tantos começos, meios e fins?

Sérgio Damião Lopes

O grande livro do amor e do sexo

Sérgio Damião Lopes

Contatos
sdlopes@uol.com.br
Facebook:
Sergio Damião Lopes
Instagram:
sergio_damiao_lopes
(11) 97647-6741

Especialista em Artes Gráficas & Embalagens, formado em *Marketing* e Vendas pela Universidade Anhembi Morumbi, com especialização em *Marketing* de Relacionamento e Atendimento. Participa de fóruns diversos, com destaque para os eventos da HSM em Negociação, Liderança e Inovação, além de feiras internacionais de embalagens nos EUA e Europa. Escritor e poeta, aborda com o tema *"Pela minha lente"* questões sobre amor, vida, cotidiano, com uma visão sensível e bem humorada. Além deste trabalho, está para lançar um livro sobre atendimento para o público corporativo com o título *Se vira você não é quadrado, o bom atendimento ampliando vendas*. Palestrante focado em embalagens, atendimento para resultados, vendas, negociação e gestão de equipes. Administrador de contas do *Grupo BoxPrint* há 15 anos, coordena o "Fórum de Soluções Integradas", evento em sua 15ªedição. Indicado como "Personalidade de Vendas" do *Prêmio Graphprint* (2015/16).

Sérgio Damião Lopes

CAPÍTULO 28

Fazemos parte de um grande cenário, ao fundo a cidade, a praia, o campo, a floresta, o céu, o espaço, a noite, o dia e, à frente, estamos nós, seres, pessoas, homens, mulheres, corpos masculinos com essência feminina, o contrário também, e muito mais, pois somos variados gêneros, preferências, crenças, opiniões, estilo, forma de ser, pensar, agir, somos simples, complexos, calmos, nervosos e ansiosos.

Temos olhos verdes, azuis, castanhos, negros, além das cores. Trazemos, ao caminhar um sem número de expressões no olhar, no gesticular, que representam os sentimentos, as emoções, as dores, alegrias, aspirações, que cada um está sentindo...

Somos olhares tristes, desiludidos, pela vida que levamos, a falta de sentido, a perda de alguém, um bem, amor ou algo que não se tem.

Somos olhares alegres, convictos, vivendo sonhos, achando sentido na vida, encontrando alguém, o amor, um bem, algo que agora se tem.

Somos muitos tipos, pessoas múltiplas, se movimentando com satélites em orbitas diversas, cruzando, tocando, olhando, não se vendo, ignorando, indiferentes, insensíveis ao outro.

E o que leva pessoas a se encontrarem, qual o mistério que envolve o encontro, a certeza do desencontro, os milésimos de segundo que nos separam do nosso amor, de nossa alma gêmea, de nossas paixões?

Na era digital, virtual, é como se cada um de nós estivesse tentando uma conexão no meio de tantas redes disponíveis, como se processa o *login* com e sem senha? Como passar de busca para conectado?

O grande livro do amor e do sexo

Como o acaso, em meio os milhares de possibilidades de encontro, faz com que dois olhares se cruzem, passem de uma simples visualização para uma intersecção de interesse, curiosidade e desejo?

A partir deste primeiro contato, uma fresta abre para que um ou outro tente uma aproximação, um primeiro curtir, um comentário aberto, um aplauso, um sorriso, um sentimento, daí em diante uma mensagem via *"whats", "Messenger " "inbox"*, pedindo um telefone, sugerindo um encontro.

E quanta agonia envolve o envio da primeira resposta, do lado que enviou a dúvida, se escolheu a melhor forma de contato, passam pela cabeça suposições diversas sobre o outro, tem compromisso, não tem interesse, é pessoa difícil, não gostou da abordagem? Em dado momento, a tela do *smartphone* confirma, um certo rubor avermelha a nossa face, uma palpitação, que se transformara em prazer, desejaremos que estes momentos se repitam, evoluam.

E planejarão o primeiro encontro, serão horas de tensão antes, dúvidas, onde e quando ir, como se vestir, se portar? Não exceder, não afrouxar, agendas não combinarão, sugestões serão negociadas, na teoria ela pode querer um teatro, um jantar romântico. Ele talvez tenha pensando primeiro em sexo, mas entende que a estratégia requer paciência, afinal ela já correspondeu, foi um grande passo. Na prática, ela pode estar tão carente que aceitaria ir direto para o motel, antes do jantar e do teatro, mas a estratégia exige um certo *"modus operandi"*.

E chegara o grande dia, ela consultara a melhor amiga a irmã, pedira opinião de roupa, vale uma *lingerie* sensual por baixo? E o penteado preso, solto? A sandália vermelha que combina o cinto, o brinco dourado que combina com o anel, uma maquiagem *nude* que não chame atenção, mas que não seja simples a ponto de não ser notada, por ele, para fechar, um perfume que a valorize, notas de madeira podem intimidar, floral pode não fazer jus ao conjunto da obra, que dúvida.

Ele tomara cuidado com roupa, *jeans* e camiseta branca, camisa? Combina com ela? Tênis ou sapato, blazer ou colete? Perfume cítrico, o único que tenho no momento....

Combinaram que ele a busca em casa, vai entrar rapidinho no carro, vai sorrir nervosamente, dar o rosto para um beijo e, a partir daí, o jogo da sedução inicia.

— Você está linda. Ele dirá.

— Não estou acostumado a te ver em roupas informais. Ela dirá.

Ela me parece mais bonita do que realmente é ou serão meus olhos?

Ele me parece mais jovial e bonito do que no dia a dia, serão meus olhos?

E quantos encontros acontecem, obedecemos a rituais preliminares, com todas as variáveis, possíveis e imagináveis.

Sérgio Damião Lopes

Quantos primeiros encontros acontecem em um mesmo momento, em pontos diferentes, com histórico de abordagem fora das redes sociais, foi um encontro inusitado em um bar, uma troca de olhares em um lugar público, uma amiga que reuniu um grupo, festas, pessoas livres à procura, outros comprometidos, insatisfeitos, infelizes, curiosos por experiências de risco, *Tinder* e *Badoo*.

E destes, quantos após a primeira noite sobreviverão? Quantos começam a dar errado pelos primeiros contatos, jeito, cheiro, palavras, opiniões, contradições, o vestir, o existir de uma forma diferente ao olhar do outro? Algumas mulheres têm filhos, outras os querem, umas são independentes, até demais, são metódicas, bobas, ciumentas, estressadas. Eles, da mesma forma, com suas razões e, acima de tudo isso, pode não ocorrer a conexão do brilho do olhar, que une, atrai...

Em contrapartida, uma sensação inexplicável pode surgir já nas primeiras tecladas, conversas, uma piada de bom gosto arrancara um sorriso verdadeiro, isso se somara ao jeito particular de receber, de se comportar e, quem sabe, aos poucos, nos sentiremos confortáveis com a nova companhia.

 O teatro escolhido pode ser um primeiro indicativo de semelhanças, um musical, uma comédia, para quebrar o gelo, um filme romântico, um drama, que faça ambos se emocionarem, demonstrando uma certa afinidade. Um delicioso jantar, um brinde com *prosecco* para celebrar o mútuo interesse.

Quantos passarão deste primeiro encontro com um sentimento verdadeiro? Darão continuidade por necessidade, solidão, oportunidade, carência, o tempo será o mediador da questão.

Pode ser que, a partir desse momento, novas sensações, emoções passem a aflorar, como se tivessem injetado em nossas veias um vírus, uma droga, um estimulante, potente, perturbadora, arrebatadora.

Nosso coração baterá descompassado com a perspectiva de um novo encontro, ouvir a voz do outro passa a ser prazeroso, identificaremos, alegria, emoção, dúvida e sedução. O relógio do tempo andará a giros lentos, como se a hora do reencontro não mais fosse chegar, quando este momento chegar, frente à frente, nosso sorriso será diferente, nossa temperatura corporal será outra, nosso rosto mostrara um tom de rubor, diferente, paixão, ansiedade, o encontro de nosso corpos em um primeiro abraço será como se duas peças de um quebra-cabeça se encaixassem perfeitamente para não se separarem. O primeiro beijo será repleto de fúria, desejo, inquietação, nossas línguas se debaterão com força, nossos corpos serão tomados por uma eletricidade incontrolável. Neste ponto, romperemos os limites, nos entregaremos ao melhor momento em que dois seres repletos de paixão, o desejo pode dividir, o ato de fazer amor.

Os corpos enlouquecidos passam a dividir as sensações químicas conjuntas, tato, olfato e paladar, sistemas nervosos ordenam que os corações

O grande livro do amor e do sexo

batam acelerados, um derrame de adrenalina se espalha pelo corpo, os músculos se agitam com a maior circulação sanguínea, artérias se dilatam, pulmões aceleram a oxigenação, a respiração torna-se mais rápida e curta, a temperatura do corpo aumenta, o suor passa a jorrar de nossos poros, como que tentando controlar a febre do desejo, a sensibilidade do prazer se amplia para outras áreas, um toque suave de mão, na orelha, na nuca, a boca no seios, nas partes íntimas, gemidos e palavras soltas, é o momento de liberação geral em nome do prazer, até que um grande curto circuito gerará um espasmo, o orgasmo, nos trazendo uma grande dose de endorfinas, que trará um forte efeito calmante, saciedade, paz.

E ao final desfalecidos, com uma doce sensação de cansaço, sonolência, encontrarão forças para um beijo e para pensar...

Ainda bem, que agora encontrei você,
eu realmente não sei, o que fiz para merecer, você... (Marisa Monte)

Que bom seria, se assim fosse!

O ápice da paixão é um primeiro e prazeroso estagio, mas não eterno, pois a vida a dois envolve outros cenários, que em intersecção serão grandes testes para o verdadeiro amor.

A falta e o excesso conspiram aliados para o sim, o fim, o não, faltara tempo dinheiro, compreensão, paciência, confiança, coragem, mas se faltar o amor nada resiste.

Os mágicos momentos do sexo serão intercalados com novas conexões, família, trabalho, objetivos, planos, as tentações do egoísmo, desejo, outras experiências, pessoas, desafios a serem superados.

A ordem do passado, namoro, noivado, casamento não é a mesma, pessoas "ficam" até quando é conveniente, cada um em seu espaço como formula para fugir da rotina, juntas, sem a necessidade do casamento?

Uma bela tarde, pessoas estarão bem vestidas em uma igreja lindamente decorada, todos com um olho na porta da entrada, outro na agonia do noivo no altar, a porta se abrirá, um toque de clarins será a deixa para o início da marcha nupcial cantada por um coral, a noiva surgira esplendorosa, sorridente, entre o trajeto da porta até o altar um filme do tempo passará em suas mentes, as lembranças, pessoas para as quais ela acena, sorri de passagem, corresponderão emocionadas, logo os olhares dos dois principais personagens se encontrarão, dali em diante, logo após repetirem convictos:

— Prometo te amar e te respeitar na alegria e na tristeza, na sua saúde e na doença, todos os dias da minha vida.

Este significativo, sim, define uma nova etapa na conexão do amor e sexo.

Que diferente será acordar ao lado desta pessoa sem opção de ir em-

Sérgio Damião Lopes

bora, tendo que retornar todo dia, dividir o mesmo espaço, cama, banheiro, mesa, sala e cozinha, sogros, tios, sobrinhos, TPM, mal humor, crises financeiras, existenciais, econômicas, desemprego,

Em muitos momentos ambos pensarão: valeu a pena?

E quando a resposta for, sim, nada será empecilho, a paixão, o desejo caminhará lado, abrirão espaço para compreensão, companheirismo, o desejo de estar junto, não terá o sexo como item mandatório, será necessário, gostoso, mas fara parte de um cenário maior.

E quando a resposta for não, tudo será empecilho, o desamor, o desejo caminharão por vias diferentes, sem compreensão, companheirismo não haverá sentido em estar juntos, o sexo e a falta serão mandatórios para a decretação do fim, o cenário passara a ter componentes como, egoísmo, solidão, indiferença, impaciência, traição, desrespeito, desamor e o fim desta conexão, apenas questão de tempo.

Para os que reconfirmaram o sim, virão os filhos trazendo vida nova ao casal, serão nove meses de trégua, espera, esperança, a combinação dos DNAs, trarão à família um novo membro, que, por sua simples presença, significará continuidade. Não haverá na sua vida momento mais lindo, marcante do que testemunhar um parto, o milagre da vida em sua plenitude...

O primeiro choro do bebê após a desobstrução das vias respiratórias, o primeiro sinal do reconhecimento do seio materno o fará parar de chorar, como se fosse mágica, daí em diante jamais sua vida será a mesma.

Este pequeno ser, sem dizer uma única palavra, em dias, saberá se manifestar ao sentir a fralda molhada, suja, com fome, ele saberá que seu choro o tirará do berço, o levará ao colo da mãe, do pai, para um aconchego, os casais vão adorar ser enganados pela primeira de muitas vezes, por este ser a quem apaixonadamente chamaremos de filho(a).

E nem todos nascerão perfeitos, nem todos os perfeitos o serão pelo resto da vida, uns serão totalmente sãos, outros não, serão *down*, autistas, terão deficiências visuais, auditivas, cognitivas e isso em nada afetara o amor, o carinho, esta profunda, maravilhosa sensação de ser pai, mãe, responsáveis, este momento único mudará o casal pelo resto de seus dias.

O tempo passará rápido, primeiros passos, primeiro aniversário, escola, travessura, formatura, encrenca, namorada(o), colégio, primeiro amor, emprego, primeira vez, decepção, descoberta, adolescência...

Eles serão héteros ou homos, alegres, introspectivos, estudiosos, relaxados, focados, dispersivos, inspirados pelo exemplo dos pais, da família, mas nunca serão iguais a nós, porque são únicos, ímpares e, com certeza, um dia nos deixarão, seguindo em direção ao seu mundo, seus planos, sua individualidade.

O grande livro do amor e do sexo

A partir desta separação, o casal se surpreenderá com a falta deles com a surpresa de ter somente um ao outro novamente, talvez não se enxerguem mais juntos, vão perceber que os filhos era o único vínculo. Acostumaram-se um com o outro, acomodaram-se? Já não têm mais nada a ver, ainda há tempo para buscar a felicidade, novas conexões, será?

Neste momento, um dos dois pode achar que é tarde para recomeçar, tudo fará para impedir o rompimento, para liberar o outro, as palavras consensual e litigioso podem transformar em inferno o que já foi um paraíso, podem revelar reações nunca vistas, os bens materiais serão alvo de grandes disputas, o que sobrará disso podem ser apenas dois estranhos que, de fato, nunca se conheceram.

Recomeçar com um novo alguém também pode ser difícil, dependerá de uma série de fatores, disposição, idade, necessidade e desejo.

O cenário será bem diferente, as pessoas, o momento não são mais os mesmos, serão novos encontros, em outra fase, talvez os homens maduros procurem mulheres mais jovens buscando rejuvenescimento, o contrário também por parte das mulheres, neste momento, pessoas mais jovens parecerão mais interessadas do que apaixonadas, ter ou não ter filhos um complicador, o financeiro pode ser um bom ou mal atrativo, pode ser que em meio a tantas tentativas, buscas, novos amores surjam, novas conexões sejam feitas, pessoas tenham uma nova chance de ser felizes ou apenas concluirão que tudo é uma questão de tempo para voltar ao mesmo estágio do rompimento...

Por outro lado, o casal pode se surpreender, amor e sexo ainda existem, talvez os dois tenham vivido mais tempo juntos do que solteiros, construíram uma vida, uma história, ainda têm prazer em conviver, dividir o mesmo espaço, entenderão neste momento a relação de forma madura, trazendo a incorporação de outros nobres sentimentos, respeito, admiração, carinho, paciência, cuidado e bem querer.

Suas lembranças de toda uma vida serão como tatuagens em suas almas, os locais que conheceram, situações que dividiram, emoções que compartilharam, músicas que ouviram, isso tudo somado trará a plenitude do amor a dois, o grau de dependência mútua será grande, o maior temor entre o casal será a saúde, pois tudo pode ser superado, menos a perspectiva de perder a pessoa amada, que ela(e) sofra, que em algum momento possa deixá-lo só, sem ninguém para dividir esta história.

Creio que, neste momento, entenderemos a maior das conexões, de alma, de coração, o que mais importará será uma troca de gentilezas, carinho, afeto, pois estaremos rumo à certeza de que um dia nos separaremos, que o melhor da vida a dois não é temer a morte do outro e, sim, aproveitar ao máximo a sua presença, eterna enquanto durar...

O grande livro do amor e do sexo

CAPÍTULO 29

Desejo

O desejo pode ser visto de diversas maneiras, e, tendo em vista que somos seres humanos desejantes, devemos nos ater ao fato de que é ele que nos gera prazer, gratificação, e, principalmente, motivação e propulsão para uma vida de realizações. Escolher o desejo como ideia principal tem como objetivo fazer pensar sobre ele, uma vez que só o sentimos e nunca pensamos nele

Silvia Helena Marcondes Fernandes

Silvia Helena Marcondes Fernandes

Psicóloga clínica graduada pela Universidade de Taubaté – Unitau. Especialista em sexualidade humana pela Faculdade de Medicina da USP – FMUSP. Especialista em gestão de pessoas – Facinter. Especialista em TDAH e TOD – CBI of Miami Consultora técnica em sexualidade humana no programa Chega Junto Hot da rádio Metropolitana – Taubaté. Colunista sobre sexualidade da revista eletrônica Mulher. Pós-graduanda em psicologia existencial fenomenológica pela Universidade de Araraquara – UNIARA.

Contatos
lena_psiq@hotmail.com
Facebook: https://www.facebook.com/silviamarcondespsico/
(12) 98111-4948

Silvia Helena Marcondes Fernandes

Capítulo 29

Não podemos confundir desejo com expectativa, pois a expectativa é algo que esperamos do mundo e dos outros, enquanto o desejo é algo que apenas nós podemos atingir.

O dicionário Aurélio define o desejo como:

> Aspiração; vontade de ter ou obter algo: desejo de perdão.
>
> Objetivo ou propósito: um trabalho decente é o seu desejo.
>
> Cobiça; excesso de vontade por bens, posses; o desejo de poder.
>
> Impulso pelo prazer por meio de relações sexuais: desejo sexual.

Freud, conforme citado por Hanns em 1996, define o desejo como: "atração positiva para o objeto desejado, ou, mais precisamente, por sua imagem mnêmica (relacionada à lembrança/ à memória)", e, nessa obra, defende a ideia de que os sonhos são realizações de desejos, porém não reconhecidos como tal pela consciência porque neles a "liberação de prazer é escassa, pois, em geral, eles seguem o seu curso sem afeto (sem liberação motora)" (p. 139).

Freud (1900/1992b) ainda afirma que: "a uma corrente (...) que arranca [o aparato psíquico] do desprazer e aponta ao prazer, chamamos desejo" (p. 588), e que "somente um desejo pode impulsionar a trabalhar nosso aparato anímico" (p. 559). Desta forma, Freud, indiretamente,

O grande livro do amor e do sexo

define o desejo como a motivação da busca pelo prazer e o consequente motivador de todas as ações necessárias em nossas vidas, para, direta ou indiretamente, tentar saciá-la.

Filósofos, teóricos e estudiosos esclarecem que o desejo é o que nos motiva a continuar vivendo e que, quando os nossos desejos estão satisfeitos, sentimos conforto. Já quando os nossos desejos estão insatisfeitos, nos mobilizamos para satisfazer as nossas necessidades. E quando isso ocorre, as necessidades que tentamos satisfazer podem nem mesmo ter correlação com o desconforto inicial. Por exemplo, uma pessoa pode vir a compensar um desejo sexual não correspondido com compras.

O desejo motiva tudo o que fazemos em busca do prazer e nos faz encontrar prazer em tudo o que nos motiva. É o desejo que nos faz ter as nossas vivências, levantar da cama, ir atrás de nossos sonhos, ou seja, é o que nos impulsiona a arrumar um emprego, a estudar ou a casar.

Ele está presente em todos os aspectos da vida, desde os primórdios da humanidade, e sem ele nos sentiríamos vazios.

O desejo sexual

Devido às diferenças de crença, de cultura e padrões e de gênero (masculino e feminino), o desejo sexual pode ter diferentes significados para cada indivíduo. Estudos apontam que para as mulheres e para alguns homens, o desejo sexual está ligado a fatores relacionais, românticos e ambientais, levando ao ato sexual, na tentativa de elevar a intimidade e a proximidade. Já no caso dos homens, e para algumas mulheres, o desejo sexual aparece necessariamente pelo ato sexual, na tentativa de impressionar a(o) parceira(o), estar mais próximo e sentir amor, intimidade e afeto.

Sexualidade humana

Torna-se válido fazer distinção entre o sexo e a sexualidade humana. O sexo é definido pela nossa formação fetal, pela nossa diferença física, bem como pelo nosso órgão genital (a vagina e o pênis). O sexo também pode ser definido como o ato sexual, o coito ou a cópula.

A sexualidade humana é um conceito amplo que engloba, além do sexo (órgão genial ou ato sexual), os sentimentos, os afetos, as concepções de gênero, dentre outras manifestações relacionadas que correspondem a diferentes formas de expressão humana e que envolvem representações, emoções, desejos, erotismo, sentimentos de afeição, amor etc.

Quando falamos de sexualidade humana, de acordo com Abdo (2011), a sexualidade extrapola os limites da anatomia e da fisiologia, podendo ser considerada o principal polo estruturante da identidade e da personalidade do indivíduo, uma vez que é influenciada por fatores fisiológicos, psicológicos, sociais, culturais, religiosos e espirituais. A função sexual é um componente importante para a determinação de saúde, o bem-estar e a qualidade de vida, dependendo de diversos fatores que atuam em conjunto para que o indivíduo viva a sua sexualidade de maneira plena e satisfatória.

Os primeiros estudos a respeito da sexualidade humana datam do século XIX.

No século XX, Freud foi inovador ao estudar a sexualidade humana na visão psíquica, enquanto estudiosos como Kinsey, Master, Virginia e Kaplan se aprofundaram nos estudos evidenciando o ciclo de resposta sexual humana.

Ciclos de resposta sexual

O primeiro modelo para tentar descrever o ciclo de resposta sexual humana foi descrito por Willian Masters e Virginia Johnson, em 1966. O modelo foi constituído por quatro fases: excitação, platô, orgasmo e resolução, conforme figura 1.

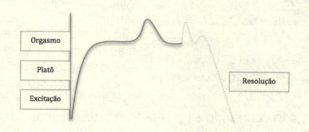

Figura 1 – Ciclo da resposta sexual humana
FONTE: Master e Johnson, 1966.

De acordo com os autores Master e Jhonson (1966), cada fase é explicada da seguinte forma:
1. A excitação tem como duração de minutos a horas. É a estimulação psicológica e/ou fisiológica para o ato. Corresponde à lubrificação vaginal na mulher e à ereção peniana no homem;
2. O platô é a excitação contínua que perdura por 30 segundos a vários minutos;
3. O orgasmo (*orge* do latim, significa agitação ou irritação) é o resultado da descarga de desmedido prazer;
4. A resolução é descrita como fase da detumescência, isto é, um

estado subjetivo de bem-estar que se segue ao orgasmo com relaxamento muscular, lassidão (fadiga) e certo torpor. Tem duração de minutos a horas. Nos homens, caracteriza-se por um período refratário no qual o organismo necessita estar em repouso, não aceitando mais estimulação.

Em 1979, a psiquiatra Helen Singer Kaplan sugeriu um novo modelo para tentar descrever o ciclo de resposta sexual humana, composto por quatro fases: desejo, excitação, orgasmo e período refratário, conforme figura 2.

Ao longo das duas últimas décadas, Basson et al (2001), na segunda conferência internacional sobre disfunção sexual, propuseram um novo modelo, para descrever o ciclo de resposta sexual humana, focando na resposta sexual feminina. Ademais, cogitaram um modelo alternativo ao enfatizar que a motivação sexual da mulher pode ser desencadeada por elementos não necessariamente sexuais, mas sim por *feedbacks* físicos, emocionais e cognitivos. Nesse caso, o ato sexual frequentemente se iniciaria com uma atitude neutra, não ocorrendo a percepção do desejo, mas sim a necessidade da intimidade na qual levaria ao envolvimento sexual. No modelo circular de resposta sexual da mulher, em qualquer ponto do ciclo levaria à diminuição ou ao aumento do desejo. Esse modelo pode ser dividido em cinco fases, conforme pode ser visto na figura 3:

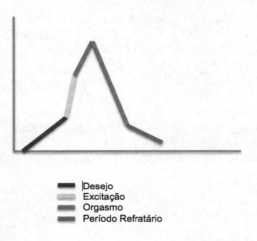

Figura 2. Modelo linear de ciclo de resposta sexual, modificado por Kaplan.
FONTE: Kaplan HS, 1977.

1. Início da atividade sexual, por motivo não necessariamente sexual, com ou sem consequência do desejo;
2. Excitação subjetiva com respectiva resposta física, desencadeada pela receptividade ao estímulo erótico, em contexto adequado;
3. Sensação de excitação subjetiva, desencadeando a consciência do desejo;
4. Aumento gradativo da excitação e do desejo, atingindo ou não o alívio orgástico;
5. Satisfações física e emocional, resultando em receptividade para futuros atos.

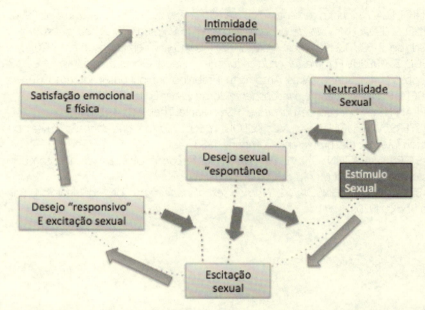

O modelo de Basson evidencia que na mulher, diferentemente do homem, a influência hormonal, as proximidades com o parceiro, bem como os aspectos emocionais, podem influenciar a motivação e a excitação ao iniciar a atividade sexual, pois o desejo sexual feminino é subjetivo e nem sempre é acompanhado por manifestações físicas.

Com base no que foi dito, podemos entender que o desejo sexual é uma das fases da resposta sexual comumente associada a um estado psicológico subjetivo e responsável pela motivação, face a comportamentos de índole sexual, de procura de intimidade e de criação de vínculos interpessoais.

O desejo sexual pode ser diferente do comportamento e do estado fisiológico de excitação sexuais, mas está diretamente relacionado a eles. Neste sentido, nota-se que o desejo sexual é apresentado como multifatorial e biopsicossocial, representando o ser humano como um todo (biologicamente, psicologicamente e socialmente).

Referências
ABDO, Carmita. *Sexualidade humana e seus transtornos*. 4 ed. Atualizada – São Paulo: Leitura Médica, 2012.
AURÉLIO. *O minidicionário da língua portuguesa*. 4 ed. revista e ampliada do minidicionário Aurélio. 7º impressão – Rio de Janeiro, 2002.
BASSON R. *Using a diferente model for female sexual response to address women's problematic low sexual desire*. J. Sex Marital Ther. 27 (5), 395-403, 2001.
BASSON, R. *Human sex-response cycles*. J Sex Marithal Ther. 2001; 27(1): 33-43.

O grande livro do amor e do sexo

HANNS, L. A. *Dicionário comentado do alemão de Freud*. Rio de Janeiro: Imago, 1996.

FREUD, S. (1992c) *Más allá del principio del placer*. In S. Freud, Obras completas. (Vol. 18, 3a ed., pp. 2-62). Buenos Aires: Amorrortu. (Trabalho original publicado em 1920).

FREUD, S. (1992d). *El malestar en la cultura*. In S. Freud, Obras completas. (Vol. 21, 3a ed., pp. 57-140). Buenos Aires: Amorrortu. (Trabalho original publicado em 1930).

GARCIA-Roza,L.A. *Freud e o inconsciente*. Jorge Zahar Editor, 2009.

KAPLAN HS. *Hypoactive sexual desire*. J. Sex Marital Ther. 3 (1), 3-9, 1977.

MASTERS, W.H.; JOHNSON, V.E.; KOLODNY, R.C. *Masters and Johnson on sex and human loving*. Little, Brown and Company, 1988.

MASTERS WH, JOHNSON VE. *Human sexual response*. Little, Brown and company, Boston, MA, USA,1966.

MASTERS, W.H.; JOHNSON, V.E. *Human sexual inadequacy*. Toronto: New York: Bantam Books, 1970.

O grande livro do amor e do sexo

CAPÍTULO 30

PRECISAMOS FALAR SOBRE SEXO... COM AMOR

Se você pensar nas pessoas que mais ama, no seu círculo de relacionamentos mais íntimo, com quantas delas você já conversou sobre sexo? Marido, esposa, filho, pai, mãe ou com você mesmo? Não sobre reprodução ou biologia, mas sobre sexo mesmo, ou seja, sobre o seu corpo, sobre o funcionamento e sobre prazer. Você conhece o seu próprio corpo mais do que o seu parceiro? Precisamos falar sobre sexo, com amor

Stefani Martins

O grande livro do amor e do sexo

Stefani Martins

Graduação em psicologia pela FAESA (Faculdades Integradas Espírito-Santenses), pós-graduação em administração de empresas pela FGV (Fundação Getulio Vargas), certificada em *coaching* pela Sociedade Latino-Americana de Coaching e especialização em Sexualidade Humana. Possui ampla vivência com gestão de pessoas e psicologia organizacional em empresas de grande porte, além de psicologia clínica e *coaching* em consultório particular. Apaixonada e curiosa, possui a missão de apoiar as pessoas a ressaltarem o melhor em cada um para aumentar a *performance* na carreira, no esporte e na vida. O estudo sobre o sexo e o relacionamento, atual foco de pesquisa, surgiu por ser um assunto recorrente em clientes de diversas áreas e que pode afetar significativamente o rendimento da pessoa em todas as áreas da vida.

Contatos
www.stefanimartins.com
stefani.martins@hotmail.com.br
(27) 99964-8180

Stefani Martins

CAPÍTULO 30

Conheço muitas pessoas que já passaram por conflitos relacionados ao sexo, em diferentes idades e contextos. Casais que percebem que o sexo não satisfaz, pais preocupados com o filho ainda criança que mostra muita curiosidade, adolescentes que perderam a virgindade e que se sentem culpados e jovens adultos que se relacionam com vários parceiros e sentem dificuldade para chegar à satisfação. Se o sexo é instintivo do ser humano, por que há tantas pessoas com conflitos em relação ao sexo?

Lembro-me da infância, das aulas de ciências na escola, da mamãe me falando sobre ser moça, da TV ensinando contracepção, mas não tenho memórias de ouvir falar de sexo. De reprodução, de anatomia e de fisiologia sim, mas não de sexo. Não falaram conosco quando mais jovens e não falamos com os mais jovens, inclusive nem com os nossos parceiros.

Algo muito corriqueiro é ver a mãe reprimindo o garoto que toca em seu pequeno pênis: "tira a mão daí! Que coisa feia!". Quando acontece com uma garota, é ainda pior, isto é, há a pesada repressão e nenhuma explicação. Mesmo eu quando falo sobre sexo com pessoas adultas no ambiente acadêmico, vejo algumas expressões chocadas e surpresas.

O sexo é da nossa natureza, além de também ser responsável pela evolução da nossa espécie, por meio da reprodução, claro. No entanto, o ser humano supera outras espécies animais, pois o sexo de nossa espécie está ligado a outros fatores.

O grande livro do amor e do sexo

Não nos contam que o sexo é uma fonte imensurável de prazer, de fazer virar os olhinhos. Precisamos descobrir na prática. Afinal, o que pode ter como principal barreira o fato de não conhecermos os nossos próprios corpos? Onde tocar para ter prazer? Como conduzir o meu parceiro para a minha própria satisfação? Se não na prática, hoje em dia uma fonte das primeiras experiências sexuais são os filmes disponíveis na TV e na *Internet*.

A informação que temos em casa, na escola e também na mídia de massa é a de que somos seres mamíferos reprodutores e que precisamos nos prevenir de doenças e controlar a natalidade. Quem já viu ou ouviu dizer na TV aberta em horário nobre que é gostoso fazer sexo e que é bom se tocar ou ser tocado? E se alguém disser, o moralismo embutido em nós virá à tona.

O sexo é extremamente íntimo, e a intimidade começa onde? Em nosso modelo social começa após o casamento e com outra pessoa. Estranho pensar que a relação corporal mais íntima que você pode ter não começa consigo próprio e que você entregará o seu corpo puro para outra pessoa te contar como vai ser.

O prazer nas áreas erógenas é presente desde a infância, quando começa a curiosidade no toque. Os meninos, já nos primeiros anos da infância, ficam com o órgão genital rígido, às vezes até dormindo. O corpo produz hormônios, e os hormônios regulam a sensibilidade e as funções erógenas. Quando estímulos externos determinam a proibição do toque, outros meios de busca de prazer, ou mesmo de informações para sanar a curiosidade, entram em cena: filmes eróticos, revistas de nudez, *kama sutra*, colegas etc. As pessoas veem e reproduzem a experiência e o conceito sexual do outro, o ideal é cinematográfico e esse modelo ideal não gera prazer a todos da mesma maneira. Importante notar que, se essas são as primeiras informações ligadas ao prazer do sexo, os primeiros contatos estão no outro e para o outro.

Antes da minha menarca, a primeira menstruação, quando minhas glândulas mamárias começaram a aparecer e a incomodar com uma sensibilidade e dores eventuais, minha mãe me levou pela primeira vez a uma médica ginecologista. A médica examinou as minhas mamas dizendo que estava tudo normal e que em breve eu precisaria ficar amiga do sutiã. Em seguida, examinou meu abdômen e disse que os meus ovários estavam bem ressaltados e que eu não demoraria a virar mocinha. Foram todas as informações que tive na consulta. Novamente, nenhuma informação sobre o sexo e sobre a sexualidade.

Uma médica especialista não aborda o assunto. E isso se repete desde a minha primeira consulta na ginecologista, pois o médico não fala sobre sexo. São analisadas as taxas, o exame de colo de útero para prevenção, a contracepção, e o assunto sexo não é pauta, pelo menos em muitos casos.

Stefani Martins

Falar de sexualidade é expor a relação entre o ato sexual e o prazer, as nuances sociais que envolvem o corpo e a estrutura do corpo em si. Antes de ser uma relação com o outro, a sexualidade é uma relação com o próprio corpo, com a intimidade da pessoa com ela própria e com o autoconhecimento.

Relações descartáveis

Somos da geração do consumo e do imediatismo do eu quero agora, a saber, ao descarte do que já não serve mais. Hoje aquelas roupas que não são mais tendência, já não vestem os nossos corpos na estação seguinte. Cores flúor são para o verão, camurça e couro são para o inverno, isto é, as estampas estão em alta em todas as estações e podem nem voltar na próxima temporada. Mesmo para quem não acompanha o que rege as passarelas, o contexto social molda a forma de as pessoas estarem portadas. Ainda que as roupas estejam utilizáveis por suas condições físicas, elas podem não ser mais utilizáveis pela norma social.

As pessoas também têm se relacionado dessa forma com relacionamentos que servem diante de certas circunstâncias, e que depois passam a não ter o mesmo lugar de importância.

As pessoas passaram a ser também objetos de consumo com todo o envolvente ideal do capitalista moderno, ou seja, com o incontrolável desejo de ter o outro. Não consumimos o objeto pelo objeto que ele é, mas pela sensação e pelo empoderamento que ele proporciona e que mexe com os nossos desejos.

> Consideradas defeituosas ou não "plenamente satisfatórias", as mercadorias podem ser trocadas por outras, pelas quais se espera que agradem mais, mesmo que não haja um serviço de atendimento ao cliente e que a transação não inclua a garantia de devolução do dinheiro. Mas, ainda que cumpram o que delas se espera, não se imagina que permaneçam em uso por muito tempo. Afinal, automóveis, computadores ou telefones celulares perfeitamente usáveis, em bom estado e em condições de funcionamento satisfatórias são considerados, sem remorso, como um monte de lixo no instante em que "novas e aperfeiçoadas versões" aparecem nas lojas e se tornam o assunto do momento (BAUMAN, 2004, p. 22).

O grande livro do amor e do sexo

O amor não cabe na lógica do consumo desenfreado. Embora haja desejo em ter, no amor há também o cuidado com o outro e a vontade de estar junto. O amor demanda paciência e investimento de esforços, e, como abordado por Bauman (2004), o amor reforça um sentimento de insegurança e incertezas.

Se a sociedade é imediatista, especialmente as novas gerações, não se pretende investir tanto tempo e recurso em um amor, pois não se pode prever o que acontecerá em seguida, podendo esse outro ser "defeituoso" em relação à demanda. As relações movidas apenas pelo desejo e consumo (sem o amor) têm resultado rápido, de modo que o resultado final é previsto, tal como que as necessidades e os desejos são sanados. Esses relacionamentos são cada vez mais comuns. Na relação de desejo e consumo do outro há entrega, mas não necessariamente intimidade. A satisfação do próprio desejo possui uma discrepância em relação à satisfação do desejo do outro.

As gerações mais novas vivem crises e medos com maior frequência do que as gerações passadas. Vivemos, inclusive, crises que não são nossas, que ocorrem do outro lado do mundo, mas a agilidade e a proximidade com que a mídia nos coloca do outro lado torna os fatos mais reais e vívidos. E o medo de uma catástrofe a qualquer momento, uma tragédia com alguém próximo, a violência que tira a paz e o amor em segundos sem avisar ou deixar vestígios. O amor coloca a pessoa diante do medo dessa infinidade de tragédias que diariamente acontecem por aí. Sempre aconteceram, mas hoje são informadas em qualidade HD ou 4k.

É necessário que se supere o medo eminente de qualquer coisa para começar a construir relações de amor e de intimidade.

Estabelecendo uma relação ética com o corpo

Nossa educação sexual parte de princípios morais dos pais e de familiares, da religião, da escola e do Ministério da Educação. É regra em nossa sociedade não falar sobre sexo e as pessoas pouco conhecerem o próprio corpo. Dessa forma, como estabelecer uma relação ética com o próprio corpo?

A relação com o corpo, da forma como está posta, passa fortemente pela relação moral, mas isso não significa que nos relacionamos de forma ética com o nosso corpo e com o do outro. A moral é o conjunto de julgamentos, o código social e os valores. Por outro lado, a ética é a fala de modos de existência, ou seja, há uma relação ética entre dois corpos quando eles se compõem, formando uma relação potente.

Stefani Martins

A proibição de que as meninas toquem ou olhem as suas partes íntimas é algo incutido pelos códigos morais em nossa sociedade. As lendas criadas para reprimir os meninos a se masturbarem também compõem os códigos sociais regidos pela moral. Essa moralização pode fazer sentido em alguns grupos, mas essa repressão não é algo que faça sentido para todos esses garotos e garotas, mas que pune e evita a descoberta, o autoconhecimento e o prazer, ou seja, não compõe com esses corpos. Medo e culpa, em geral, não se relacionam de forma ética com os nossos corpos.

Para haver uma relação ética, é necessário que a relação com o corpo tenha um sentido para esses garotos e garotas, ainda que passe por códigos sociais e por dogmas.

> A lei é sempre a instância transcendente que determina a oposição dos valores bem/mal, mas o conhecimento é sempre a potência imanente que determina a diferença qualitativa dos modos de existência bom/mau (DELEUZE, 2002, p. 31).

O conhecimento é o caminho que pode conduzir ao estabelecimento de uma relação ética da pessoa com o próprio corpo. A noção dos fatores socioculturais, históricos, morais e do próprio corpo permite que a pessoa escolha a forma de lidar com o prazer, com os dilemas e com como realizar as melhores escolhas entre o que pode/não pode e o que deve/não deve. Esse conhecimento ao qual me refiro não trata necessariamente de algo acadêmico, mas de uma consciência conforme idade ou a fase da vida. O conhecimento parte tanto da descoberta de si próprio, tal como do diálogo com o outro.

Pode acontecer pelo fato de o assunto ser um tabu para aquele pai e mãe que vão tratar com aquele garoto ou garota. É difícil lidar com o tema corpo e sexualidade com os nossos pares, pois não houve quem tratasse conosco.

> Quando um corpo 'encontra' outro corpo, uma ideia, outra ideia, tanto acontece que as duas relações se compõem para formar um todo mais potente, quanto que um decompõe o outro e destrói a coesão das suas partes (DELEUZE, 2002, p. 25).

O assunto pode não fazer sentido para um daqueles envolvidos, mas é importante que se busque uma abordagem que tenha algum sentido, pois estamos falando do conhecimento da própria pessoa por ela mesma, o desconforto nesse sentido sinaliza algo a refletir.

O grande livro do amor e do sexo

Falar sobre o corpo e sobre o sexo não é ferir os princípios religiosos, mas tratar do assunto como algo comum, portanto, o sentido que cada um dará a isso é que muda conforme os valores individuais.

Sexo não é apenas fisiologia, da mesma forma que o corpo não é uma máquina reprodutora da espécie. A maior parte do sexo é subjetividade humana, logo, tudo isso está ficando em segundo plano.

Diálogos sobre sexo com amor

O amor existe de fato com conceitos e crenças que variam, mas o amor é um sentimento ou uma emoção que mistura o desejo, o afeto e o cuidado e que está presente em nossas relações. Essas expressões de cuidado e de afeto implicam a escuta atenta, o desenvolver percepções sobre o outro, o observar as suas reações e os comportamentos, e, claro, o estar junto.

Conversar sobre sexo representa a própria vivência de algo que faz parte de nossa natureza, o que não quer dizer que a vivência do sexo precisa ser algo selvagem e incontrolável. O diálogo sobre o sexo começa no momento íntimo, individual, com aquelas pessoas mais próximas, e passa também por alinhar o significado do sexo com os próprios valores pessoais.

O diálogo de qualidade sobre o sexo passa, obrigatoriamente, pelo amor, a começar pelo amor a si próprio. E para amar a si próprio, é preciso relacionamento, conhecimento, aceitação, alinhamento e desenvolvimento.

A experiência sexual precisa passar pelo diálogo. Escutar a quem se ama, a si próprio e ao outro da relação são as missões cruciais e complexas. A escuta pode ser verbal, mas predominantemente não verbal, pois possui barreiras de crenças e de valores e demanda conhecimento de si e do outro. Relações duradouras exigem paciência, diplomacia e conhecimento interpessoal.

Conhecendo o próprio corpo, as próprias limitações e barreiras, o sujeito tem condições de estabelecer uma relação de qualidade consigo e com o outro, fazendo escolhas que tenham sentido para ele, ou seja, estabelecendo uma relação ética com chances de vivenciar relacionamentos duradouros e sólidos.

Abordar o tema sexo está complicado, seja com o parceiro, com os filhos, com os pais ou com os cônjuges. Tente começar dialogando com o seu próprio corpo.

Referências

BAUMAN, Zygmunt. *Amor líquido: sobre a fragilidade dos laços humanos*. Rio de Janeiro: Jorge Zahar Ed, 2004.

DELEUZE, Gilles. *Espinosa: filosofia prática*. São Paulo: Escuta, 2002.